CON
BOOK.

© Conbook Medien GmbH, Neuss, 2023
Alle Rechte vorbehalten.

www.conbook-verlag.de
www.instagram.com/conbook_verlag

Einbandgestaltung: Birgit Kohlhaas, kohlhaas-buchgestaltung.de,
unter Verwendung von Motiven © Marvin Ruppert

Lektorat: Carolin Weißer

Satz: David Janik

Druck und Verarbeitung: Multiprint, Bulgarien

894594 01 23 9
ISBN 978-3-95889-459-4

ADRIAN KLIE UND CHRISTOPH STREICHER

AUF WELT TOURNEE

ZWEI FREUNDE, 120 LÄNDER,
EIN BUCH VOLLER ERLEBNISSE

CON
BOOK.

INHALT

VORWORT

K eine Termine und leicht einen sitzen« – was Harald Juhnke schon vor Jahrzehnten als das Paradies auf Erden definierte, dürfte unserer Generation auch heute noch vollends aus der Seele sprechen. In Zeiten von Conference Calls, 24/7, einer krachend gescheiterten Work-Life-Balance und medialem Dauerflimmern sucht man große Abenteuer meistens vergebens. Und wenn man sie dann doch mal findet, dann stehen leider allzu oft noch Hunderte andere Touristen am gleichen Fleck und zerstören den Traum vom authentischen Reiseerlebnis.

Was tun, wenn das Hirn krampft und Fernweh auf der Seele lastet? Ganz einfach: Ticket kaufen! Rucksack packen! Ausbrechen! Dabei muss man jedoch nicht sein ganzes Leben zurücklassen, ganz im Gegenteil.

Wir mögen unsere Jobs und unsere Wohnorte sehr, weswegen das Reisen zwar ein großer Punkt in unserer Jahresplanung ist, aber eben immer ein Hobby bleibt. Wir reisen mit 30 Tagen Jahresurlaub, einer smarten Planung und pfiffigen Tricks.

Denn sind wir doch mal ehrlich. Auch wenn viele Bücher, Blogs und Magazine es groß ankündigen und zum Nachmachen aufrufen: Den Job für eine Weltreise kündigen nur die wenigsten. Auch wenn inzwischen bei deutschen Arbeitgebern Sabbaticals mehr und mehr zum Trend werden, sind die krassen Ausreißer eher selten. Wir sind in unseren Jobs glücklich, deshalb kam es für uns nie infrage, alles hinzuschmeißen und dem Chef die Kündigung auf den Tisch zu feuern.

Trotzdem wollten wir (uns) beweisen, dass man mit 30 oder auch ein paar weniger Tagen Jahresurlaub viel von der Welt sehen kann, wenn man gut plant und auf Schnickschnack und Luxus verzichtet. Unsere kurzen, intensiven Reisen benötigen ein wenig an Vorbereitung, um Routen, Übernachtungen und allerlei Reisekram zu planen. Die eigentliche Tour startet dann schon vor der Reise und fühlt sich gleich doppelt so lang an. Außerdem entwickelt man eine hohe Wertschätzung für Wege, Fahrten und Transfers – ganz nach dem Motto »Der Weg ist das Ziel« haben wir Tolles zwischen zwei eigentlichen Zielen erlebt. Auch davon soll dieses Buch berichten. Wirklich im Urlaub waren wir dabei selten.

Denn Urlaub machen heißt oft, in der Fremde fremd bleiben zu wollen. Man sichert sich per All-Inclusive-Angebot gegen mögliche Abenteuer und Probleme ab. Am Flughafen wartet der nette Busfahrer, der einen ins perfekte Hotel oder das neueste Kreuzfahrtschiff bringt. Man kommt also genau und nur mit den Erlebnissen wieder, die man gebucht hat – das kann sowohl positiv als auch negativ sein.

Ein Land in seiner Diversität begreifen zu wollen, bleibt bei dieser Art des Reisens oft außen vor. Wo sich der Pauschalurlauber auf die Sehenswürdigkeiten eines Landes konzentriert, versuchen wir, den Alltag zu erforschen. Wir sind keine Reisejournalisten und können gar nicht so lange im Land bleiben, um Kultur und Menschen wirklich umfassend kennenzulernen. Für uns ist das Kennenlernen von anderen Realitäten und Welten viel wichtiger – immer auf der Ebene, auf der es möglich ist. Das kann eine ungeplante Übernachtung bei einer gastfreundlichen Familie sein oder ein Einblick in die Arbeitswelt.

Als budgetbewusste Reisende, die es vorziehen, auf einfache und kostengünstige Weise zu reisen, haben wir nur selten die Gelegenheit, Professoren, Unternehmer oder andere inspirierende Persönlichkeiten der besuchten Länder kennenzulernen. Es wird kein roter Teppich am Flughafen für uns ausgerollt, und unsere Begegnungen beschränken sich meist auf die normalen und einfachen Menschen, die oft aus den eher unteren sozialen Schichten kommen und nicht selten ums Überleben kämpfen. Doch wir würden diese Begegnungen niemals gegen den Komfort eines roten Teppichs eintauschen wollen.

Auf diese Weise entdecken wir Länder, Region und Städte. Manchmal im Stillen, jeder für sich – manchmal für alle hörbar im Podcast. Dieses System hat uns auf unseren Touren schon oft tolle, aber auch skurrile Momente beschert, die wir niemals missen möchten. Wir werden nie tiefschürfende Berichte aus den Ländern mitbringen können. Das können andere viel besser. Doch durch die vielen Reisen, die wir über die Jahre gemeinsam unternommen haben, können wir Länder, Menschen, Abenteuer ins Verhältnis setzen und davon berichten. Wir werden wohl niemals die Experten für Thailand, Argentinien oder Südafrika werden. Aber wir sind Experten, diese Reisen ins Verhältnis zu setzen und zum Nachreisen zu animieren. Wir vergleichen und bilanzieren die Touren, mal für uns und mal laut für unsere Zuhörer.

Denn natürlich wollen wir auch in Thailand zwischendurch am schönsten Strand liegen oder in Tiflis den coolsten Club besuchen, den jeder empfiehlt. Und natürlich stehen wir, wie jeder Urlauber auch, ungläubig und mit offenem Mund im Dschungel von Guatemala, wenn wir die schönsten Wasserfälle dieser Welt sehen.

Unsere Geschichten sollen zum Nachreisen inspirieren. Es geht dabei eher um Erlebnisse, die bei Instagram zwar nicht gut aussehen, aber trotzdem helfen, mit wenigen Urlaubstagen unseren wunderschönen Planeten und seine tollen Menschen kennenzulernen.

Über das Vorwort kann Adrians Nachbar nur müde lächeln. Der Mann ist 85 Jahre alt und hört sich die Geschichten entspannt am Gartenzaun an. Adrian berichtet von der großen Zahl der gesehenen Länder. Eine Reaktion der Bewunderung in seinem Gesicht zu erahnen, war aber unmöglich. Die Lösung servierte er postwendend. Er war zeit seines Lebens bei einer großen Logistikfirma angestellt und verschiffte Container in die ganze Welt. »Über 100 Länder gesehen ist ganz nett, aber ich war schon in Ländern, die gibt es gar nicht mehr. Das könnt ihr nie mehr aufholen«, so sein trockener nordischer Kommentar. Fehlte nur noch, dass er Adrian bemitleidend die Backe tätschelte.

Die Moral von der Nachbars-Geschichte? Es gibt noch viel zu sehen auf der Welt.

Zusammen haben wir schon über 120 Länder bereist und noch viele weitere auf der Agenda. Bis wir allerdings alle 194 Länder dieser schönen Erde gesehen haben, wird es noch ein wenig dauern.

Seit Januar 2019 berichten wir von unseren Erlebnissen alle zwei Wochen im Podcast »Welttournee«.

Was zunächst als Scherz unserer Freunde begann – man legte uns nahe, die Stimmbänder zu schonen und unsere Storys einfach mal »in die Tüte zu sprechen« – mündete in ein Herzensprojekt, das wir mit größter Freude für inzwischen viele Tausend Hörer umsetzen. Eine Auszeichnung zur Podcast-Show des Jahres von Apple gab es genauso wie viele verschiedene Live-Auftritte in deutschen Theatern.

Von unseren Nah- und Fernreisen bringen wir nicht nur tolle und oftmals einmalige Erlebnisse mit, sondern auch wertvolle Tipps und Tricks. Denn wir sind überzeugt davon, dass jeder die Welt bereisen kann, auch ohne dafür kündigen oder einen Kredit aufnehmen zu müssen.

Packen wir es also an. Es geht auf Welttournee. Denn die schönsten Geschichten stehen mal ausnahmsweise nicht zwischen den Seiten unseres Reisepasses, sondern jetzt hier schwarz auf weiß.

DIE WELTTOURNEE LSV-FORMEL

Bevor es mit den Reisegeschichten losgeht, müssen wir – genau wie früher – erstmal zusammen die Schulbank drücken. Keine Panik, das Wissen wird nicht abgefragt, hilft aber vielleicht bei der nächsten Reiseplanung.

Ob unsere ehemaligen Mathelehrer jemals geglaubt hätten, dass wir mal eine eigene Formel erfinden? Wahrscheinlich nicht. Trotzdem können wir voller Stolz sagen, dass wir die **LSV-Formel** ins Leben gerufen haben. Ob sie dem Satz des Pythagoras das Wasser reichen kann, sollte an dieser Stelle bezweifelt werden. Eine richtige Formel ist es auch nicht, aber immerhin ein perfektes Hilfsmittel für viele schöne Reisen und Abenteuer.

Sie besteht aus diesen drei Buchstaben, die für **l**eicht, **s**chnell und **v**ertikal stehen. »Leicht« und »schnell« erklären sich fast von selbst – aber was hat es mit »vertikal« auf sich? Wie so oft im Matheunterricht, versteht man zunächst nicht viel. Aber kein Problem, wir zerlegen die Formel einfach mal in ihre Einzelteile.

L – Leicht reisen

Das leichte Reisen ist der Schlüssel für viele schöne Reiseerlebnisse, die in diesem Buch auftauchen, deshalb steht es in der Formel ganz vorn. Was für Einkaufstaschen schleppen gilt, hat auch auf unseren Reisen seine Gültigkeit. Je leichter, desto besser. Nicht nur, dass man sich von Ballast befreit, auch das Packen wird deutlich vereinfacht.

Zudem tut man der Umwelt etwas Gutes, wenn man nicht mit einem 30-Kilo-Koffer um die Welt jettet. Der Einfluss auf die CO_2-Bilanz des Einzelnen scheint minimal, aber wie wäre es, wenn plötzlich alle mit Handgepäck unterwegs wären?

Wir übertreiben es nicht viele Ultraleicht-Packer, die sogar die Schilder aus den Klamotten scheiden, um wirklich komplett optimiert auf Reisen zu gehen. Obwohl an dieser Stelle schon mal vorab verraten sei, dass Adrian für diese Art der Optimierung durchaus anfällig ist. Bei ihm ist es schon so weit gekommen, dass er seine Zahnbürste in der Mitte abgesägt hat.

Seine schelmische Aussage bei verwunderten Blicken im Waschraum vom Hostel:»Der wichtige Teil sind doch die Borsten, oder nicht?!«

Sollte er anfangen, Streichhölzer zu halbieren oder die Plastikringe von Plastikflaschen zu entfernen, hilft womöglich ein beherztes Schütteln oder ein leichter Schlag mit diesem Buch, um sein Optimierungslevel wieder auf ein Normalmaß zu bringen.

Wir nutzen für unsere Packstrategie im Grunde eine neue Art von Diät. Nennen wir sie einfach mal»PDH: Pack die Hälfte«. Wir haben uns auf allen Touren oft einen Spaß und einen Wettbewerb daraus gemacht, wer von uns es schafft, am wenigsten einzupacken.

Adrian hat zum Beispiel für jede Gelegenheit eine Packliste gespeichert, an der er sich entlanghangelt. Für verschiedene Anlässe wie Outdoor, Wochenendtrip oder Strandurlaub gibt es bei ihm eine Sammlung, die er nur aufrufen muss. Schon beim Öffnen verbreitet sich ein bisschen Urlaubsgefühl, denn diese Listen sind über die Jahre gereift, wurden verfeinert und stecken voller toller Erinnerungen. Es lohnt sich also, einfach mal ein paar Minuten zu investieren und Packlisten anzulegen, um sie mit den Jahren zu erweitern und zu optimieren. Wahrscheinlich einer der sichersten und einfachsten Tipps zum Packen. Es ist ein wenig wie mit der Gästeliste in der Disco:»Stehst du nicht drauf, kommst du nicht rein.« Gleiches gilt für das Gepäck. Klingt hart, hilft aber.

Auch nach all den Reisejahren gibt es von unseren Arbeitskollegen und Freunden nur ein ungläubiges Kopfschütteln, wenn einer von uns wieder einmal mit seinem Mini-Gepäckstück ins Büro kommt, um den Flieger direkt nach Feierabend zu erwischen. Oft wird der kleine Rucksack, der dann in der Ecke steht, genauestens begutachtet und angehoben, ob er denn wirklich so leicht ist, wie er aussieht. Spoiler: Ja, er ist wirklich so leicht. Kommentiert wird das Ganze immer wieder mit denselben Aussagen.

»Ich könnte niemals mit so wenig Gepäck reisen«

Okay, zugegeben, vor vielen Jahren hätten wir in dieses Klagelied noch eingestimmt. Die ersten drei Wochen Backpacker-Reise nach Thailand haben wir auch mit einem viel zu großen 65-Liter-Rucksack auf dem Rücken absolviert, der speziell für diese Reise angeschafft wurde. Gefühlt alles, was der Hausstand hergab, wurde eingepackt. Wechselwäsche für ein halbes Jahr. Sämtliche elektronischen Geräte, Ersatzkabel, Medikamente und Bücher füllten den Rucksack aus. Jeder, der bei der Bundeswehr war, kann sich gut in die Lage hineinversetzen, mit viel zu schwerem Gepäck auf viel zu lange Wege in viel zu heißem Umfeld zu gehen. Allen anderen sei gesagt, es ist einfach nur unangenehm, bei 35 Grad und einer Luftfeuchtigkeit von 90 % mit leichtem Jetlag vor dem Flughafen in Bangkok zu stehen und beinahe hintenüber zu kippen.

»Ihr habt doch bestimmt etwas vergessen!«

An dieser Stelle nehmen wir einfach mal ein Zitat von Christophs Vater, der früher zum Spaß immer sagte: »Jungs, ihr braucht nicht mehr als eine Zahnbürste und eine Kreditkarte zum Reisen.« Heute wissen wir: Grundsätzlich hatte der Mann recht. Denn wenn es nicht gerade in die Arktis zum Schneewandern geht oder in die Mongolische Steppe, gibt es überall auf der Welt Supermärkte und Läden, die vergessene Artikel zum Kauf anbieten. Sei es Duschgel, Pflaster, die eben angesprochene Zahnbürste oder auch Klamotten. Klar kann es sein, dass ein kleiner Touristenzuschlag an der Kasse berechnet wird – aber im Notfall zahlt man den zähneknirschend. Schließlich war es der eigene Fehler, wenn man das Duschgel vergessen hat.

»Was macht ihr, wenn ihr abends keine Wechselschuhe und schicken Klamotten habt?«

Seien wir doch mal ehrlich. Wie oft kommt es vor, dass man auf einer Reise durch Südamerika spontan auf eine Hochzeit eingeladen wird? Eher selten, oder? Und auch sonst ticken die Uhren im Urlaub anders. Muss man zu Hause noch jeden Tag mit frischer Bluse und sauberem Hemd zur Arbeit, kann es einem im Urlaub herzlich egal sein, wenn die Tomatensoße auf dem Shirt von gestern noch zu sehen ist. Es kennt einen doch eh niemand.

Abschließend sei gesagt, dass viele Kollegen, von denen die typischen Sätze stammen, im Laufe der Jahre ebenfalls zu überzeugten Handgepäckreisenden geworden sind. Gerade bei ihren ersten Reisen mit leichtem Gepäck berichteten sie voller Stolz, dass kein zusätzlicher Koffer aufgegeben wurde. Und sie hatten genauso viel Spaß wie mit großem Gepäck – wenn nicht sogar mehr.

S - Schnell reisen

30 Tage Urlaub sind nicht viel? Stimmt! Es ist aber immer noch genug, um die ganze Welt zu sehen. Mit schlauer Planung, die im besten Fall schon einige Wochen vor der Reise startet, kann man auch vor Ort viel Zeit sparen und hat somit deutlich mehr von seinem Urlaub. Geht unsere Reise dann endlich los, gibt es immer wieder verschiedene Tipps und Tricks, um noch mehr Zeit zu sparen.

Wieder kommt unser altes Mantra mit dem Handgepäck zum Zuge. Jeder, der schon mal einen Koffer am Flughafen eingecheckt hat, kennt das Spiel. Man muss zeitig am Flughafen sein, damit der Gepäckschalter geöffnet ist. Circa 60–90 Minuten vor dem Abflug nehmen die Mitarbeiter an vielen Airline-Schaltern schon keine Koffer mehr für den Flug entgegen. Sicherheitshalber muss man also früher da sein, zumal sich am Schalter gerne mal lange Schlangen bilden.

Wenn man keinen Direktflug bucht, kann es sein, dass man beim Umsteigen viel Zeit hat. Der Nachteil, wenn man mit dem Koffer unterwegs ist: Man müsste das Ding abholen und neu einchecken. Das Gepäckband kann gnädig gestimmt sein und den eigenen Koffer als einen der Ersten ausspucken. Mit Pech läuft es aber ganz anders.

Darüber hinaus kennt jeder die Horrorgeschichten, dass das Gepäck gar nicht auf dem Gepäckband auftaucht. Im wahrsten Sinne, hat man sein Gepäck dann »aufgegeben«. Viele Stunden Diskussion und Planung, wie man nach einem Verlust wieder an das Gepäck herankommt, sind vorprogrammiert. Es ist unwahrscheinlich, aber es kommt vor.

Leichtes und weniger Gepäck spart also nicht nur Gewicht, sondern auch Zeit.

Für den nächsten Tipp gehen wir nochmal zur Planung zurück. Es ist einer der einfachsten Tricks auf der ganzen Reisewelt, es denkt nur niemand dran: Es hilft, sich zu überlegen, wie man vom Flughafen oder Bahnhof wegkommt. Denn die Situation könnte wie folgt aussehen: Man kommt an einem Bahnhof oder Flughafen an. Die Hitze schlägt einem entgegen, der Jetlag sendet erste Grüße, die Sprache klingt seltsam und die Schriftart kennt nicht mal der Google Translator. Spätestens ab diesem Moment, wenn man in der Ankunftshalle steht, ist man auf sich alleine gestellt. (Wir gehen einfach mal davon aus, dass man keine Freunde vor Ort hat, die einen mit Luftballons und Schokolade abholen.) Dieser Moment ist einer der kritischsten der ganzen Reise.

Wie geht es weiter? Mit ziemlicher Sicherheit wird man schnell belagert von Einheimischen, die Dienste aufzwingen wollen. Sei es für die Taxifahrt in die Innenstadt (siehe Kapitel: Die besten Taxi-Tricks, Seite 80) oder das beste Hotel. Für viele ein Graus, denn eigentlich will man nur ins Bett.

Der absolute Zeitspartrick besteht darin, selbst schon genau zu wissen, wie man aus der Ankunftshalle zur Unterkunft kommt. Wir recherchieren vorher! Wir schauen nach, welche Busse oder Züge wann wo abfahren und wie sie uns zum Ziel bringen. Wir schreiben diese Informationen ins Handy oder auf Papier und tragen sie sicher mit uns herum. Denn problemlosen Internetzugang gibt es wohl erst einmal nicht.

Gibt es keine Busse, Züge oder ähnliche fahrbaren Untersätze, sind wir zumindest auf dem Stand, was ein Taxi kostet. Ist auch das zu unsicher, kann man schon vorab einen Transfer zum Ziel buchen, auch wenn das etwas teurer ist. Diese ersten Minuten im Land sind entscheidend. Denn wenn man gestresst ankommt und direkt wieder in Stress verfällt, sind Vorfreude und Erholungsaussicht schnell hinüber. Vom Zeitverlust, die richtige Haltestelle und Linie zu finden, mal ganz zu schweigen. Sobald sich die Schiebetüren am Flughafen öffnen, greift der Plan.

Es geht ab zum Bus, Zug oder Taxi und direkt weiter, rein ins Land. Die Planung für diesen Akt ist im Vorfeld dank Google recht einfach und kostet auch planungsfaule Reisende nicht viel Überwindung. Der Trick gilt übrigens nicht nur für die exotischen Länder dieser Erde. Auch in Deutschland und im Alltag lassen sich auf diese Weise viel Zeit und Nerven sparen. Wer weiß, wie man vom Frankfurter Bahnhof schnell wegkommt, ist ohnehin im Vorteil. Aber auch Berlin kann mit seiner Größe und Komplexität den Erstbesucher leicht überfordern.

Schnell reisen bedeutet also, sich schon vorab genau zu überlegen, wie man Transferzeiten verringert und so mehr Nettourlaubs- und -erlebniszeit realisiert.

Der verräterische Stempel   WELTTOURNEE-KURZGESCHICHTE
Reisende nach Israel finden diesen Tipp garantiert als Erstes in nahezu jedem Reiseführer. »Passt auf, dass kein Stempel aus Israel den Weg in den Reisepass findet«, heißt es da. Die Länder im Na-

hen Osten stehen seit Jahrzehnten immer wieder in Konflikt miteinander und werden einen gegebenenfalls nicht mit offenen Armen
empfangen. Mittlerweile drucken die israelischen Grenzbeamten
ein separates Stück Papier aus, welches bei der Einreise in den Pass
gelegt und bei der Ausreise wieder entnommen wird.

Die größte Falle lauert aber bei der (möglichen) Weiterreise
nach Jordanien.

Wir wollten uns die Felsenstadt Petra anschauen und machten uns
zusammen mit vier laut plappernden Amerikanerinnen auf den Weg
von Jerusalem zur Grenze im Norden Jordaniens. Auf der stundenlangen Fahrt erzählten sie uns immer wieder, wie wichtig es sei,
bloß keinen Stempel von Israel im Pass zu haben, weil es damit Probleme geben würde.

Es kam, wie es kommen musste. An der Grenze gaben wir dem
jordanischen Grenzer unseren Pass, fünf Dollar und die Bitte mit, keinen Stempel in den Pass zu hauen, sondern ein Blatt Papier zu nehmen. Er kam unserer Bitte mit hochgezogenen Augenbrauen nach.

Die plappernden Amerikaner hatten so weit nicht gedacht und
zeigten uns nach der Grenzüberquerung stolz ihren jordanischen
Einreisestempel.

Die Stimmung gefror schlagartig, als wir sie darauf hinwiesen,
dass man an diesem Stempel erkennen könne, dass sie Jordanien
gerade über den Landweg aus Israel betreten hatten. Damit waren
ihre Bemühungen, ihre Israelreise zu verheimlichen, hinfällig ...

V - Vertikal reisen

Wir sind jetzt im besten Fall also schnell und leicht unterwegs. Da wir
mit 30 Urlaubstagen auskommen müssen, ist es wichtig, diese Geschwindigkeit auch bei den Erlebnissen vor Ort beizubehalten. Ein
Sprichwort sagt ja, dass man ein Land erst dann kennengelernt hat,

wenn man eine Geburt, eine Hochzeit und eine Beerdigung miterlebt hat. Spoilerwarnung: Bei einer Geburt waren wir noch nicht dabei, vom Rest berichten wir in den folgenden Kapiteln. Von der Top-1-Sehenswürdigkeit auf TripAdvisor sagt dieses Sprichwort völlig zurecht nichts.

Was bedeutet nun also »vertikales Reisen«, so wie wir es verstehen? Nehmen wir uns dafür einige Gedanken zur Hand.

Keine Lust auf »9 to 5«

Was im Job-Alltag schon nerven kann, ist auch auf Reisen eher hinderlich. Warum sollte man seinen gewohnten Tagesplan aufrechterhalten? Es gibt so oft Überraschungen, die außerhalb der Hauptgeschäftszeiten liegen. Wenn man also in Asien gerade mit dem Jetlag kämpft und früh wach ist, sollte man sich nicht im Bett herumärgern, sondern früh aufstehen. Dadurch entdeckten wir vor allem Städte ganz anders: Wenige Menschen sind in der Früh unterwegs. So gibt es auf einem Markt den besten Kaffee aller Zeiten. Zudem gelingen in aller Herrgottsfrühe oft die besten Fotos.

Viele Städte, z. B. in Japan, sind zudem nicht für ihr ausschweifendes Nachtleben bekannt. In vielen asiatischen Ländern geht darüber hinaus die Sonne schon früh unter, dafür aber auch sehr früh wieder auf. Was wir sagen wollen: Warum nicht mal um 20 Uhr ins Bett gehen? Es wird sich auszahlen.

Auslassen statt darauf einlassen

Eine andere Möglichkeit des vertikalen Reisens ist tatsächlich das Auslassen von Sehenswürdigkeiten. Natürlich will jeder in Paris den Eiffelturm sehen, ist doch klar. Manchmal kann es sich aber lohnen, gewisse Sehenswürdigkeiten links liegen zu lassen und lieber in die Seitenstraßen abzubiegen. Wir nehmen uns oft ein bestimmtes Gebiet vor und entdecken es Schritt für Schritt. Statt also zu dem einen großen Tempel zu hetzen, biegen wir ein paar Straßen vorher ab. Und versuchen so ins besagte Alltagsleben einzutauchen.

Vielleicht sollten wir doch Aussteiger sein!

Aber stopp. Wir behalten unsere Jobs, sie füllen schließlich unsere Urlaubskasse. Wir meinen damit das Aussteigen unterwegs. Das kann eine Bus- oder Metro-Station früher sein. Oft haben wir den Taxifahrer gebeten, uns nicht bis vor die Tür zu fahren. Sobald wir unser Ziel oder zumindest markante Orte in der Nähe sahen, sind wir ausgestiegen und zu Fuß gegangen. Das geht natürlich leichter in sicheren Gebieten, in Kapstadts Vororten bei Nacht ist diese Idee ziemlich doof.

Ebenfalls haben wir im Laufe der Jahre viele alternative Verkehrsmittel ausprobiert. Viele Städte, die am Wasser liegen, bieten Transportmittel aus dem Nahverkehr auch auf dem Wasser an. Grüße gehen an dieser Stelle raus nach Hongkong, Lissabon, New York oder auch das heimische Hamburg. Dadurch spart man sich nicht nur den Preis für die große Hafenrundfahrt, sondern landet auch mal ganz woanders.

Kein Weltruhm ist gar kein Problem.

Gerade bei Museen ist es oft die Krux: Die weltbekannten will man am liebsten alle gesehen haben. Teilweise bekommt man gar ein schlechtes Gewissen, wenn man in New York nicht im MoMA war. Den Kollegen zu erzählen, dass man keine Lust auf die ewig lange Ansteh-Schlange hatte, wird meist mit abfälligen Blicken bestraft. Auch hier kann man sich vertikal verhalten. Adrian wurde schon oft von Christoph in kleine, völlig unbekannte Museen geschleppt. Es gab oft tolle Höhepunkte zum kleinen Preis zu entdecken.

Oder wir haben uns Städte gesucht, die nicht für ihre vielfältige Museumslandschaft bekannt sind. Das Museum für Zeitgenössische Kunst in Taipeh steht wahrscheinlich in den wenigsten Reiseführern, ist aber ein echter Geheimtipp. Dass es dort weniger weltbekannte Kunst gab, ist wohl klar. Dass sich die Mitarbeiter in Taipeh allerdings freuten, Gäste aus fernen Ländern zu betreuen und mit uns ins Gespräch zu kommen, wird uns im MoMA in diesem Leben wohl eher nicht mehr passieren.

Kaffee und Zeitung funktionieren auch ohne Sprachkenntnisse.

Nachrichten aus aller Welt gibt es schneller auf eurem Smartphone, als man CNN sagen kann. Warum denn nicht mal einen Blick in die lokalen Blätter werfen. Auch wenn man kein Wort versteht, kann die Erfahrung besser sein als der Blick in den Reiseführer. In großen Städten gibt es zudem englischsprachige Magazine oder sogar Zeitungen am Kiosk, die ein wenig zu den Events aus der Stadt erzählen und Tipps geben. Teilweise erscheinen sie jeden Monat, Nachfragen hilft. Wer es ganz auf die Spitze treiben will, schnappt sich ein Magazin in der Landessprache. Sie liegen oft in Kaffees auf der Theke aus, und man muss dafür nichts bezahlen. Ein paar grundlegende Dinge erkennt man fast immer, auch wenn man kein einziges Wort der Sprache spricht. Auf diese Weise kommt man oft auf die eine oder andere Idee.

Vertikal reisen heißt also vor allem, wenig Pflicht und mehr Kür zu beachten. Die Geschichten in den folgenden Kapiteln kommen eher aus den ominösen Seitenstraßen und nicht von den top bewerteten Sehenswürdigkeiten. Es sind bei unseren Reisen gerade die Begegnungen mit den Menschen, die die Touren spannend machen.

Wir sind nun also mit der LSV-Formel vertraut und damit bestens vorbereitet für die große Tour.

Es ist Freitag, sechste Stunde. Der Schulgong ertönt und leitet das Wochenende ein. Als dann – auf geht's!

Wie findet man Geheimtipps auf Reisen? WELTTOURNEE-WEGWEISER
»Geheimtipp« ist ein geflügeltes Wort unter Reisenden. Jeder versucht, den einsamsten Strand, das abgelegenste Höhlenkloster oder die malerischste Safari zu entdecken. Das Internet trägt seinen Teil dazu bei. Wenn man bei Google nach »Geheimtipps Thailand« sucht, kommen eine Million Suchergebnisse zusammen.

In Zeiten von Instagram und Co. ist so ziemlich jeder Spot auf dieser schönen Welt schon mal fotografiert worden, und dank der Kartenfunktion wissen alle Nutzer genau, wo dieser Platz ist. Viele Orte sind seit dem Aufkommen der Foto-App zu Pilgerstätten verkommen. Der Wasserfall in Island, den vorher nur die Einheimischen kannten, ist ebenso überlaufen wie der einsame Aussichtspunkt am Strand von Port Andratx.

Auf Bali wird dieser Instagram-Wahn gänzlich ad absurdum geführt: Fotos vom »Geheimtipp« Pura-Lempuyang-Tempel sehen wunderbar aus. Ein tolles Eingangstor und eine perfekt symmetrische Spiegelung vor dem Tempel lassen einen schnell ins Träumen geraten. Dass vor Ort die Spiegelung mit einem Handspiegel von einheimischen Fotografen erzeugt wird, die für jedes Foto Geld verlangen, verrät dieses Bild nicht – gibt dann auch weniger Likes.

Aber zurück zur eigentlichen Frage. Es gibt sie natürlich immer noch, diese Geheimtipps. Als bewährter Tipp eignet sich am besten das schnöde und einfache Fragenstellen. Wir fragen im Hotel, fragen Mitreisende und vor allem fragen wir Einheimische nach ihren Tipps. Danach geht die große Filterei los. Lohnt es sich oder geht es nur ums Geldverdienen? Oft kommen dabei die schönsten Touren heraus.

Eine besondere Art der Wegfindung kann zusätzlich helfen. Und zwar das »Ominöse Seitenstraßen«-Prinzip. Statt der Tripadvisor-Herde zu folgen und den üblichen Weg zu beschreiten, lohnt es sich, einfach mal in eine Seitenstraße zu gehen, die im ersten Moment nicht besonders einladend aussieht. Vielleicht nicht unbedingt die Seitenstraße mit den roten Herzen im Schaufenster, sondern einfach stinknormale und ganz gewöhnliche Gassen, in die sonst keiner abbiegt außer den Locals. So kommt man in die Herzen der Städte und deutlich näher an das heran, was man als Geheimtipp bezeichnen kann. Funktioniert in fast jeder Stadt – und die muss gar nicht mal weit weg liegen.

Prag zum Beispiel ist wegen seiner Schönheit überflutet von Menschenmassen, die alle die gleichen Ziele haben: die Burg, die Brücke, die Altstadt. Oft reiht man sich einfach in den Fluss von Menschen ein. »Die werden schon wissen, wo es hingeht«, denkt man und freut sich auf ein paar unbeschwerte Stunden. Schrittzähler ein, Hirn aus.

Die Profis machen es wie James Bond bei einer Verfolgungsjagd. Sie biegen einfach völlig überraschend rechts ab in eine Seitengasse. Der Agent hängt so seine Verfolger ab – klappt auch beim quasselnden Touristenschwarm. Verlaufen ist bei diesem Prinzip übrigens ausdrücklich erwünscht – zur Not gibt es immer noch das Smartphone in der Tasche, das den Weg zur nächsten Sehenswürdigkeit führt.

Das »Ominöse Seitenstraßen«-Prinzip funktioniert nicht nur in Städten. Auch auf dem Land kann es gelegentlich (ent)spannend sein, wenn man mit dem Roller links abbiegt, obwohl es rechts zum schönsten Wasserfall von ganz Bali geht. Ebenso gilt das Prinzip für ganze Länder. Warum nicht mal auf dem Weg in den Süden einen Stopp in der Slowakei einlegen? Hinter Bratislava fängt der aufregende Osten an.

Ach ja, und wenn man dann durch dieses Prinzip einen wirklichen Geheimtipp gefunden hat, behält man ihn am besten für sich und empfiehlt einfach nur das »Ominöse Seitenstraßen«-Prinzip mit einem wissenden Lächeln weiter.

ASIEN FÜR BEGINNER

A sien ist mit Sicherheit einer der Kontinente, für die das Reisen erfunden wurde. Wir würden sogar so weit gehen und an Anlehnung an Rudi Völler sagen:»Wer Asien nicht mag, hat das Reisen nie geliebt.« Dabei lässt sich die Region mit ihren vielen verschiedenen Ländern nicht über einen Kamm scheren. Zahlreiche unterschiedliche Länder, Kulturen und Entwicklungsstufen treffen dort aufeinander, was den Kontinent umso interessanter macht.

Ein bemerkenswerter Aspekt Asiens sind die historischen Stätten und kulturellen Schätze, die in vielen Ländern zu finden sind. Von den majestätischen Tempeln in Thailand und Kambodscha über die alten Kaiserstädte Chinas bis zu den prachtvollen Palästen in Indien.

Gleichsam gibt es eine beeindruckende natürliche Schönheit. Von den atemberaubenden Stränden und Korallenriffen in Südostasien über die majestätischen Gipfel des Himalayas bis zu den malerischen Reisterrassen in Vietnam und Indonesien. Outdoor-Enthusiasten können sich auf Trekkingtouren, Dschungelabenteuer und Bootsfahrten begeben, um die einzigartige Natur zu erkunden und unvergessliche Erinnerungen zu sammeln.

Die kulinarische Vielfalt ist, nicht nur für uns Street-Food-Fans, ein weiterer Höhepunkt einer Reise nach Asien. Jedes Land hat seine eigene einzigartige Küche, die von köstlichen Gerichten und exotischen Gewürzen geprägt ist. Von den scharfen Aromen der thailändischen Küche über die vielfältigen Geschmacksrichtungen chinesischer Speisen hin zu den raffinierten Gewürzen Indiens. Großstädte wie Tokio, Singapur und Hongkong sind pulsierende Metropolen, die moderne Architektur, innovative Technologie und ein aufregendes Nachtleben vereinen. Gleichzeitig gibt es abgelegene Inseln und Dörfer, in denen man dem hektischen Stadtleben entfliehen und die Ruhe und Gelassenheit der Natur genießen kann.

Bei einer Reise nach Asien ist es ein wenig wie mit dem Besuch in einem Freizeitpark. Die Strategie sollte so aufgebaut sein, dass man sich langsam von einer Attraktion zur nächsten steigert. Fährt man direkt am Anfang mit der schnellsten und höchsten Achterbahn, wirken die anderen danach eher unspektakulär. Das Gleiche gilt für die asiatischen Länder. Auch wenn Wumbo, das Maskottchen vom Heidepark Soltau, dort kein Popcorn verkauft. Wobei wir uns nicht ganz sicher sind, ob sie den Heidepark nicht an einem unbekannten Ort in Chinas Großstädten nachgebaut haben.

Um die Achterbahn der asiatischen Länder und deren Kulturen ein wenig greifbarer zu machen, nehmen wir folgende Kategorien zur Hand. In den Geschichten aus Asien kommen wir immer wieder darauf zurück. Vielleicht helfen sie bei der Einordnung.

Kulinarisch

Für viele sicherlich *das* große Thema, wenn es um eine Reise nach Asien geht. Was kommt auf den Teller? Jeder kennt die Horror-Meldungen von Tieren auf dem Teller, die in westlichen Ländern eher als Haustiere gehalten werden. »Bella Italia« wäre ein guter Restaurantname für einen Italiener in China.

Chaos-Level

In Deutschland bleiben alle bei jeder Tages- und Nachtzeit an der roten Ampel stehen, auch wenn kein anderer Verkehrsteilnehmer zu sehen ist. Der alte Witz, der allgemeine Gültigkeit hat: Stehen zwei Menschen in England nachts an einer roten Fußgängerampel. Sagt der eine: »Na? Auch Deutscher?«

In anderen Ländern sind rote Ampeln und Zebrastreifen oftmals eher als Empfehlung gemeint und vergleichbar mit einer E-Mail mit dem Betreff: »Zur freundlichen Kenntnisnahme.« Im Zweifel hat der Autofahrer Heimvorteil und ist mit dem stärkeren Gefährt unterwegs.

Kulturschock

Schon wenige Flugstunden entfernt, beginnt eine ganz neue Welt. Lautstärke, Körperkontakt, Temperatur, Gerüche, Gewusel auf den Straßen. Alles ist ungewohnt und macht die ersten Stunden herausfordernd. Bei wenigen Urlaubstagen kann das schon einen starken Einfluss nicht nur auf die Stimmung haben. Dazu gibt es oftmals eine neue Währung und gleich noch ein paar Menschen, die einem ebendiese schnell wieder aus der Tasche ziehen wollen. Am Flughafen Denpasar auf Bali gab es früher einen regelrechten Kampf der Taxifahrer, der so weit ging, dass die Herren bereits im abgesperrten Ankunftsbereich des Flughafens auf Kundenfang gingen. Bargeld abzuheben oder zu tauschen, war nur unter ständiger Belagerung möglich.

Für unsere Art zu Reisen bedeutet ein Kulturschock bei allen Anstrengungen jedoch auch immer den effizientesten Weg, um aus unserem gewohnten

(Job-)Alltag auszubrechen. Wenn man nach einem langen, letzten Arbeitstag den Stift fallen lässt und nach ein paar Stunden Flug plötzlich auf einem Plastikstuhl seine leckere Nudelsuppe verzehrt, ist man schlagartig raus aus seinem gewohnten Trott.

Nachdem nun die Grundlagen für Bewertung und subjektive Sortierung geklärt sind, geht's für uns ab in den Fernen Osten. Fakten auf den Tisch.

Wir hangeln uns wie im Videospiel Super Mario von Level zu Level. Es geht einfach los, am Ende wartet der Endgegner.

Asien für absolute Beginner muss nicht »hammer hammer hart« sein, sondern lässt sich auch in kleinen Portionen erleben. Steigt man in Singapur aus der Metro aus, könnte man auch in New York sein. Taipeh hat eine bessere Beschilderung als viele Wanderwege in Deutschland und Hongkong zwar wenig Platz, dafür aber viel zu entdecken, ohne am Kulturschock-Kopfschmerz zu leiden.

»NÍN HǍO« SINGAPUR

J eder China-Imbiss an einem durchschnittlichen deutschen Bahnhof verspricht mehr asiatische Gefühle. Dafür ist Singapur perfekt geeignet, um das Abenteuer Asien zum ersten Mal hautnah zu erleben. Stadt und Staat – ein wenig »Urbi et Orbi« auf kleinem Raum. Denn neben riesigen Wolkenkratzern gibt es in vielen Stadtvierteln auch etwas aus der Welt zu entdecken. Ecken, die wir zwischen Hochhäusern nicht erwartet hätten, und vor allem Begegnungen mit Personen, die eher in die Kategorie »Was für ein Zufall« gehören. Viele Gastarbeiter leben schon seit Generationen in der Stadt und haben ihre Kultur einfach mitgenommen. Perfekt für ein erstes Kennenlernen von Asien auf kleinstem Raum.

So beginnt die Welttournee in Asien.

Rednex - The Spirit of the Hawk(er Center)

Ganz nach oben will doch jeder. Ganz oben wird's teuer. Ganz oben wird's einsam. Klingt wie die besten Sprüche von Horror-Chef Bernd Stromberg, könnte sich aber auch um das Marina Bay Sands handeln. Das Marina Bay Sands Hotel ist ein architektonisches Wahrzeichen und eines der bekanntesten Luxushotels in Singapur. Gibt es eigentlich auf jeder Postkarte zu sehen. Es befindet sich im Herzen der Stadt und ist für seine beeindruckende Skyline und sein ikonisches Design weltweit bekannt.

Das Hotel erstreckt sich über drei markante Türme, die durch eine atemberaubende SkyPark-Plattform miteinander verbunden sind. Diese Plattform, die wie ein Bügelbrett auf drei Wolkenkratzern aussieht, bietet einen atemberaubenden Panoramablick auf die Stadt und das Meer. Mit über 2.500 Zimmern (außerhalb unseres Reisebudgets) und Suiten (noch weiter außerhalb) bietet das Marina Bay Sands Hotel luxuriöse Unterkünfte. Man kann Fotos aus der Ferne machen, bei Tag oder in der Nacht – sieht immer gut aus. Viele Instagram-Fotos können einfach nicht lügen. Doch es gibt dieses eine Foto, das ganz besonders aussieht. Es gibt da diesen einen Pool.

Die schöne Aussicht muss man sich allerdings teuer erkaufen. Den erfrischenden Sprung ins (nicht allzu tiefe) Nass gibt es nur, wenn man sich besagte teure Hotel-Übernachtung leisten kann. Doof, wenn man noch zwei Wochen Asien vor sich und wie wir in einem zwielichtigen Hostel an der Metrostation eingecheckt hat. Unsere Aussicht bestand aus einem Hinterhof mit einer Ansammlung der schönsten Klimageräte.

Trotzdem wollten wir uns Glück versuchen und trieben uns in der weitläufigen Lobby des Hotels herum, möglichst ohne aufzufallen. Unser Ziel war einer der vielen Fahrstühle. Dort sollte es zur Nummer 57 gehen. Die stand blau leuchtend ganz oben rechts auf einer Tafel im Aufzug. Die anderen Zahlen, wie beispielsweise die 55 mit der Aufschrift »Spa«, klangen auch vielversprechend, aber für uns war klar: Wir wollen nach ganz nach oben.

Die Badehosen hatten wir wegen der tropischen Hitze im Stadtstaat ohnehin schon an, dem Vergnügen sollte also nichts im Wege stehen. Unserer Vorfreude folgte die Ernüchterung auf dem Fuße. Beim Druck auf die Zahl passierte: gar nichts. Die Tür schloss sich nicht und der Fahrstuhl setzte sich nicht in Bewegung. Zugegeben, wir hatten es befürchtet. Denn wer sich im Internet über diesen einen Pool schlau macht, bekommt allzu oft die Antwort: »nur für Hotelgäste«.

Wir verabschiedeten uns schon von der Aussicht und wollten uns gerade aus dem Fahrstuhlbereich schleppen, als unsere Rettung aus der Kategorie »Ausgang und Umgang im Bademantel« um die Ecke kam. Zwei Deutsche hatten sich den Luxus einer Übernachtung gegönnt und wollten jetzt entweder die 55 und somit die »Spa«-Taste drücken oder eben ganz nach oben.

Vorsichtig fragten wir, ob sie uns mitnehmen würden. Sie bejahten und klärten uns über den Ablauf auf.

Normalerweise bekommen die Gäste Bändchen, die zum Zutritt des Pools befähigen. Es gab aber Probleme mit diesen und so musste nur an diesen Tagen die Zimmerkarte als Beweisstück ausreichen. Ein absoluter Glücksfall. Mit voller Geschwindigkeit ging es die 200 Meter mit dem Fahrstuhl nach oben, es fühlte sich fast an, als würde man mit einem Zug durch einen Tunnel fahren. Nach kurzer Zeit öffneten sich die Türen und gaben den Blick *nicht* auf den Pool frei.

Denn der schlaue Herr Architekt kannte solche Jungs wie uns. Das Reinschmuggeln in den Fahrstuhl mit den anderen Gästen hatte auch er kommen sehen. Er hatte rechts neben dem Fahrstuhlausgang eine Art Hecke platziert, die den Blick auf den dahinter liegenden Pool verbarg und trotzdem gut aussah. Respekt, Herr Architekt. Nur durch Zufall war das Drehkreuz als Ausgang neben der Hecke heute offen und wir konnten ins kühle Nass. Umgang und Ausgang plus das Quäntchen Glück.

Wer eben dieses nicht hat, sich durch einen Heck(en)Sprung richtig Ärger einhandeln oder den alten Freibad-Drehkreuz-Trick aus der Jugend nicht anwenden will, muss sich zwangsläufig eine Übernachtung gönnen. Die Zimmer liegen bei rund 200 Euro. Nach oben bis zur letzten Etage sind auch preislich kaum Grenzen gesetzt.

Dieser eine Pool　　　　　　　　　　　　　WELTTOURNEE-WEGWEISER

In einem kleinen Straßenimbiss trafen wir andere Reisende, die sich den Luxus von sogar zwei Nächten im Hotel gegönnt hatten. Sie berichteten von ihren Erfahrungen, die wir hier brühwarm – oder besser gesagt: schwülwarm wie in Singapur – weitergeben wollen. Am wenigsten los am Pool ist am frühen Nachmittag. Warum? Die Tagesgäste, die sich ebenfalls mit nur einer Nacht den Ausblick erkauften, müssen auschecken und verlieren auch ihr Bändchen. Richtig voll wird es dann am frühen Abend, alle kommen und wollen sehen und gesehen werden. Wer aufs Geldausgeben keine Lust hat, kann auch einfach auf einer anderen Hotelterrasse den Ausblick auf diesen einen Pool aus der Ferne genießen. Im »LeVeL33« sitzen diejenigen, die es nicht geschafft haben, und trinken ein Bier im Wert einer Hostel-Übernachtung.

Der SingaPUR Party-Hitmix

Genug der Touristenspots, wir wollten ja den echten SingaPUR Party-Hitmix erleben. Eine Stadt übrigens, die nicht als Domizil für alternde Fußballstars gemacht ist. Auf den Boden spucken wird hier hart bestraft – kein Scherz. In Singapur ist das Spucken in der Öffentlichkeit illegal und wird als unhygienisch und unangemessen angesehen. Das Spuckverbot ist Teil der öffentlichen Sauberkeitskampagne der Regierung und dient dazu, die öffentlichen Bereiche der Stadt sauber und hygienisch zu halten. Das Spucken in Singapur wird mit hohen Geldstrafen geahndet. Die Strafen können je nach Schwere des Verstoßes bis zu mehreren Hundert Dollar betragen. Die Regierung nimmt dieses Verbot ernst und setzt regelmäßig Streifenpolizisten ein, um die Einhaltung der Vorschriften zu überwachen und Verstöße zu ahnden. Die Stadt hat sich einen Ruf als eine der saubersten Städte der Welt erworben, und dies ist auf strenge Maßnahmen und die Einhaltung strikter Regeln zurückzuführen.

Früher gab es in Restaurants immer eine Art Spuck-Eimer. Mit dem Aufkommen des Tourismus wurden diese schrittweise entfernt – vielleicht gab es auch einfach zu wenig Gefängnisse, um die Spuck-Sünder einzusperren. Eine andere Art von Kulturschock, wenn man schon in Ländern wie Myanmar oder Indien war. Aber nähern wir uns der Riesen-Achterbahn noch vorsichtig.

Christoph trat den langen Flug direkt von Barcelona aus an. Der Mittelsitz blieb zum Glück frei. Nur am Rand ließ sich eine Frau nieder. Sie arbeitete bei einem großen Tech-Unternehmen und musste für ein paar Tage in die Metropole. Um die Romantik an dieser Stelle sofort zu beenden. Es wurde ihr kein gläserner Schuh geschenkt und sie musste ihre Haare auch nicht vom Turm des Marina-Bay-Sands herunterlassen. »Schönen Aufenthalt und bis bald mal«, wünschte man sich noch beim Aussteigen. Floskeln aus der Economy-Class, man sieht sich ohnehin nie wieder, schon gar nicht in einer Megacity wie Singapur.

Tags darauf wollten wir in ominöse Seitenstraßen einbiegen und die Geschmäcker und Gerüche von Singapur kennenlernen – und trafen tatsächlich Christophs Economy-Nachbarin doch wieder. Eben noch im engen Flugzeugsitz, jetzt unterwegs in den Hochhausschluchten. Ob Christoph einen Peilsender in seiner Kapuze hatte, konnte bis heute nicht geklärt werden. Die Welt ist auch in Singapur ein Dorf.

Besser gesagt, ist Singapur eine kleine Welt. Denn in vielen Stadtvierteln sorgen die verschiedensten Kulturen für ganz besondere Einflüsse. Ob Little India, Chinatown oder Geylang mit der malaiischen Kultur. Alle paar Blocks ändern sich die Stimmung und das Aussehen der Stadt.

Der Sri-Veeramakaliamman-Tempel   WELTTOURNEE-TIPP

Im Podcast hatten wir Schwierigkeiten, den Zungenbrecher auszusprechen. Es gab viele lustige Nachrichten darüber. Zum Glück kann das in gedruckter Form nicht passieren. Der Sri-Veeramakaliamman-Tempel liegt in der Mitte von Little India. Der hinduistische Tempel wurde von den ersten indischen Pionieren errichtet und ist damit einer der ältesten Tempel Singapurs. Aufgrund seiner farbenfrohen Figuren über dem Eingangstor ist er kaum zu verfehlen. Vorher Schuhe ausziehen und dann die Atmosphäre genießen. In den kleineren Straßen rund um den Hindu-Tempel bieten Händler eine hervorragende Auswahl an Gewürzen an.

Der kleine Stadtstaat hat eine einzigartige Essenskultur, die sich in den Hawker Centern widerspiegelt. Wenn man in anderen Ländern Südostasiens unterwegs ist, gehören sie zum Stadtbild wie das berühmte Wahrzeichen: Die Wägelchen an den Straßenrändern, auf denen die einheimischen Köstlichkeiten dampfen und brutzeln. In Singapur muss man allerdings ein wenig länger suchen, um diese Art von Street Food zu finden. Denn in den 80er-Jahren wurde hier kurzerhand beschlossen, die offenen Garküchen und mobilen Stände von den Gehsteigen und Straßen zu verbannen. Warum? Die Regierung hatte wegen des Schmutzwassers Angst um die Hygiene in der Stadt.

Aber natürlich mussten die kulinarischen Schätze der Stadt erhalten bleiben. Also baute man die Garküchen kurzerhand in Hawker Center um und stattete sie mit allem aus, was das Herz begehrt: Wasseranschlüsse, Strom und sogar Kühlmöglichkeiten. Seitdem sind die Hawker Center ein fester Bestandteil des Singapurer Essens- und Gesellschaftslebens. Denn hier trifft man sich nicht nur zum Essen, sondern ganz Norddeutsch auch zum Klönen und Tratschen.

»Wir probieren heute einfach mal alles«, sprach Adrian, ausgestattet mit Stahlmagen, großspurig. Neben Expats im Anzug, Touristen und Arbeitern gab es Gerichte von den vier Hauptethnien der Region: Chinesen, Malaien, Indern und Indonesiern. Aber auch einige Stände mit westlichem, japanischem und koreanischem Essen sind in einem Center mit dabei. Das typische Gericht, das wir immer wieder sahen, ist die Chili-Krabbe. Sie wird normalerweise in einer etwas scharfen, süß-sauren Tomatensoße serviert. Dazu kann man einige Mantous (gedämpfte oder frittierte Brötchen) bestellen, die perfekt sind, um die restliche Soße aufzusaugen.

Wer wie Christoph nicht der größte Fisch-Fan ist, findet fast an jedem Stand das zweite Nationalgericht von Singapur: Hühnchen mit Reis. Dieses scheinbar einfache Gericht aus Hühnchen auf duftendem Reis mit Chili- und Ingwer-Paste wurde vor einigen Jahren mit einem Michelin-Stern ausgezeichnet. Das Hühnchen wird entweder »weiß« (gedünstet) oder »schwarz« (geröstet oder in Sojasauce geschmort) serviert. Beim ersten Reinbeißen sollte man sich nicht wundern. Denn oft ist das Hähnchen eiskalt. So soll die Saftigkeit gewährleistet werden.

Inzwischen ist auch die UNESCO auf den Geschmack gekommen und hat die Center zum immateriellen Kulturerbe erklärt.

Unsere Meinung: Unbedingt ausprobieren, auch bei einem Layover in der Stadt. Doch welches Hawker Center soll es nun sein und welche Köstlichkeiten müssen unbedingt probiert werden? Am einfachsten stellt man sich zunächst in die Ecke und beobachtet, vor welchem Stand die längste Schlange steht. Viele Einheimische kommen täglich zum Speisen hierher, und so reihen auch wir uns einfach im meistbesuchten Stand ein.

Die besten Hawker-Center in Singapur   WELTTOURNEE-WEGWEISER
Das Größte: Chinatown Complex
Das Bekannteste: Maxwell Road
Das Älteste: Old Airport Road
Das Sauberste: Tiong Bahru Market

»NÉI HÓU« HONGKONG

Jede Reise in diese asiatische Stadt beginnt mit einer großen Frage, sie kann über Glück und Unglück und eine gelungene Tour entscheiden: Schreibt man Hongkong zusammen oder getrennt?

Hongkong ist eines dieser Ziele, die man als Beginner perfekt bereisen und auch mit einem längeren Stopover gut entdecken kann. Die Mega-City ist wahrlich beeindruckend – wenn nicht gerade der Monsun tobt und einen beim Verlassen des Gebäudes überall Schilder vor möglichen »Kopf ab«-Situationen warnen.

Stadt-Schlangen

Aufgrund ihrer Vergangenheit als britische Kolonie kommen immer noch viele Flieger aus London hier an, um kurz danach in Richtung Taiwan und Co. durchzustarten. Inzwischen besitzt Hongkong einen nagelneuen Flughafen auf einer künstlichen Insel im Meer. Noch vor einigen Jahren landete man spektakulär in der Stadt, was Stoff für unzählige Dokumentationen bei Galileo auf Pro7 bot. Der alte Flughafen Kai Tak war berühmt für seine schwierige Landebahn, die sich mitten in der Stadt befand und von hohen Gebäuden umgeben war. Die Piloten mussten in einen extrem steilen Landeanflug gehen und durch ein Tal fliegen, um das Ziel zu erreichen. Was den Piloten ordentlich Nerven kostete, war für Flugbegeisterte natürlich ein Höhepunkt im Reise-Lebenslauf. Im Jahr 1998 wurde der alte Flughafen von Hongkong geschlossen und die Landebahn in einen Kreuzfahrthafen umgebaut.

Auch wir sind in Hongkong bei unserem ersten Besuch als Zwischenstopp gelandet, haben uns aber entschieden, vor dem Weiterflug noch eine Nacht zu bleiben und die Stadt zu erkunden. Schon an der Bahnstation trafen wir auf ein amerikanisches Pärchen, das völlig aufgelöst vor dem Geldautomaten stand. Sie hatten erwartet, in Hongkong ebenfalls Dollar zu erhalten und fühlten sich betrogen, als sie nun die bunten Hongkong-Dollar in den Händen hielten. Wir hoffen, die geistige Transferleistung kam nur durch die lange Anreise und den Jetlag nicht zustande.

Wir fuhren mit passender Währung in die Stadt und direkt ins Hotel. Dort warfen wir unsere Handgepäckrucksäcke ins Zimmer und mussten feststellen, dass eben jenes damit nahezu voll war. Wo viele Millionen Menschen leben, ist der Platz für Hotels knapp. Die Betten standen sich mit den Fußenden gegenüber, die Eingangstür ging geradeso auf und das Badezimmer war eine winzige Mischung aus Toilette, Dusche und Waschbecken in einem.

Uns war es relativ egal: Wir waren sowieso nur für ein paar Stunden in der Stadt und wollten den Trubel, die Farbenpracht und die Exotik der Stadt außerhalb des Zimmers erleben.

Und zu erleben gibt es genug: Wenn man den Tag an der Waterfront ausklingen lässt, wird man von der beeindruckenden Skyline in all ihren Farben und Facetten verzaubert. Tagsüber kann man die vielen Tempel und Schreine der Stadt besichtigen, einen Abstecher ins hippe Soho-Viertel unternehmen oder auf den schönsten Aussichtspunkt, den Victoria Peak, klettern.

Diese schöne Aussicht ist allerdings auch in unzähligen Reiseführern und Blogs beschrieben und zieht Massen an Touristen auf den Berg, der sich mitten in der Stadt befindet. »Erklimmen« kann man den Berg fototauglich mit einer Tram, die entlang einer steilen Strecke von etwa zwei Kilometern Länge einen Höhenunterschied von rund 400 Metern überwindet. Während der Fahrt genießt man einen fantastischen Ausblick auf die Stadt, die umliegenden Berge und das Meer.

Bevor es für uns diesen Ausblick auf die Landschaft gab, gab es erst einmal einen Ausblick auf eine schier endlose Schlange. Wirklich alle schienen mit der Bahn auf den Berg zu wollen. Ein schöner Hinweis auf die britische Kolonialgeschichte: Anstellen klappt auch in tropischer Hitze wunderbar, für einen kurzen Stopover ist das aber ein zu großer Zeitfresser. »Dauert rund 90 Minuten, bis ihr dran seid«, sagte uns eine freundliche Mitarbeiterin, die versuchte, die Schlange zu ordnen.

Nach kurzer Unzufriedenheit, tauchte am Horizont eine Lösung auf: Ungewöhnlich, aber eine Taxifahrt half uns aus der Schlangen-Misere. Was die Betreiber der Tram nämlich gerne verschweigen, ist, dass der Berg auch ganz normal auf einer Straße befahrbar ist. Und wenn man mindestens zu zweit fährt, hat man den Preis der Standseilbahn schon wieder raus und spart sich eine Menge Wartezeit. Für Extrovertierte kann es sogar Sinn ergeben, die nächstbesten Wartenden vor sich in der Schlange anzusprechen und zur gemeinsamen Taxifahrt zu überreden. Für Sie getestet und für gut befunden.

Wo wir schon beim Thema »Transport in Hongkong« sind: Bekannt ist die Stadt neben vielem anderen für ihre Rolltreppen, die im Tagesverlauf ihre Richtung ändern. Und ja, die gibt es wirklich.

Und sie ergeben auch Sinn: Hongkong schmiegt sich nämlich an einen Berg und entsprechend sind die Stadtviertel und Wohnhäuser zu einem gewissen Grad in den Hang gebaut. Da sich viele Bürogebäude unten am Hafen befinden und folglich zehntausende Menschen jeden Tag pünktlich zur Arbeit erscheinen müssen, laufen die Rolltreppen von sechs bis zehn Uhr morgens bergab. Ab der Mittagszeit dreht sich dann die Richtung und die Rolltreppen fahren bergauf. Rund 20 einzelne Teile der Rolltreppe gibt es. Sie ist damit die größte Outdoor-Rolltreppe der Welt.

Wer sein Sportprogramm nachholen möchte oder schlicht zur falschen Zeit in die falsche Richtung will, hat neben den Rolltreppen aber auch immer normale Treppenstufen. Von diesen dann allerdings sehr viele ...

Wenn man unten am südchinesischen Meer angekommen dann nicht ins Bürogebäude abbiegen muss und der Laptop zu Hause geblieben ist, kann man die wahrscheinlich günstigste Hafenrundfahrt der Welt antreten – nicht zu verwechseln mit der großen Hafenrundfahrt bei Kapitän Proktologe. Der ÖPNV in Hongkong führt nämlich nicht nur in dunklen Tunneln unter der Erde hindurch, sondern transportiert Reisende auch auf Fähren. Für umgerechnet 25 Cent gönnten wir uns eine Fährüberfahrt! Ganz besonders lohnt sich diese Tour übrigens am Abend, wenn Hongkong sich in ein großes Lichtermeer verwandelt.

Im Frühtau zu Parke

Wenn der Jetlag ein frühes Aufwachen in Hongkong begünstigt, geht's am besten direkt raus aus den Federn und dem kleinen Zimmer. Die Stadt hat an verschiedenen Ecken Parks. Oft findet man in ihnen ganz früh am Morgen Gruppen aller Altersklassen, die sich zum Tai-Chi oder zum Yoga treffen. Mitmachen ist erlaubt. Ansonsten ist allein schon das Zuschauen von einer Bank aus eine angenehme Entspannung, bevor die Stadt zum Leben erwacht.

»HALO« MALAYSIA

Über den Tellerrand zu schauen, geht in Südostasien auch auf regionaler Ebene. Denn während die meisten Backpacker sich ins Nachbarland Thailand verziehen, hatten wir uns für eine Tour durch Malaysia entschieden. Denn dort hat man ganz Asien in einem Land: ob aufregendes Großstadtleben in Kuala Lumpur, die schönsten Strände auf tropischen Inseln oder Natur pur in den Cameron Highlands oder auf Borneo. Darüber hinaus ist Malaysia ebenfalls ein Land aus der Kategorie »Asien für Beginner«.

Das Chaos in der Hauptstadt erschlägt einen nicht so sehr wie in Bangkok und wer mal genug vom Lärm hat, verzieht sich in die Natur zum Erdbeeren essen. Kein Witz. Im Hochland von Malaysia wird ein regelrechter Kult um die Erdbeere betrieben. Gastronomen locken mit leckeren Erdbeershakes, Erdbeerkuchen und köstlichem Erdbeereis – etwas seltsam, wenn man vor ein paar Tagen noch am Straßenrand sein Hähnchen mit Reis verspeist hat. Viele asiatische Touristen sehen und probieren hier zum ersten Mal die Beere, die botanisch gesehen eigentlich eine Nuss ist und in Deutschland wohl kaum zu Jubelstürmen und unendlich vielen Instagram-Fotos hinreißen würde.

Mama Lauda oder mach Ma Laysia?

Wenn man einen Zwischenstopp in Singapur hat, gibt es viele Möglichkeiten. Man könnte 40 Minuten mit dem Flieger zwischen den Metropolen jetten. Für ganz Eilige wohl die beste Wahl – aber richtig cool ist das nicht und würde auch keinen Platz hier im Buch füllen.

Man könnte sich zudem zum Busbahnhof schleppen und hoffen, dass es noch einen Platz im klimatisierten Reisebus gibt. Im schlimmsten Fall ist nur noch ein Sitz in einem Gefährt übrig, das der TÜV Rheinland nur ganz knapp nicht durchwinken würde. Hier wurde das Wort »Holzklasse« erfunden. Nein danke, dachten wir uns und stöberten lieber einen Nachtzug auf. Der ist besonders dann von Vorteil, wenn man nur mit 30 Tagen Urlaub unterwegs ist: Eine Hotelübernachtung fällt weg, und am nächsten Morgen ist man mehr oder weniger frisch in einer neuen Stadt. Dazu aber später mehr, wenn es durch Osteuropa geht. Auch im fernen Malaysia ist der Leitspruch der Deutschen Bahn nützlich: Früh buchen hilft, um nicht auf dem Boden sitzen zu müssen. Wenn man Glück hat, bekommt man zudem ein eigenes Bett.

Im Gegensatz zu vielen anderen Nachtzügen auf dieser Welt sind die Betten hier in Fahrtrichtung angeordnet. »Mit den Füßen voran nach Kuala Lumpur«, war Adrians ausgegebene Devise, der sich schnell ein Bett in der oberen Etage sicherte. Klingt wie eine Spezialfolge vom ARD Tatort, ist aber an dieser Stelle eine entspannte Art, die Länder zu bereisen. Ob es an der Schienenspur liegt oder einfach ein Alleinstellungsmerkmal sein soll, konnten wir damals nicht herausfinden. So hat jedes Bett ein eigenes großes Fenster, auch wenn es nachts nicht viel zu sehen gibt, und auf der anderen Seite ein Vorhang, der ein wenig Privatsphäre verspricht. Rund acht Stunden rattert der Zug durchs Land, unterbrochen nur von Adrians Sound im oberen Bett, der lautstark von den grünen Erdbeerfeldern träumte.

Auf einer Nachtzug-Tour kommt man oft mit anderen Reisen ins Gespräch. Wir könnten jetzt weltmännisch erzählen, dass wir mit Großfamilien aus Malaysia die ganze Nacht bei Tee und tiefgründigen Gesprächen verbracht haben. Oft sind es aber die Reisenden aus dem eigenen Kulturkreis (besser gesagt, dem eigenen Land), die man auf einer Fahrt trifft. Vorteil: Reisetipps und Erfahrungen sind dabei immer aktueller und besser als in jedem Reiseführer. »Spart euch Kuala Lumpur«, sagte uns eine schwedische Reisegruppe, die gerade von einem Wochenend-Trip zurück in die Hauptstadt fuhr.

Den durchgeschüttelten Nachtzugreisenden in Malaysia empfängt morgens die Kombination von Kopi und Roti. Klingt nach Helden aus einem Kinderbuch sind aber (starker) Kaffee und ein dünnes Fladenbrot, das in Malaysia zu allen Gelegenheiten gegessen wird. Und tatsächlich, die Reisenden aus dem Nachtzug hatten Recht. Man kann Kuala Lumpur wirklich eher sparsam bereisen.

Einen Blick auf die berühmten Zwillingstürme kann man an jeder Ecke erhaschen. Am besten erlebt man ihn aber am Fuße der Petronas Towers, die majestätisch in den Himmel ragen. Diese beeindruckenden Wolkenkratzer, die einst die höchsten der Welt waren, spiegeln sich im glitzernden Wasser des Sees im umliegenden Park wider. Ihre metallisch glänzenden Fassaden verschmelzen mit den Wolken und schaffen ein spektakuläres Zusammenspiel von Licht und Schatten. Im nahen Einkaufszentrum gab es für uns ein paar kalte Getränke, und unter den schattigen Bäumen saßen viele Studenten, die ihre Mittagspause draußen verbrachten. Wenn man viel Zeit totzuschlagen hat, lohnt sich noch ein Ausflug an die Batu-Höhlen.

Die Höhlen sind ein faszinierendes Natur- und Kulturerbe, das Besucher aus aller Welt anzieht. Etwa 13 Kilometer nördlich des Stadtzentrums gelegen, bieten diese massiven Kalksteinhöhlen eine unvergessliche Erfahrung – zumindest wenn man der Horde Affen entkommt. Der Tempel, der dem Gott Murugan gewidmet ist, ist farbenfroh und prächtig verziert. Statuen hinduistischer Götter und Göttinnen schmücken den Tempel, während der Duft von Räucherstäbchen in der Luft liegt.

Der Zugang zu den Höhlen liegt am Ende einer beeindruckenden Treppe, die sich mit 272 Stufen durch eine dichte Vegetation schlängelt. Während man nach einer anstrengenden Nachtzugfahrt die Stufen erklimmt, kann man die Ruhe der Umgebung genießen und die exotische Atmosphäre auf sich wirken lassen oder sich alle paar Sekunden hektisch umblicken, wenn einem die unzähligen Affen zu nah kommen.

Diese Tiere scheinen unsere Müdigkeit und die der anderen Besucher zu spüren und holen sich mit schnellen Griffen alles, was als

Snack dienen kann, und rücken eine Mütze auch erst nach großem Geschrei wieder heraus. Hat man das überstanden, sind die Höhlen immer ein farbenfrohes Erlebnis, besonders aber Ende Januar oder Anfang Februar, wenn Hunderttausende von Pilgern während des dreitägigen Thaipusam-Festivals in einer Prozession von Kuala Lumpur zu den Höhlen pilgern.

Und auch hier haben TikTok und Instagram ihre Finger im Spiel, wenn es um das Thema »farbenfroh« geht. Vor ein paar Jahren wurden die Treppenstufen für ein Festival in Regenbogenfarben angestrichen. Während die Reisenden den farbenfrohen Pinselstrich lieben und sich an verschiedenen Stellen für Fotos positionieren, verursacht die Änderungen Probleme mit der Denkmalschutzbehörde. Renovierungen und Änderungen wie die Treppenmalerei müssen ganz behörden-like wie in Deutschland von der Denkmalbehörde genehmigt werden, da der Tempel an der Spitze der Treppe ein nationales Denkmal ist. Möglicherweise wurde im Eifer der Festival-Vorbereitungen die Erlaubnis einfach »vergessen«.

Der Tempel-Express WELTTOURNEE-WEGWEISER

Zu den Batu-Höhlen kommt man wunderbar per Zug. Auch wenn man nicht mit dem Nachtzug angereist ist, geht es vom Bahnhof in rund 30 Minuten zur heiligen Stätte. Die »Port-Klang-Linie« des KTM-Komuters fährt für rund einen Euro.

»NÍN HǍO« TAIWAN

Ach, die »Ilha Formosa«! Keine Panik, wir haben den Kontinent nicht verwechselt und sind kurzfristig nach Portugal gereist. Der Name »Schöne Insel« geht aber auf die Portugiesen zurück, die Taiwan während ihrer Erkundungen im 16. Jahrhundert entdeckten und diesen Namen aufgrund der landschaftlichen Schönheit der Insel wählten. Der Name »Ilha Formosa« wurde später von anderen europäischen Reisenden übernommen und wird auch heute noch gelegentlich verwendet.

Und Recht hatten die Portugiesen auf jeden Fall. Raue Klippen am Meer, tropische Wälder, hohe Berge und immer wieder erblickt man den blauen Pazifik. Zutaten, die perfekt für alle Asien-Beginner passen. Dorfkinder wie wir fühlen sich genauso wohl wie Großstädter. Und für Elise gibt es auch etwas zu entdecken. Vorher sollte man nur prüfen, wann Regenzeit ist, und dann steht dem Asien-Einstieg nichts mehr im Wege.

Das Leben der Anderen (Insta-Boyfriends)

Bevor wir gleich zusammen einen Berg mitten in Taipeh besteigen, benötigen wir etwas Grundwissen. Nein, nicht fürs Wandern, da der Berg nur rund 180 Meter hoch ist. Klettern braucht hier auch niemand. Wir müssen uns eine bestimmte Personengruppe anschauen, die einem beim Reisen immer wieder begegnet. Denn beim Warten auf den Bus oder den nächsten Zug scrollt man doch allzu gerne durch die bunte Welt von Instagram, TikTok und Co., wo die tollsten Fotos von den schönsten Orten dieser Welt im Feed auftauchen.

Oft präsentieren sich junge Mädels in knappen Outfits mutterseelenallein an Traumstränden. Like, wer's kennt. Die Personen hinter dem Foto kennt und sieht man eigentlich nicht. Wir haben sie bei uns im Reisepodcast mal die »Insta-Boyfriends« getauft. Über die Jahre erreichte uns viel Post von den verschiedenen Ausprägungen.

Meist sind es die Lebensabschnittsgefährten oder Ehemänner der auf den Fotos posierenden Mädels, denn jemand muss schließlich den Auslöser drücken. Dabei reden wir jetzt nicht von den üblichen Freunden, die eben mal schnell ein Foto knipsen. Hier ist wirklich Arbeit angesagt. Sie buckeln über Asphalt, erobern die furchteinflößenden Blickwinkel – und das alles für die Likes, alles für den Hype bei den Zuhausegebliebenen. Fernweh, lass nach!

Auch wenn man als Single unterwegs ist, gibt es Lösungen. In einem Fünf-Sterne-Hotel auf den Malediven gibt es einen Instagram-Butler. Der Hotelmitarbeiter führt die Urlauber auf besonders schöne Wege, um schließlich auch das professionelle Fotografieren zu übernehmen. Wer sich die Auswüchse vom »Insta-Boyfriend-Tun« anschauen will, scrollt entweder durch den Feed unter dem Hashtag #travel oder schaut direkt bei der Instagram-Seite »boyfriends_of_insta« vorbei.

Mit dem neuen Vokabelwissen geht es jetzt aber rauf auf den Berg. Und Achtung, schon die Landschaft hier ist spektakulär. Der Berg ist ein beliebtes Ziel für Wanderungen und bietet eine atemberaubende Aussicht auf die Stadt. Er gibt nach kurzem steilem Aufstieg über 500 Treppenstufen den Blick frei auf die City und das »Taipeh 101«, das ehemals höchste Gebäude der Welt. Hier müssen sie doch nun sein: die Insta-Boyfriends dieser Welt.

Wir sichern uns vor dem Aufstieg zwei Biere im Supermarkt an der Metrostation und machten uns zum Sonnenuntergang auf den Weg nach oben. Während wir die zwei Bierdosen in der Hand haben, überholen uns viele junge Taiwaner – teilweise mit teuren Kameras und allerlei Schmink-Zubehör. Ein kurzes, anerkennendes Nicken – ja, hier sind sie wirklich am Werk.

Der Aufstieg zum Elephant Mountain beginnt logischerweise am Fuße des Berges, wo wir von einem gut ausgeschilderten Weg geleitet wurden. Der Weg ist gut gepflegt und bietet eine Kombination aus Treppen und Pfaden. Während des Aufstiegs kann man die üppige Vegetation bewundern und die frische Luft des Waldes genießen. Je höher wir kletterten, desto spektakulärer wurde die Aussicht. Immer wieder konnte man zwischen den Häuserschluchten und hinter den Bäumen die Hochhäuser der Stadt erkennen. Fast ganz oben tummelten sich dann die Jugendlichen der Stadt auf dem von uns liebevoll getauften »Insta-Boyfriend-Felsen«. Um das System zu verstehen, müssen wir einen Blick in die Instagram-App werfen.

Die Fotos zeigen wahlweise eine Frau oder einen Mann, die oder der mutterseelenallein auf einem Felsen sitzt. In der Ferne ist spektakulär das Taipeh 101 sichtbar. Perfekt ausgeleuchtet und mit dem schönsten Sonnenuntergang verziert. Einsamkeit mit schönster Aussicht.

Mit zwei schnellen Fingerbewegungen schließt sich unsere App wieder und gibt den Blick frei auf die bittere Realität: Eine etwa 50 Meter lange Schlange schlängelt sich vorbei am Felsen, über Stufen und Abbiegungen. Meist warten Pärchen oder Freunde auf ihren großen Auftritt. Denn der Felsen ist ein Paradebeispiel für die künstliche Instagram-Welt: Jeder hat rund zwei Minuten Zeit, das Foto auf dem Felsen zu machen. Dann wird sich vornehm aber bestimmt geräuspert, denn die Schlange ist weiterhin lang und alle wollen das gleiche Foto haben. Ein herrlich absurdes Schauspiel. Wir vergaßen schnell, dass man noch ein paar Stufen höher hätte gehen können und beobachteten das lustige Treiben und die schier endlose Schlange.

Wer ruhiger wandern will, kann in Taipeh übrigens verschiedene Trails nehmen. Denn nicht erst seit Corona ist Stadtwandern cool geworden. Der »Jinmianshan Trail« bietet im Norden der Stadt tolle Aussichten und ist perfekt an das ÖPNV-Netz angeschlossen.

Hier trifft man die Insta-Boyfriends

Nicht nur in Taiwan wird fleißig geknipst. Wir haben auf unseren Reisen schon die verrücktesten, eingespielten Foto-Teams gefunden. Hier die Top-Orte, an denen man auf jeden Fall die Spezies der Insta-Boyfriends trifft.

Maya Beach, Thailand: »Leo war schon hier«, kreischte uns eine Mittvierzigerin auf dem Boot zu. Sie sollte recht haben. Maya Bay ist eine atemberaubend schöne Bucht, die sich auf der Insel Ko Phi Phi befindet. Diese malerische Bucht ist durch den Film »The Beach« mit Leonardo DiCaprio weltweit bekannt geworden. Mit ihrem türkisblauen Wasser, dem weichen, weißen Sandstrand und den umgebenden Felsklippen ist Maya Bay ein wahrhaft tropisches Paradies. Klingt nach Insta-Boyfriends. Der Regierung wurde es aber irgendwann zu bunt und die Bucht wurde geschlossen. Die Natur sollte sich erholen.

Machu Picchu, Peru: Die antike Inka-Stadt ist zweifellos einer der faszinierendsten Orte der Welt und ein beliebtes Reiseziel für Abenteurer und Insta-Boyfriends. Diese historische Stätte liegt hoch oben in den peruanischen Anden. Die Ruinen befinden sich auf einem Bergrücken, der von tiefen Tälern und schroffen Gipfeln umgeben ist. Die majestätischen Gipfel der Anden ragen in den Himmel und bieten eine atemberaubende Kulisse für die Inka-Stadt. Die Wolken, die über die Gipfel ziehen, verleihen der Landschaft eine mystische Atmosphäre und verstärken das Gefühl, in einer vergessenen Welt zu wandeln. Wie kann man das besser darstellen als mit roten Kleidern oder Sprungfotos auf einer Terrasse vor der Stadt?

Im Zug durchs Hochland, Sri Lanka: Die Zugfahrt von Kandy nach Ella in Sri Lanka ist eine der spektakulärsten Zugstrecken der Welt und ein beliebtes Erlebnis für alle Fans von vielen Likes auf Ins-

tagram. Diese malerische Zugfahrt führt durch die atemberaubenden Landschaften der sri-lankischen Berge und bietet unvergessliche Ausblicke auf Teeplantagen, tiefgrüne Täler, Wasserfälle und
idyllische Dörfer. Die Strecke führt entlang an steilen Klippen und
hügeligen Landschaften. Der Zug windet sich durch Tunnel, über
Brücken, entlang an steilen Abhängen, während sich die Landschaft
dramatisch verändert. Da die Türen zumindest in der dritten Klasse
offen stehen, kann man sich während der Fahrt herauslehnen. Der
Insta-Boyfriend sitzt ein paar Reihen weiter vorn und fotografiert
diese Szene aus dem Fenster.

Torre de Belém, Lissabon: Der Turm von Belém ist ein beeindru-
ckendes Beispiel für die Manuelinische Architektur, eine portugiesi-
sche Baustilrichtung, die für ihre opulenten Verzierungen und ma-
ritimen Motive bekannt ist. Der Turm besteht aus hellem Kalkstein
und ist mit kunstvollen Details wie Pflanzen, Seetieren und Sym-
bolen der portugiesischen Entdeckungsreisen verziert. Er liegt an
der malerischen Uferpromenade des Tejo vor den Toren Lissabons.
Dieser historische Ort strahlt eine einzigartige Atmosphäre aus und
ist ein beliebter Anziehungspunkt für Touristen und Fotografen.
Die Umgebung des Turms ist mit wunderschönen Parkanlagen und
Grünflächen gesäumt, die zu einem Spaziergang oder Picknick einladen. Gerade während des Sonnenuntergangs ist Instagram hier
wahrscheinlich die meistgenutzte App.

Kebema Panoramabrücke, Österreich: Inmitten der majestätischen Zillertaler Alpen auf einer Höhe von 2.389 Metern oberhalb
der Olpererhütte thront die Kebema Panoramabrücke. Diese faszinierende Hängebrücke bietet Besuchern einen atemberaubenden
Ausblick auf den schimmernden Schlegeisspeicher und die umliegende türkisblaue Pracht der Landschaft. Was einst als Geheimtipp am Ende des Zillertals begann, hat sich mittlerweile zu einem

beliebten Hotspot auf Instagram entwickelt. Denn durch eine Art optische Täuschung und den passenden Blickwinkel kann der fotografierende Insta-Boyfriend erreichen, dass es so aussieht, als würde die Brücke viele hundert Meter über dem See schweben. In Wirklichkeit überquert sie nur einen kleinen Gebirgsbach.

Bo-Kaap, Kapstadt: Das farbenfrohe Viertel in der südafrikanischen Hauptstadt ist für seine lebendige Kultur und charmante Architektur bekannt. Die bunten Häuser in den verschiedensten Farben schmücken die engen, kopfsteingepflasterten Straßen und verleihen der Gegend ein einzigartiges und malerisches Erscheinungsbild. Das Bo-Kaap ist eine der beliebtesten Fotokulissen in Kapstadt und auf Instagram überaus begehrt. Wir haben hier alle Arten von Insta-Models gesehen. Manche trugen farblich abgestimmte Kleider oder besonders auffällige Schuhe, die zu den Häusern im Hintergrund passten.

Gourmet-Küche aus dem Pferdestall

Zurück vom Elephant Mountain. Sobald die Sonne in Taiwan untergeht, verwandeln sich viele Straßen in Taipeh in eine Schlemmermeile, also ist beim Abstieg Eile geboten. Aus allen Ecken kommen die Händler mit ihren kleinen, mobilen Küchen angefahren. Teilweise sind sie auf alte Motorräder geschraubt oder so klapprig, dass man denkt, die Bude bricht beim nächsten Windstoß auseinander. Dem Geschmack tut diese wilde Konstruktion allerdings keinen Abbruch. Man bekommt für kleines Geld eine große Reise durch die Küche des Landes. Während man auf deutschen Weihnachtsmärkten für eine Portion Pommes das Sparkonto plündern muss, gibt es hier für wenige Euro die wunderbarsten Gerichte.

Gerade Taiwan ist bekannt für Stinky Tofu – der Name ist dabei Programm. Dieser Tofu stinkt wirklich. Es erinnert uns Kinder vom

Land an die Sommertage im Pferdestall. Der Geruch kommt durch die Fermentation, einem Prozess, bei dem der Tofu in einer speziellen Würzbrühe mariniert wird. Die Brühe enthält traditionelle Zutaten wie Shrimps, Algen, Sojasauce und Gewürze. Diese Kombination verleiht dem Tofu seinen einzigartigen Geschmack und Geruch.

Natürlich gibt es auf einem Nachtmarkt auch einen gewissen Zauber. Die gut trainierten Verkäufer berichteten uns von der Entstehung. Eine Legende besagt, dass einst ein alter Mann in Taiwan lebte, der ein Koch war. Er experimentierte ständig mit neuen Gerichten und Zutaten. Eines Tages kaufte er einige Sojabohnen und beschloss, sie zu Tofu zu verarbeiten. Doch er bemerkte, dass der Tofu nach einigen Tagen einen seltsamen Geruch entwickelte. Der Mann war enttäuscht und wollte den Tofu wegwerfen, doch er entschied sich, ihn trotzdem zu probieren. Zu seiner Überraschung schmeckte der Tofu köstlich. Er beschloss, das Gericht weiterzuentwickeln und verkaufte es schließlich auf einem lokalen Markt, in etwa so einem, auf dem wir gerade sitzen. Klingt nach einer Geschichte aus unserer Studienzeit, könnte aber den Zauber des Stinky Tofu etwas erklären.

Das Gericht ist in Taiwan so beliebt, dass es fast überall zu finden ist. In den Straßenmärkten und Garküchen duftet es danach. Es gibt verschiedene Arten von Stinky Tofu: gebraten, frittiert oder gedämpft. Die Konsistenz des Tofus variiert auch, manchmal ist er knusprig, manchmal weich und saftig. Jetzt natürlich noch die Erlösung: Es schmeckt zumindest nicht nach Pferdestall – woher wir wissen, wie Pferdestall schmeckt? Wir kommen vom Dorf.

Taiwahnsinn auf den Straßen

Wir hatten noch nie so schnell einen Ohrwurm wie in Taiwan. Nein, es geht nicht um die abgewandelte Version vom alten Wolfgang-Petry-Klassiker »Taiwahnsinn, warum schickst du mich in die Hölle?« Unser Sound ist kaum zu übersehen oder besser gesagt zu überhören.

Sobald man in Taiwan in eine der Seitenstraßen abbiegt, wird man schnell von einem Lied begleitet, das einen während der gesamten Reise nicht mehr von der Seite weicht. Es handelt sich dabei um Beethovens »Für Elise«, das an nahezu jeder Straßenecke zu hören ist. Die Melodie kennt man aus Telefonwarteschleifen, Fahrstühlen oder dem Musikunterricht in der Schule. Hätte unser gemeinsamer Musiklehrer uns bloß mit der Geschichte in Verbindung gebracht, die hier in Taiwan hinter dem Klassiker steht.

Rund zweimal am Tag wird der Mega-Hit aus einem Lautsprecher lautstark wiedergegeben und sorgt damit für eine außergewöhnliche Szenerie: Sobald die bekannte Melodie erklingt, stürmen plötzlich zahlreiche Menschen aus ihren Häusern und Wohnungen auf die Straße – als ob sie auf ein Signal gewartet hätten.

Doch was steckt dahinter? Tatsächlich handelt es sich bei dem Lied um eine Art Signal, das in Taiwan von den Müllwagen genutzt wird, um auf die bevorstehende Müllabfuhr aufmerksam zu machen. Deutlich angenehmer als der Sound der deutschen Müllabfuhr, die meist aus quietschenden Reifen und lauten Motoren besteht.

Da in Taiwan (vorwiegend in den Großstädten) der Wohnraum knapp ist und viele Menschen auf engstem Raum zusammenleben, gibt es weder in den Wohnungen noch draußen auf der Straße viel Platz für Mülltonnen. Deshalb fahren die Müllwagen langsam durch die Straßen und spielen dabei »Für Elise«. Der Sound lockt die Menschen nach draußen, wo sie ihre Müllsäcke in das vorbeifahrende Fahrzeug werfen können.

Während das ungewöhnliche Signal für uns ein amüsantes Erlebnis ist, müssen die Mitarbeiter der Müllabfuhr stundenlang das Gedudel ertragen. Eine Gedenkminute für ihre unermüdliche Arbeit und Geduld ist an dieser Stelle angebracht.

Doch warum spielt die Müllabfuhr gerade diesen Sound? Es gibt zwei Variationen. Eine erklärte man uns in einem kleinen Café in Taipeh, die andere erklärte uns Google: In den 60er-Jahren, als die Müllabfuhr in Taiwan noch von Hand erledigt wurde, mussten die Müllmänner bei ihrer Arbeit oft durch enge Gassen und Straßen gehen. Um die Menschen darauf aufmerksam zu machen, dass sie sich näherten, riefen sie laut »Müllabfuhr!« oder läuteten eine Glocke. Dies wurde jedoch schnell als störend empfunden, und so wurde beschlossen, eine angenehmere, musikalische Alternative zu finden.

Ein Mitarbeiter der Müllabfuhr kam schließlich auf die Idee, die »Für Elise« zu spielen, da er selbst ein großer Beethoven-Fan war. Die Musik war sanft genug, um nicht zu stören, aber laut genug, um gehört zu werden.

Die Google-Version ist deutlich unspektakulärer: Der Müllwagen war schlichtweg schon ab Werk mit dem Sound programmiert und man wollte ihn nicht wechseln.

Der Sound wird leiser, wenn das Fahrzeug um die nächste Ecke biegt und aus dem Blickfeld verschwindet. Für die Bewohner bedeutet das jedoch keineswegs das Ende des Taiwahnsinns, denn das Spiel beginnt von vorn. Zweimal am Tag, jeden Tag. Manch einer wird sich fragen, ob Beethoven sich je hätte vorstellen können, dass sein Werk in einer solchen Form Verwendung finden würde. Doch für die Bewohner Taiwans ist »Für Elise« längst zum Teil ihrer Kultur und ihres Alltags geworden. Zudem habe die Regelung auch positive Nebeneffekte: Das Gemeinschaftsgefühl in vielen Nachbarschaften sei durch die regelmäßigen Treffen am Müllwagen gefördert worden.

Einfach mal Abkapseln WELTTOURNEE-TIPP

In Taiwan kann der Jetlag schon mal schnell einschlagen. Wir hatten uns vorher aber ein Kapselhotel gebucht. Sie sind weniger beengend, als es der Name vermuten lässt. Man hat seine eigene Box, die mit einem Sichtschutz abgedunkelt wird. Drinnen gibt es einen Schrank, Licht, Steckdosen und ein Bett. In Japan sind diese Boxen sogar mit Flachbildfernsehern ausgestattet und oft gibt es im Keller einen »Onsen«, eine Art Spa-Bereich. Licht und Geräusche bleiben in dieser Kapsel draußen, und so lassen sich die ersten Nächte in der neuen Umgebung in Dunkelheit und Ruhe verbringen. Ein Ge-heimtipp für Jetlag-Opfer und Sparfüchse, denn eine solche Nacht im Kapselhotel kostet weniger als ein eigenes Zimmer im Hotel.

Nimm's Easy-Card

Schon beim Ankommen am Flughafen in Taipeh fühlten wir uns wohl. Besser gesagt, wir hatten eine Art umgekehrten Kulturschock. Statt un-endliche Pläne zu durchforsten, wie wir mit welchem Ticket denn nun in die Stadt kommen, hat Taiwan die Easy-Card erfunden. Sie wurde uns mit einem freundlichen Klang am Automaten sprichwörtlich in die Hand gedrückt.

Die Easy Card ist eine praktische und weitverbreitete Karte in Tai-wan, die für den öffentlichen Verkehr, Einkäufe und andere Dienstleis-tungen verwendet wird. Die Karte kann mit einem bestimmten Betrag aufgeladen werden, der dann bei der Nutzung des öffentlichen Ver-kehrs und beim Einkaufen einfach abgezogen wird. Fast so cool wie das 49-Euro-Ticket. Die Marketingagentur, die für den Namen verantwort-lich ist, hat zumindest alles richtig gemacht. Denn mit der Karte öffnen sich alle Türen für die Weiterreise.

Ein Metrozug bringt uns jetlaggeplagte Reisende zum Hauptbahn-hof. Und während in München die Fahrt vom Flughafen zum Bahnhof oft einige Nerven und viele graue Haare kostet, ist es in Taiwan ein Ge-nuss, mit der Bahn in die Stadt zu rattern. Am Bahnhof angekommen, staunen wir über die Klarheit der Beschilderung. Wir würden sogar so weit gehen zu sagen, dass Taiwan die weltweit beste Ausschilderung hat.

Der riesige Hauptbahnhof erstreckt sich über sechs Ebenen und hat mehr als 30 Ausgänge. Alle zu zählen und vor allem zu nutzen, schafft man während eines normalen Taiwan-Urlaubs wohl kaum. Damit die Suche nach dem richtigen Ausgang nicht im Chaos endet, ist jeder Aus-gang mit der jeweiligen Himmelsrichtung und einer Nummer versehen. Für die Schritte dazwischen hilft jene perfekte Ausschilderung. Soll es zum unterirdischen Busbahnhof weitergehen? Folge dem Bus-Piktogramm. Soll das Gepäck schon zum Rückflug an den Flughafen geschickt werden? Kein Problem! Folge einfach dem Koffer-Hinweis. Denn, wenn man nicht nur mit Handgepäck unterwegs ist und seinen Koffer schon einchecken will, während man in Taipeh noch auf Entdeckungstour ist, kann man das im Bahnhof ebenfalls tun. Nicht auszudenken, was passieren würde, wenn die Deutsche Bahn im Hochsommer für Gepäcktransporte von einem ihrer Bahnhöfe zu einem großen deutschen Flughafen verantwortlich wäre. In Taiwan klappt einfach alles.

Wir hätten wahrscheinlich Tage im Bahnhof verbringen können. Denn nicht nur Züge und Busse fahren hier ab. Es gibt auch ein Einkaufszentrum, ein Kino und viele kleine und große kulinarische Köstlichkeiten zu entdecken. Dieser riesige Bau ist das Herz der Insel. Von hier aus starten die schnellen Züge, die unseren deutschen ICE wie ein Relikt aus der Urzeit aussehen lassen. Das trifft aber auch auf die kleinen gemütlichen Vorort-Züge zu, die in rund einer Stunde an den Pazifik oder ins Hochland tuckern. Wir sind indessen immer noch dabei zu überbelegen, warum Taiwan das beste Land für Asien-Einsteiger ist. Es gibt auf wenig Kilometern so viel zu sehen. Easy-Card geschnappt und ab an den Strand. Von Taipeh kann man mit nur wenigen Urlaubstagen viel sehen.

Besagter Metro-Zug tuckert gemütlich durch die Vororte der Hauptstadt. Später wird die Hochhäuserdichte merklich dünner und immer mehr Grün ist zu erblicken. Nach einem Umstieg ist für uns Fulong die Endstation. Für gestresste Großstädter ist dies meist der erste Zufluchtsort am Wochenende. Direkt am Bahnhof erwartet uns gleich wieder etwas taiwanesische Kulinarik. »Zwei Bidang bitte«, bestellten wir und erhielten für ein paar Euro zwei klassische Lunchboxen. Was enthalten war, konnten wir uns erst hinterher ergoogeln. Reis erkannten wir noch, doch dann hörte es auf. Eine Art gekochtes Ei, ein wenig Gemüse und Stinky Tofu kamen dazu. Für viele, die täglich nach Taipeh pendeln, sind diese Lunchboxen ein schneller und günstiger Snack. Uns sollte er auf unserer anstehenden Fahrradtour die nötige Energie geben. Nach Fulong kann man nämlich nicht nur mit der Bahn fahren. Man kann mit dem Rad auch durch einen alten Eisenbahntunnel radeln. In früheren Zeiten wurde in der Umgebung viel Bergbau betrieben. Inzwischen sind viele Minen stillgelegt, die alten Tunnel aber asphaltiert und für die Radbegeisterten frisch gemacht. Direkt am Bahnhof schnappten wir uns also jeweils einen alten Drahtesel und wurden auch hier wieder von der perfekten Beschilderung überrascht. Verfahren war unmöglich und die Ausblicke spektakulär.

Wer keine Lust auf Sport hat, kann sich hingegen auch an einen der Strände legen. Sie ähneln an diesem Teil der Welt weniger den palmengesäumten Traumstränden in Thailand, sondern erinnern eher ein wenig an Sankt Peter-Ording an der Nordseeküste. Viel Platz und am Wochenende ist viel los.

Das Asien-Einsteigerlevel   CHECKBOX

☐ Mehr Abenteuer als im Asien-Imbiss um die Ecke
☐ Erste einfache asiatische Gerichte
☐ Gut erreichbare Großstädte mit bester Infrastruktur

ASIEN FÜR FORTGESCHRITTENE

So, das war schon ein guter Einstieg, oder? Das Buch haben wir übrigens teilweise auf einer Reise durch Laos geschrieben. Wenn es gelegentlich mal etwas holprig wird, liegt es an den laotischen Straßenverhältnissen. Aber neben Laos befinden sich auf diesem Level die absoluten Traumländer. Thailand, Vietnam oder Indonesien klingen nach Asien pur – und das völlig zu Recht. Die Länder haben sich hervorragend auf den Tourismus eingestellt. Thailands Partyinseln platzen während der Hochsaison vor lauter Backpackern aus allen Nähten und unter Reisenden gehört es zum guten Ton, sagen zu können, man »kenne« Vietnam.

Hinkommen, wegkommen, dableiben ist kein Problem, auch mit nur wenigen Urlaubstagen. Jedes noch so kleine Geschäft verkauft Bus- oder Fährtickets und wer einmal zum Yoga auf Bali war, den kann auch die Hipster-Hochburg Berlin-Mitte nicht mehr schocken.

Wahrscheinlich trifft man ohnehin jemanden aus Berlin, der auf Bali gerade einen kleinen Yoga-Kurs absolviert. Was damit gemeint ist: Diese Länder ziehen durch ihren sehr komfortablen und durchdachten Tourismus die Reisenden aus allen Ländern dieser Welt magisch an – natürlich auch uns.

Bevor es weitergeht, erinnern wir uns noch schnell an unsere Bewertungspunkte. Erste Kategorie: kulinarisch. Unser Eindruck: Es wird exotischer. Jeder, der schon mal beim einem Asia-Restaurant bestellt hat, weiß, wie gut Suppe schmecken kann, wenn sie Pho heißt. Die gibt's zum Beispiel in den kleinen Garküchen in Vietnam schon zum Frühstück und kostet nur einen Bruchteil dessen, was man in Deutschland dafür bezahlen muss.

Auch das Chaos-Level steigt, denn ziemlich jeder Vietnamese hat einen Roller. In den großen Städten wie Hanoi oder Saigon ist es immer ein Höhepunkt, wenn sich unzählige Roller auf den Weg machen, sobald die Ampel auf Grün schaltet. Als Besucher kann man sich nur schnellen Schrittes auf den Bürgersteig retten, auf dem es oft aber ähnlich chaotisch zugeht. Auch der Kulturschock ist hier schon etwas intensiver. Die großen Städte Vietnams reihen sich ebenso wie ihre Kollegen in Thailand oder Laos in die lange Liste asiatischer Molochs ein. Es sieht bei Nacht an einigen Ecken immer ein wenig so aus, als ob man Gremlins kaufen könnte.

Kombinations-Punkte
WELTTOURNEE-TIPP

Es ist möglich, die Länder aus dem Level für Fortgeschrittenen in einer Reise zu kombinieren, da die es zwischen Laos, Thailand und Vietnam sehr regelmäßige und preiswerte Flugverbindungen gibt. Ähnlich wie in Europa gibt es auch dort preiswerte Fluggesellschaften und immer wieder taucht in den Planungen unser geliebter Nachtzug auf. Mit ein bisschen Kombinationstalent spart man sich die Langstreckenflüge in jedes dieser Länder und setzt auf Nachtzugabenteuer.

»SABAI DII« LAOS

Laos ist ein wenig wie das vergessene Kind im Bällebad in einem Möbelhaus. Drumherum gibt es tolle Dinge, die man sich einfach anschauen möchte. In diesem Fall Vietnam oder Thailand. Da kann man Laos schon mal vergessen. Zudem gibt es keine Strände und die Badebekleidung braucht man nur für einen Fluss, der einst mit Todesfallen gespickt war. Alle, die hinfahren, kommen jedoch begeistert zurück, denn die Natur spielt in der Asien-Champions-League.

Laotische Einreise

Manchmal kann es eine Rettungstat sein, wenn man sich vor der Einreise in ein neues, relativ unbekanntes Land auf den Seiten des Auswärtigen Amts etwas genauer über die Einreisebestimmungen informiert. Oft kann man als privilegierter Deutscher mit seinem Reisepass einfach die Landesgrenzen überqueren (dazu später mehr, wenn die Welttournee durch Osteuropa kommt). Manchmal gibt es ein »Visa-On-Arrival«, ein Visum direkt bei der Einreise, und manchmal muss vorher ein Visum bei einer Botschaft beantragt werden. In dem Fall ist der geliebte Reisepass dann ein paar Tage oder Wochen auf dem Postfach unterwegs. Im besten Fall kann man sich schon online registrieren, »E-Visa« heißt die ganze Angelegenheit dann.

Ungewöhnlich oft konnten wir in den verschiedensten Erdteilen schon beobachten, wie Menschen am Flughafen-Schalter in Tränen ausbrachen. Mit fehlendem Visum öffneten sich die Flugzeugtüren gar nicht erst. Drama, Baby, auch uns erwischte es mal auf dem Weg nach Saudi-Arabien. Dazu aber später mehr.

Laos war bei unserer Tour damals ein Zwischending aus vielen kleinen Punkten. Den klitzekleinen Hinweis »Zur Einreise werden zwei Passfotos benötigt« hatten wir knapp vor dem Abflug über Bangkok zum Glück noch gelesen. »Ich habe noch welche vom Abi-Fotoshooting«, sagte Adrian. Dass er da wie der junge Schauspieler Matt Damon aussah, war uns vorerst egal. Nach einem kurzem Flughafenaufenthalt in Bangkok wechselten wir die Maschine, um in Thailands nördlichen Nachbarn einzureisen.

Da der Flieger nicht ganz voll war, setzten wir uns in die vordersten Reihen. Dieser Trick spart übrigens auch bei der Reise beispielsweise nach London Zeit. Denn, wenn ein voll besetzter Airbus die Passagiere zur Pass- und Visa-Kontrolle ausspuckt, hilft es schon, vor allen anderen aus dem Flugzeug zu sein. Nett beim Kabinenpersonal fragen, hilft, oder erst hinsetzen und hinterher entschuldigen.

Unsere Versetzung war nie gefährdet, und wir kamen gleich nach den Business-Class-Passagieren an der Passkontrolle an. Ein kleiner gemütlicher Flughafen, viel Betrieb war hier nicht. Auf Massenabfertigung wie in Bangkok war man nicht vorbereitet.

Freudig legten wir unseren Reisepass und die zwei Passfotos vor. Am Schalter erkannte man uns sogar auf den Fotos wieder – selbst wir hätten uns nicht erkannt. Dann jedoch der Schock, zumindest für 50 % von uns. Im Gegensatz zu Christoph hatte Adrian auf den Seiten des Auswärtigen Amtes nicht weitergelesen. 30 Dollar hatte jeder von ihnen zu entrichten und leider konnte die nur Christoph bezahlen. Der bekam seinen Stempel in den Pass, verschwand hinter der typischen Barriere an den Grenzbüros und war offiziell in Laos.

Adrian erlebte mehr Chaos als Laos, denn er konnte die 30 Dollar nicht auftreiben. Wer lesen kann, ist klar im Vorteil. Normalerweise stehen zu diesem Zweck in der neutralen Zone vor dem Einreise-Posten verschiedene Geldautomaten, die für eine kleine oder große Gebühr und zum extra schlechten Wechselkurs Dollar ausspucken. Der Automat in Laos war allerdings defekt. An Kartenzahlung war ebenfalls nicht zu denken. Und so zuckte die Grenzperson nur mit den Schultern und wies auf den Geldautomaten.

Adrian sah sich schon wie Tom Hanks seine Zeit im Terminal verbringen oder mit dem nächsten Flieger retour nach Bangkok zu düsen. Doch mit viel Glück erwischte er am defekten Geldautomaten einen Flughafen-Mitarbeiter, dem er seine missliche Lage erklären konnte. Dieser erbarmte sich, packte ihn nach einigen Minuten am Arm und zog ihn in die Mitarbeiter-Kabine gleich hinter dem Geldautomaten. Für Christoph, der zwar in Sicht- aber nicht in Hörweite stand, war das Schauspiel seltsam. Eine seltsame Wartezeit begann.

Was war passiert? Adrian konnte seine missliche Lage dem Flughafen-Mitarbeiter verständlich machen. Dieser fackelte nicht lange und zog ihn durch den Mitarbeiterraum, in dem ein Kollege gerade seine Nudelsuppe verspeiste. Auf der anderen Seite gab es eine weitere Tür, die direkt nach Laos führte. Das erinnerte ein wenig an die Zauberkugel der Mini-Playback-Show von früher. Adrian wurde vom Mitarbeiter zum ersten Geldautomaten in Laos in der Ankunftshalle geführt. Dort konnte er Landeswährung auftreiben und wurde durch die besagte Zauberkugel wieder zurückgeführt.

Grinsend tauchte er wieder vor den Grenzbeamten auf, die wahrscheinlich die Preise für die Einreise etwas angehoben hatten. Das Trinkgeld war es aber wert. Adrian erhielt den benötigten Stempel im Pass und dank Zaubertür schon vor der eigentlichen Einreise nach Laos eine Tour ins Land. In Europa wohl undenkbar.

Kip und klar: Kein Tubing mehr in Laos

Wir erlebten auf unserer Tour ein wunderschönes Laos. Eine wilde Mischung aus spektakulärer Natur und lebendiger Kultur. Viele Traditionen, die an anderen Orte schon längst einem neuen Hotelkomplex weichen mussten, sind hier noch vorhanden. Laos ist eines der ethnisch vielfältigsten Länder in der Region.

Im Norden leben die Hmong und im Süden die Kahu und Alak mit ihren traditionellen Gesichtstattoos. Auf dem Land hat man das Gefühl, durch ein Filmset zu laufen. Stelzenhäuser und Reisfelder bieten wunderbare Auszeiten. Die Landschaft in Laos wechselt wie ein Chamäleon die Farben, von dunklen Wäldern über smaragdgrüne Feldern bis zu glänzenden Teeblättern, die die Berge bedecken. Doch die Idylle trügt: Anfang der 2010er-Jahre wurde Laos durch einen tödlichen Trend weltberühmt.

Was der Ballermann in Europa ist, war das »Tubing« in Laos. Massen an Jugendlichen und Junggebliebenen pilgerten nach Vang Vieng. Für ein paar Jahre konnte sich die kleine Stadt als Party-Hochburg Asiens bezeichnen. Alkohol- und Drogenexzesse waren hier an der Tagesordnung. Betten, Alkohol und mehr waren für ganz wenig Kip, der laotischen Landeswährung, an jeder Ecke verfügbar. Der Höhenflug explodierte, die Mundpropaganda tat ihr übliches und so platzte Vang Vieng schnell aus allen Nähten.

Tödlich wurde dieser Mix im Paradies aber erst durch das »Tubing«. An jeder Ecke in der Stadt konnte man Gummireifen leihen. Mit einer kurzen Tuk-Tuk-Fahrt gelangte man zum seicht dahin fließenden Nam-Song-Fluss.

Das alleine klingt nicht wirklich nach tödlicher Gefahr. An den Rändern des Flusses gab es jedoch Unmengen an Bars, die das günstige »Nachtanken« ermöglichten. Um die schwimmenden Gäste möglichst lange in der Bar zu halten, erfanden die Bar-Betreiber zudem noch die verschiedensten »Todesfallen«. Von Sprungtürmen über Seilrutschen war alles dabei, was im angeheiterten Zustand schnell zum Genickbrecher werden kann – im wahrsten Sinne des Wortes.

Im Jahr 2011 meldete das Krankenhaus fast 30 Tote, die mit der Kombination aus Alkohol und Abenteuerspielplatz im Fluss ums Leben kamen. Die Stimmung im Land schlug schnell um. Auch die Einheimischen, die mit dem Party-Tourismus ihren Lebensunterhalt sicherten, fürchteten sich vor den Dämonen, die sie riefen. Selbst der Regierung wurde es zu bunt, da die Nachrichten über die Todesfälle nämlich die ganze Welt erreichten und immer verrücktere Gestalten anlockten. Das »Tubing« wurde entschärft.

Die Todesfallen am Fluss wurden abgebaut, fast alle Bars wurden abgerissen und in der Stadt wurden höherpreisige Restaurants und Hotels angesiedelt. Anschauen wollten wir uns die Überbleibsel auf unserer Tour trotzdem. Das »Tubing« gibt es immer noch, doch inzwischen ähnelt es zum Glück einer entspannten Paddeltour auf dem Fluss. Nur noch drei Bars von damals sind übrig. Es gibt zwar immer noch Alkohol im Ausschank, doch die wilden Partys sind vorbei. Gut so.

Denn was viele Jahre lang übersehen wurde: Vang Vieng liegt in allerschönster Natur. Entlang des Nam-Song-Flusses winden sich atemberaubende Sandstein-Bergketten durch den grünen Dschungel. Dort gibt es zahlreiche Sehenswürdigkeiten wie die Tham Phu Kham-Höhle und die berühmte »Blaue Lagune«. Klingt wie ein Cocktail, den es früher vielleicht auf den Getränkekarten gab. Berauscht wird man heute aber nur noch von der Aussicht.

Die schönsten Brücken der Welt WELTTOURNEE-TIPP

Auch wenn man weder einen Fluss noch ein Gewässer überqueren will, lohnt sich ein Gang über eine Brücke. Hamburg hat genug von ihnen. Auf unseren Touren haben wir oft außergewöhnliche Bauwerke gefunden.

Luang Prabang, Laos: Neben den schönsten Tempeln und Nachtmärkten gibt es in der Trockenzeit ein besonderes Erlebnis. Wenn der Nam-Khan-Fluss wenig Wasser führt, wird eine Brücke aus Bambus aufgebaut. Das sieht dann etwa so aus, als wäre ein Mikado-Spiel über den Fluss gelegt worden. Für ein paar Cent darf man die wackelige Konstruktion betreten und hoffen, dass niemand diesen einen Stab herauszieht, der alles zusammenhält.

Amarapura, Myanmar: U-Bein-Brücke klingt beinahe nach U-Bahn, sie ist aber die längste Teakholzbrücke der Welt und erstreckt sich über den malerischen Taungthaman-See. Die Brücke diente ursprünglich dazu, den Verkehr zwischen den Dörfern auf beiden Seiten des Sees zu erleichtern. Das beeindruckende daran ist, dass sie komplett aus Teakholz gefertigt ist und aus hunderten von hölzernen Säulen besteht, die im Wasser des Sees verankert sind. Diese Konstruktion verleiht der Brücke eine außergewöhnliche Ästhetik und ein rustikales, zeitloses Erscheinungsbild.

Istanbul, Türkei: Nach Holzbaubrücken, kommt nun jetzt ein klassisches Beton-Werk: die Galata-Brücke. Kreischende Möwen mischen sich in den Gesang des Muezzins. Hier trifft der Orient auf den Okzident. Während auf der oberen Etage der Verkehr braust, kann man darunter in verschiedenen Restaurants essen. Im Kapitel über Istanbul berichten wir, was mit der Brücke passiert, wenn in der Stadt Schnee-Chaos herrscht.

»XIN CHÀO« VIETNAM

Um mit dem Zitat eines begnadeten Schauspielers zu sagen: »Good Morning, Vietnam!« Robin Williams spielte im gleichnamigen Film einen US-amerikanischen Radiomoderator in Saigon während des Vietnamkriegs. Er begrüßte mit diesem berühmten Ruf die Hörer. Man kennt das Land daher aus den historischen Ereignissen der Sechziger und Siebziger, und ähnlich wie der Radiomoderator fügen wir jetzt noch das Beste von heute hinzu.

Aber mal im Ernst. Vietnam ist wahrscheinlich eines der besten Reiseländer in dem Teil der Welt. Ein Land, in dem alle Highlights Asiens versammelt sind. Von den weltweit grünsten Reisterrassen im Norden über die Felsformationen der Halong-Bucht bis zu der wechselvollen Geschichte Saigons. Auch mit nur einer Handvoll Urlaubstagen kann man hier die volle Bandbreite Asiens entdecken.

Zudem bieten die Nachtzüge ein tolles Transportsystem, das nicht nur die Umwelt, sondern auch den Geldbeutel schonen kann. Von Norden bis Süden bringen die Züge die Touristen auf den bekanntesten Routen von A nach B. Auf diese Weise kann man etwas vom Land sehen und spart sogar noch wertvolle Urlaubszeit.

Das günstigste Bier der Welt

Die Wetter-App bedienen – warum sollten wir das tun? »Ist doch überall warm«, dachten wir uns vor der Abreise und hatten, wie immer in Asien, nicht viel mehr als ein paar Shirts und kurze Hosen im Rucksack. Dass es in Hanoi im Norden Vietnams auch mal richtig kalt werden kann, war uns überhaupt nicht klar. Wir stiegen in Bangkok bei tropischen Temperaturen in den Flieger und wurden fast vom Schlag getroffen, als wir in Vietnam ausstiegen. So wurden die alten T-Shirts übereinander gezogen, um sich warmzuhalten.

Eines der bekanntesten Wahrzeichen der Stadt ist die Altstadt von Hanoi, die auch als »36 Gassen« bezeichnet wird. Diese ähnelt einem Labyrinth aus engen Gassen und Straßen, in denen es von Menschen, Motorrädern und kleinen Geschäften nur so wimmelt. Es ist der perfekte Ort, um in das lokale Leben einzutauchen und das hektische Treiben der Stadt zu erleben.

Hanoi ist für viele Reisende der Ausgangspunkt auf dem Weg zur Halong-Bucht. Im Reisekatalog wird sie oft mit den schönsten Fotos angepriesen. Kristallklares Wasser, klare Luft, ein paar Boote, die romantisch um die Kalksteinfelsen schippern. »Müsst ihr hin«, sagte unser Hostel-Wirt, um natürlich gar nicht uneigennützig die Provision für eine vermittelte Tagestour einzustreichen. Mit dem Mini-Bus sollte es zur Bucht gehen, eine Schifffahrt war inklusive und am Abend fand die Rückkehr statt. Schwierigkeitsgrad Nummer eins: der Mini-Bus war überbucht und die Notsitze sind bei acht Stunden Fahrt deutlich weniger komfortabel, als sie aussehen. Schwierigkeit Nummer zwei: Auch die Halong-Bucht ist in der Realität leider nicht so ansehnlich wie uns auf den großen Plakaten versprochen wurde. Dreckiges Wasser, viel Plastik und Einheimische, die das Kreditkarten-Lesegerät schon direkt als Kette um den Hals gebunden haben, taten ihr Übriges. Wir freuten uns auf die Rückkehr ins frische Hanoi, denn auf den Straßen wartete eine ganz besondere Spezialität auf uns.

Fangfrage: Welches Bier ist seit 1878 nicht teurer geworden? Richtig, das Freibier! Ein Knaller-Witz, mit dem Adrian seit Jahren Gesprächsrunden auflockern kann. Ganz umsonst ist das Bier in Vietnam zwar nicht, aber dennoch gehört es zu den günstigsten weltweit. Ganz besonders in Hanoi wird »Bia Hoi« verkauft. Es macht großen Spaß, vor allem, wenn man Bier-Fachmann Adrian dabei hat, der sich die seltsamen Konstruktionen am Straßenrand genau anschaute. Auf einem

Plastikhocker sitzt der Verkäufer und zwischen seinen Beinen steht ein Bierfass. Das Besondere an »Bia Hoi« ist, dass es täglich frisch gebraut und ohne Konservierungsstoffe oder Zusätze hergestellt wird. Dadurch hat es einen niedrigen Alkoholgehalt und ist besonders mild im Geschmack.

Aufgrund des Mangels an Konservierungsstoffen muss es allerdings auch schnell verzehrt werden. Einmal angeschlagen, muss das Fass fix geleert werden. Rund 30 Cent kostet ein kleines Glas davon. Der Schlauch wird oft nur von einem Lappen verstopft, da der Durchlauf fast wie auf dem Oktoberfest funktioniert.

Der Welttournee Bierpreis-Indikator

Den Big-Mac-Index kennt fast jeder. Dabei werden für den Burger einer großen Fast-Food-Kette die Kaufkraft und das Preisniveau eines Landes ermittelt. Am teuersten ist der Big Mac übrigens in der Schweiz (etwa sieben US-Dollar) und am günstigsten in Ägypten (knapp zwei US-Dollar). Da wir große Fast-Food-Konzerne aber nicht unterstützen wollen, haben wir den Bierpreis-Indikator erfunden. Treue Podcast-Hörer kennen den bereits und bekommen so ein Gefühl für die Bierpreise und ein wenig auch für die anderen Lebenshaltungskosten im Land vermittelt. Wir haben eine Auflistung der Preise für einen halben Liter aufgestellt, allerdings ist der nur gefühlt ermittelt - nicht statistisch belegt, falls es jemand ganz genau nimmt:

Vereinigte Arabische Emirate - 10 Euro: Im Wüstenstaat ist nicht nur das Wasser knapp, das Bier anscheinend auch. In Dubai lässt man sich den Gerstensaft königlich bezahlen.

Norwegen - 10 Euro: Weniger Sonne, gleicher Preis. Ein gezapftes Bier in Oslo tut der Geldbörse richtig weh. Auch im Supermarkt kriegt man eine Dose nie unter drei Euro.

Israel – 8 Euro: »Komm, wir gehen was trinken!«, sagte unser Airbnb-Gastgeber eines Abends in Tel Aviv. Nachdem er uns stolz ins Nachtleben eingeführt hatte, klaffte ein großes Loch im Reisebudget.

Berlin – 3,50 Euro: Ein angemessener Preis für ein gutes Bier. In gewissen Spelunken kostet der halbe Liter noch weniger, dafür sind aber auch die Gläser nur von zweifelhafter Sauberkeit.

Thailand – 1,50 Euro: Eine Runde Pad-Thai + zwei Bier gibt es oft schon für rund fünf Euro. Ein absoluter Traum für Bierliebhaber und Foodies.

Vietnam – 60 Cent: Das besagte »Bia Hoi«. Frisch gebraut, direkt gezapft, unschlagbar günstig. Wahrscheinlich das weltweit günstigste Bier.

Das Bier passt übrigens perfekt zu den verschiedensten Street-Food-Gerichten aus der Region. Pho ist ein Gericht, das in Vietnam so bekannt ist wie Currywurst in Deutschland oder Pizza in Italien. Es besteht aus einer würzigen Brühe, die mit dünnen Reisnudeln, Rindfleisch und Kräutern serviert wird.

Das Geheimnis der perfekten Pho liegt in der Brühe, verriet man uns an einem kleinen Imbiss. Sie wird langsam aus Rindfleischknochen, Zwiebeln, Ingwer und Gewürzen gekocht und dann über Nacht eingeweicht. Das Ergebnis ist eine klare, aromatische Brühe mit einem unglaublich tiefen Geschmack.

Das Tolle an der Suppe ist, dass man sie nach Belieben anpassen und personalisieren kann. Die Nudeln können je nach Vorliebe dick oder dünn sein, das Fleisch kann in verschiedenen Schnittstilen und Garstufen serviert und die Kräuter und Gewürze können individuell hinzugefügt werden, um den Geschmack zu verfeinern. Manchmal werden im Restaurant die verschiedenen Zutaten wie Limetten, Chilis, Koriander und Basilikum auf dem Tisch serviert, damit man diese anschließend selbst in die heiße Flüssigkeit geben kann.

Wir saßen mal wieder in genauso einem Restaurant und warteten auf unsere Suppe, als plötzlich eine Gruppe Vietnamesen ins Lokal kam. Irgendwie passten sie nicht richtig ins gewohnte Bild. Die jungen Mädels waren aufgestylt, mit den allerfeinsten Handtaschen versehen und die Jungs hatten fette Uhren am Handgelenk. Wir nannten sie unter uns schon die Paris-Hilton-Familie aus Hanoi.

Aus Platzmangel setzten sie sich zu uns an den großen Tisch und wir kamen in feinstem Englisch ins Gespräch. Es dauerte nicht lange, bis einer der Jungs Adrian vorsichtig zur Seite nahm und ihn nach seinen privaten Plänen in den kommenden Jahren fragte. Er schielte dabei auf Adrians Ringfinger. Simpel erklärt: Das Mädchen war seine Schwester und er suchte einen Heiratswilligen – am besten aus dem Ausland. Nach einem kurzen Schockmoment und einer dankenden Ablehnung, war die Enttäuschung zwar zu spüren, die Stimmung blieb aber glücklicherweise gut. So gut, dass er kurzerhand unsere Suppe mitbezahlte und das Quartett weiterzog, vielleicht um weitere heiratswillige Europäer oder Nicht-Vietnamesen zu finden.

Pho-Bo und Pho-Bama WELTTOURNEE-WEGWEISER

Eine besondere Sehenswürdigkeit für Foodies ist das Restaurant »Bun Cha Huong Lien« in Hanois Altstadt. Dort hatte Ex-Präsident Barack Obama bei einem Staatsbesuch nämlich etwas gegessen. Das Restaurant war stolz auf den Besuch und hat den Tisch und die beiden blauen Plastikstühle, auf denen Obama damals mit dem Fernsehkoch Anthony Bourdain zusammensaß, hinter Glas gestellt. Es gibt sogar ein eigenes Obama-Menü. Heißt leider nicht Pho-Bama.

Bruce will es: Die Hard Sleeper

Habt Ihr schon mal auf einem Reisepass geschlafen? Nein? Das geht in Vietnam – zumindest gefühlt. Doch zurück zum Start. Wir wollen den kühlen Norden verlassen und uns Richtung Süden aufmachen. Vietnam ist durch seine längliche Form perfekt geeignet, um per Nachtzug entdeckt zu werden. Unser nächster Halt sollte nach rund 14 Stunden Hue sein, das ziemlich genau in der Mitte des Landes liegt. Das Ticket kann man seit einiger Zeit unkompliziert im Internet buchen. Nur die Wahl der Kabine sorgte anfangs noch für Stirnrunzeln. Auf der Website waren die üblichen Auswahlmöglichkeiten beschrieben: 4er- oder 6er-Kabine. Doch der separate Punkt, der zur Auswahl stand, machte uns stutzig: »Hard Sleeper« oder »Soft Sleeper«. Als Sparfüchse entschieden wir uns für den »Hard Sleeper«, der rund fünf Euro günstiger war. Aus Japan kannten wir die harten Betten und freuten uns auf eine entspannte Nachtzugfahrt.

In Hanoi am Bahnhof trafen wir wieder auf die typischen Backpacker, die uns schon in etwa verrieten, was mit der Kategorie »Hard Sleeper« auf uns zukommen sollte: eine harte Nacht. Denn bei dem Ticket wählte man die Dicke der Auflagen auf der Pritsche im Nachtzug. Es gab sechs Holzbetten, die in Dreierreihen übereinander angeordnet waren und darauf lag eine Auflage in etwa so dick wie unser Reisepass. Wir googelten schon, was Bandscheibenvorfall auf Vietnamesisch hieß und richteten uns auf eine schlaflose Tour ein. Doch wie der Zufall es wollte, buchte sonst niemand im Zug die »Hard Sleeper«. Niemand war so sparsam wie wir, und alle machten es sich zwei Waggons weiter im »Soft-Sleeper«-Abteil bequem. Gut für uns, so konnten wir die restlichen vier Auflagen zusammenlegen und kamen zumindest ansatzweise in den Genuss eines weichen Bettes.

»Ich habe erstaunlich tief geschlafen«, sprachen wir uns beide fast identisch am nächsten Morgen an. Wir wurden pünktlich wach, um die Fahrt über den Wolkenpass mitzuerleben. Der Pass erstreckt sich über eine Länge von 21 Kilometern und bietet atemberaubende Ausblicke auf das umliegende Gebirge und das Meer. Die Schienen winden sich entlang steiler Klippen und durch dichte Wälder.

Der Wolkenpass hat eine reiche Geschichte. Während des Vietnamkriegs war er ein wichtiger strategischer Punkt und eine umkämpfte Region zwischen Nord- und Südvietnam. Heute kann man noch Überreste von Bunkern und Festungen sehen.

Es lohnt sich, seine Nase kurz vor dem Ende der Fahrt ans Fenster zu drücken. Oder man macht es wie alle Instagrammer, die unbedingt das beste Foto vom Zug in der Wildnis haben wollen: Kurzerhand wird die Abteil-Toilette blockiert, da sich nur dort das Fenster öffnen und Kopf und Kamera in den Fahrtwind strecken lassen. Dass vor der Tür verzweifelt die Mitreisende warten, sieht man ja nachher zum Glück auf Instagram nicht mehr.

Auf der Kokosnuss-Farm nachts um halb eins

Angekommen in Da Nang ging es eher da lang, denn wir wollten noch einen Ort weiter nach Hoi An, den wahrscheinlich vietnamesischsten Ort in ganz Vietnam. Eine unglaubliche Mischung aus chinesischen, japanischen und europäischen Einflüssen prägt die Architektur, während der Duft von Räucherstäbchen und traditionellem vietnamesischem Essen in der Luft liegt. Tagsüber ist die Stadt voller Farben; die Gebäude erstrahlen in Gelb und Rot, und die Straßen sind von kunstvollen Laternen gesäumt, die bei Nacht eine atemberaubende Lichtshow bieten. Die Uferpromenade entlang des Flusses Thu Bon bietet einen fantastischen Blick auf das malerische Panorama mit den traditionellen Booten, die vorbeifahren, und Fischern, die ihre Netze einholen. Der Touristen-Trubel in der Innenstadt war uns zu groß, und wir machten uns auf die Suche nach einer alternativen Übernachtungsform.

In einem Café, dessen Logo dem kauzigen Moe von den Simpsons nachempfunden war, gab man uns den Tipp, doch mal etwas außerhalb der Stadt zu suchen. Dort hatte eine junge Familie auf ihrer Kokosnussfarm gerade angebaut und ein Gästehaus im Garten errichtet. Richtig eröffnet war es noch nicht, und wir machten uns trotz fehlender Internet-Bewertungen mit geliehenen Fahrrädern auf den Weg vor die Tore der Stadt. Auf der Tour ging es kreuz und quer durch Reisfelder, die mit kleinen Kanälen durchzogen waren und in denen Wasserbüffel seelenruhig standen.

Nach einem kleinen Anstieg auf einer Brücke riss bei Christoph die Fahrradkette. Bei 30 Grad, einem Rucksack auf dem Rücken und einer Nacht im Nachtzug sicher nicht der beste Start in den Tag. Doch manchmal hat man eben Glück im Unglück: Direkt hinter der Brücke befand sich eine Auto-Motorrad-Fahrrad-Werkstatt, die die Kette schnell und unkompliziert ersetzte.

An der Kokosnussfarm angekommen, klopften wir an der Tür, und der Besitzer öffnete uns freudestrahlend. Anscheinend hatte uns der Bar-Besitzer telefonisch angekündigt. Sein Englisch war nicht das Beste, doch mit Händen und Füßen konnten wir uns einigen und zogen ins neue Gasthaus ein. Es war so frisch renoviert, dass wir zuerst Angst hatten, Spuren in den feuchten Beton zu treten. Das hatte allerdings schon die Nachbarskatze getan und sich für immer verewigt.

Bei Verständigungsproblemen halfen auch seine Töchter – zwei und fünf Jahre alt. Im Kindergarten und in der Schule gab es in Vietnam schon guten Englisch-Unterricht, und sie konnten an einigen Stellen vermitteln. Einfache Wörter wie Handtuch, Seife oder Dusche konnten sie bereits erklären und sie beobachteten freudestrahlend, wie es sich zwei ganz anders aussehende Menschen bei ihnen im Garten gemütlich machten.

Ein ganz besonderes Highlight für sie war sicher ein Anruf per Skype in Deutschland. Denn während wir auf der Farm in kurzen Klamotten saßen, tobte in Deutschland ein schlimmer Schneesturm. So etwas hatten sie – wenn auch schon manchmal über den Bildschirm vom iPad – noch nie gesehen. Die Adrians Eltern zeigten immer wieder die zugefrorenen Scheiben und die dichte Schneedecke in unserer Heimat.

Die Kokosnussfarm war direkt am Wasser angelegt. Auf den Kanälen schipperte man mit kleinen, runden Booten mit flachem Boden zu den Palmen. Die Früchte schüttelte man ab und fischte sie dann mit einem kleinen Kescher aus dem Wasser. Oder man ist ein alter Handballer wie Christoph und versucht, sie vom Hilfsarbeiter, der barfuß, aber mit schnellen Schritten die Bäume erklimmt, zu fangen. Ist das Boot gefährlich voll, in etwa so voll, dass mit der nächsten Kokosnuss Schiffbruch erlitten wird, geht es zurück zum Ausgangspunkt, und die Fracht wird abgeladen.

Woher wir das wissen? Wir hatten auf der Farm nicht viel zu tun. Zwei Hängematten im Garten waren schon der Höhepunkt. Wir boten fast uneigennützig unsere Hilfe an. Nicht nur unserem Herbergsvater sparte das ein wenig Mühe, sondern auch uns. In der Region kann man in Gruppen mit den kleinen Booten ebenfalls kostspielige Kokosnuss-Touren machen. Dann geht es mit orangefarbener Schwimmweste in ähnlichen Booten mit 20 Leuten auf Tour. Gesammelt und gefangen wird auf dieser Route weniger, aber mehr für Instagram geknipst.

Am Abend wollte sich der Besitzer für unsere Hilfe erkenntlich zeigen. Er kramte aus der Küche zwei Flaschen vietnamesischem Rum hervor und lud uns zum Trinken ein. Diese hatte er von einem der ersten Touristen zur Einweihung des neuen Gasthauses bekommen. Eine war schon halb leer, und immer wieder murmelte unser Gastgeber den Namen »Olii« wie in Trance. Es schien eine wilde Party gewesen zu sein.

Ein wenig schüchtern versuchten wir, um die ganze Sache herumzukommen. Wir wussten, dass die Gerüchte um die Alkoholunverträglichkeit bei manchen Bewohnern der Region stimmten und wollten ihn in keine absurde Situation bringen. Zumal wir in unserer Heimat mit Havanna Club Cola großgezogen wurden. Doch er bestand darauf und füllte bereits drei Gläser mit einer Mischung, die auf deutschen Schützenfesten unter Gefahrgut hätte laufen können.

Mit der Zeit wurde sein Englisch zwar besser, seine Zunge aber deutlich schwerer. Wie von einer Kokosnuss getroffen, machte er sich kurze Zeit später stark torkelnd auf den Weg ins Bett. Die Moral von der Geschichte: Ehemänner bekommen auch auf dem Land in Vietnam am nächsten Morgen eine ordentliche Ansage von der Ehefrau, wenn am Abend zuvor mal wieder zu tief ins Glas geschaut wurde. Und auch die Wände eines Neubaus sind noch dünn genug, dass man Gespräche im Nebenzimmer deutlich hören kann – selbst wenn man kein Vietnamesisch spricht.

Was gibt's zu essen in Asien? WELTTOURNEE-TIPP
Eigentlich ein Job für Jumbo Schreiner von Galileo. Aber auch für Reisende gibt es in Asien kulinarisch viel zu entdecken. Oft werden diese Gerichte in kleinen Küchen am Straßenrand verkauft. Die Gedanken an das Gesundheitsamt zu Hause sollten hier jedoch schnell vergessen werden. Durchprobieren ist die Devise – immer mit der nötigen Portion gesundem Menschenverstand versteht sich.

Pad-Thai: Das absolute Backpacker-Essen und eine wunderbare Balance von süß, scharf und salzig. Hierbei handelt es sich um Reisbandnudeln mit verquirlten Eiern, einem Spritzer Fischsauce sowie Tamarindenpaste, gehackten Knoblauchzehen, Chilipulver, Mungobohnensprossen, kleinen getrockneten Krabben, Tofu und wahlweise Fleisch oder Meeresfrüchte. Kostenpunkt: weniger als ein Euro.

Som-Tam-Salat: Mit unserem Eisbergsalat nicht zu vergleichen. Grüne Papaya landet obendrauf zusammen mit Chilis, Limetten und gehackten Erdnüssen als scharfes Geschmacksfeuerwerk auf dem Teller. Kostenpunkt: ca. ein Euro.

Roti: Gut für den schnellen Hunger. Roti in Malaysia ist eine Art Fladenbrot, das aus Weizenmehl, Wasser, Salz und manchmal etwas Öl hergestellt wird. Der Teig wird zu dünnen Scheiben ausgerollt und dann auf einer heißen, gusseisernen Pfanne gebacken. Anschließend wird er wahlweise süß oder herzhaft gefüllt. Der Snack ist schon für ein paar Cent zu haben.

Banana Pancake: Nicht nur Jack Johnson liebt ihn, wie man aus seinem Song aus den 2000er-Jahren hören kann. Dieser Pancake ist wahrscheinlich das Backpacker-Dessert schlechthin. Eine Mischung aus Pfannkuchen und Bananen wird in heißem Fett ausgebacken. Am besten an einem kleinen Street-Food-Stand ordern. Kostenpunkt: rund zwei Euro.

Pho: Das vietnamesische Nationalgericht. Überraschenderweise gibt es das dort schon zum Frühstück an jeder Straßenecke. Neben einer klaren Brühe, die meist aus Rinderknochen gewonnen wird, sind noch Reisnudeln, Kräuter und Gemüse enthalten. Als besonderes Extra werden Basilikum oder Bohnenkeime gereicht. Durch das Kochen sind eventuelle Bakterien unschädlich gemacht - wahrscheinlich das gesündeste Street Food und noch dazu eine Wohltat für Körper und Geist. Preis: rund drei Euro.

»HAI« INDONESIEN

Ü ber 17.000 Inseln gibt es in diesem Land. Ganz so viele Geschichten haben wir aber leider nicht erlebt.

Ein Grund für die Beliebtheit des Landes ist zweifellos die atemberaubende Naturvielfalt. Von traumhaften Stränden mit weißem Sand und türkisfarbenem Wasser bis hin zu dichten Regenwäldern, Vulkanlandschaften und malerischen Reisterrassen – Indonesien bietet eine Vielzahl an Landschaften, die jeden Naturliebhaber beeindrucken. Die Komodo-Inseln, der Lake Toba, der Mount Bromo und die Raja-Ampat-Inseln sind nur einige der ikonischen Orte, die die Schönheit des Landes widerspiegeln. Klingt nach vollem Film in der Kamera? Absolut, denn Indonesien ist jedes Foto wert.

Strafverhandlungen und Freifahrtschein

Bali ist für die Australier das, was Mallorca für uns Deutsche ist: die Lieblingsinsel mit Bierausschank. Auch hier machen sich im Sommer (auf der Südhalbkugel) massenweise Australier auf den Weg, um in Kuta Beach das Leben zu feiern. Dabei gibt es genau wie auf Mallorca aber die schönsten Ecken abseits vom Zapfhahn zu entdecken. Wir ließen den Trubel mal wieder hinter uns und mieteten uns in unserer kleinen Pension zwei viel zu schnelle Roller, um auf Insel-Tour zu gehen.

Das Hinterland lohnt sich tatsächlich, wenn man nicht gerade den Straßenschildern nach Ubud folgt. Denn während im Süden die Party tobt, ist dort das Yoga-Epizentrum. Viele Digital-Nomaden haben dort ihr Lager aufgeschlagen und die MacBook-Quote liegt in den vielen Kaffees bei rund 100 Prozent. Die Gegend ist bekannt für ihre atemberaubende natürliche Schönheit und ihre kulturelle Bedeutung. Die meisten Dörfer im Hinterland von Bali sind traditionelle balinesische Gemeinden, in denen die Einwohner nach alter Tradition leben und arbeiten. Die Landschaft ist geprägt von dichtem Regenwald, üppigen Reisfeldern, tiefen Schluchten und schroffen Berggipfeln. Es gibt viele Flüsse und Wasserfälle, die durch die Region fließen – einfach nur wunderschöne Aussichten.

Auf Bali wird so gut wie alles mit dem Roller transportiert. Ob eine endlose Zahl an Wasserkanistern, lebende große oder kleine Tiere oder einfach Baumaterial für die nächste Baustelle. Manchmal konnten wir uns wirklich nur die Augen reiben über so viel Balance. Zudem sind die meisten Verkehrsregeln für Rollerfahrer außer Kraft gesetzt. Wer die lauteste Hupe hat, hat meistens auch Vorfahrt. Auch als vorschriftsmäßige Deutsche gewöhnten wir uns schnell, viel zu schnell den Fahrstil an. Erschreckten wir uns zu Beginn noch, als neben uns bei 30 Kilometern pro Stunde jemand für einen gemütlichen Plausch äußerst dicht auffuhr, empfanden wir es nach ein paar Tagen als normal. Wir sprangen an den Ampeln von Lücke zu Lücke, um aus der Pole-Position starten zu können.

Adrian machte es inzwischen vielen Einheimischen nach und fuhr bei Stau kurzerhand über ein Stück Bürgersteig. Das riesige Loch, dass sich vor ihm plötzlich auftat, hätte ihn samt Roller fast komplett verschluckt: der Gullydeckel fehlte. Wahrscheinlich wurde der gerade auf irgendeinem Roller transportiert. Eine Vollbremsung konnte Adrian gerade noch davor retten, in die Kanalisation zu stürzen. Die gleiche Aktion beider Roller-Bremshebel rettete Christoph an der Ostküste auf einer sonst menschenleeren Allee. Links wuchs der schönste Regenwald in allen Grüntönen, rechts blitze immer wieder das Meer auf und in der Ferne erhoben sich die Dächer einiger Tempel. Sanfte Rauchschwaden zogen über das Land und die Maschine röhrte wie eine Gebetsmühle auf zwei Rädern. Eine meditative Stimmung auf der Straße.

Auf der Fahrbahn vor ihm lag ein langer Ast. Also Geschwindigkeit drosseln und locker um ihn herumkurven war angesagt. Dass dieser Ast allerdings eine Art Riesen-Leguan war, der sich nicht an StVO-Regeln hielt und in einer schnellen Bewegung vor den Roller sprang, war absolut nicht vorhersehbar.

Die Roller-Abenteuer kannte natürlich auch die lokale Polizei. Auf dem Weg zum Hindu-Tempel Pura Luhur ganz im Süden der Insel musste man als Tourist an einem bestimmten Kreisel abbiegen. Kurz hinter der Abbiegung standen eigentlich täglich die Polizisten und lauerten auf leichte Beute. Natürlich erwischten sie uns auch und es begannen zähe Verhandlungen.

Wir starteten mit einer Strafgebühr von umgerechnet 150 Euro pro Person. Unser internationaler Führerschein hatte anscheinend einige balinesische Auflagen nicht erfüllt. Direkt bezahlen wollten wir aber nicht. Also hinein ins Polizeigebäude, das sich passenderweise ein paar Meter weiter befand. Mit 150 Euro fährt in Asien niemand auf der Straße und wir waren relativ schnell zahlungsunfähig. Es gab den ersten Rabatt von 50 Prozent. Aber auch zu zweit konnten wir keine 150 Euro auftreiben.

Wir konnten durch abgelaufene Studierendenausweise darlegen, dass wir mal eine Universität besucht hatten. Das verschaffte uns den nächsten großen Rabatt. Es waren ungefähr noch 50 Euro für beide Strafgebühren offen. Doch auch die konnten wir mangels Bargeld nicht begleichen. Eine Kartenzahlung würde Spuren im System hinterlassen und sie schickten Adrian mit dem Roller zum nächsten Bankautomaten. Christoph musste als menschliches Pfand in der Polizeistation warten und hoffte, dass Adrian mit ein paar Scheinen zurückkehrte. Er kam locker ins Gespräch und war kurz davor, seine bunte Sonnenbrille noch als letzte Rabatt-Stufe in Zahlung zu geben, als Adrian zurückkehrte. Schlau wie er war, konnte er den wartenden Polizisten weismachen, dass der Automat nur rund 30 Euro ausspuckte (Tat er natürlich nicht – es war der letzte Verhandlungsversuch kurz vor dem Ziel). Für alle Beteiligten schien die Sache damit erledigt zu sein. Uns wurde noch ein Stück offiziell aussehendes Papier ausgestellt. Mit diesem konnten wir in den nächsten Tagen auf der Insel angeblich von keiner anderen Kontrolle mehr belangt werden und hatten freie Fahrt.

Wir reihten uns wieder in den Strom Richtung Tempel ein. Dort angekommen, warteten schon die nächsten Langfinger auf uns, diesmal allerdings in pelziger Form. Auf dem Weg zum Hindu-Tempel musste man durch ein kleines Stück Dschungel. Dort lebten unzählige Affen, die von ihrer erhöhten Position immer ein Auge auf die ankommenden Touristen geworfen hatten. Alles, was glitzerte, nicht niet- und nicht nagelfest war, wurde gestohlen. Armreifen, Sonnenbrillen, Mützen. Wir saßen am Rand und beobachteten grinsend, wie allerlei Wertgegenstände den Besitzer wechselten. Währenddessen schlich sich allerdings auch ein Affe von oben an uns heran und entwendete eine unserer Wasserflaschen. Adrian wollte nicht zweimal am Tag eine Wertsache verlieren und er rannte, wie von der Tarantel gestochen, hinter dem Affen her und weckte mit seinem Geschrei wahrscheinlich sämtliche Tempel-Geister. Es brachte nichts. Der Sieg ging wieder an die pelzigen Bali-Bewohner.

Auf dem Rückweg brannte die Mittagssonne ordentlich, doch der Fahrtwind und die Euphorie über den Freifahrtschein oder die Trauer über die verlorene Flasche ließen die UV-Strahlen zumindest bis zum Abend vergessen. Dann zeigte sich jedoch, dass Bali sehr nah am Äquator liegt und die Sonneneinstrahlung hier jedem Hautarzt die Sorgenfalten ins Gesicht treibt. Am nächsten Tag war Schatten angesagt. War vielleicht auch besser für die Reisekasse.

Die besten Taxi-Tricks WELTTOURNEE-KURZGESCHICHTEN
Inzwischen haben wir auf der Welt schon die verrücktesten Taxi-Fahrten erlebt. Von einigen berichten wir in diesem Buch. Taxi-Fahrer, die auf Bali schon direkt am Gepäckband stehen und mit den Verhandlungen beginnen, bevor man die eigentliche Ankunftshalle betreten hat. Oder Fahrer, die gern um den Block oder über Maut-

straßen fahren, um den Preis zu erhöhen. Oft ärgerlich, aber am Ende wollen alle etwas verdienen und man gibt zähneknirschend den Betrag heraus, der gefordert wurde. Hier noch eine Übersicht über die besten Abzocke-Möglichkeiten, die wir im Laufe der Jahre mitbekommen haben.

Die geheime Taste: Eine kurze Stadtfahrt durch die Europäische Metropole sollte gar nicht so teuer sein. Das Taxameter lief freundlich und langsam vor sich hin. Hier roch es eigentlich nicht nach Betrug. Am Hotel angekommen, beendete der Fahrer die Fahrt mit drei Knöpfen am Taxameter und plötzlich stand ein viel höherer Preis auf der Anzeigetafel. Alle Diskussion nutzte nichts, der Fahrer bestand auf das Geld. Im Laufe der Jahre lernten wir, dass bei unaufmerksamen Fahrgästen einfach ein oder zweimal die Koffer-Taste gedrückt wurde (auch wenn man wie wir ohne Koffer fuhr). Damit ließen sich dann oft ein paar Euro mehr entlocken. Lösung: Wenn man der Landessprache nicht mächtig ist, schon vor dem Einsteigen andeuten, dass man gleich gerne eine Rechnung hätte. Klappt zumindest in Europa oft.

Die bunten Scheine: In einem südamerikanischen Land hatten wir gerade im Flughafen Geld getauscht. Wir bestaunten die bunten Scheine, die wir zuvor noch nie gesehen hatten und sortierten sie in unsere Geldbörse, während der Taxi-Mann mit voller Fahrt in die Stadt brauste. Die Fahrt verlief fröhlich. Es wurden Fragen gestellt, wo wir denn herkamen und hinwollten. Den einen oder anderen Geheimtipp für eine Bar gab es obendrauf. Wir zahlten mit einem der bunten Scheine und steckten das Rückgeld ein. Erst später fiel uns auf, dass zwei der Geldscheine fast eine ähnliche Farbe hatten, das Komma beim Wert aber verrückt wurde. Statt zehn Euro, betrug der Wert nur einen Euro. Das wusste natürlich auch der überfreundliche Taxifahrer, der sich ein kleines Trinkgeld einsteckte. Lösung:

Kartenzahlung ist nicht immer möglich, aber oft die bessere Wahl. Ansonsten helfen Apps wie Uber in vielen Ländern schon, erst gar kein Bargeld in die Hand nehmen zu müssen.

Die andere Straßenseite: In Thailand wollten wir uns in Bangkok von einem Tuk-Tuk-Fahrer zurück zum Hotel fahren lassen. Wir handelten am Anfang den Betrag aus und unterhielten uns auf der Fahrt prächtig auf Englisch. Unser Hotel lag an einer vierspurigen Straße, die man nur über eine Brücke oder eine entfernte Ampel erreichen konnte. Unser Fahrer ließ uns jedoch auf der anderen Straßenseite gegenüber unseres Hotels raus und verlangte plötzlich deutlich mehr an Bezahlung als vorher ausgemacht. Auch sein prächtiges Englisch verschwand auf einmal, und bevor wir uns in große Raufereien verstrickten, zahlten wir ihm die höhere Gebühr. Was war die Masche? Er hielt absichtlich auf der anderen Straßenseite an, denn so hatten wir keine Chance ins Hotel zu gehen und die Angestellten bitten, für uns zu übersetzen. Lösung: Oft haben Hotels ihre eigenen Fahrer, die sie per Visitenkarte oder WhatsApp-Nummer vermitteln. Da eine schlechte Erfahrung auf ihre Hotelbewertung zurückfallen würde, sind diese Taxifahrer meistens eigentlich in Ordnung.

Das Asien-Fortgeschrittene Level   CHECKBOX

- ☐ Deutlich exotischer und chaotischer. Neonlichter bei Nacht und Chaos am Tag.
- ☐ Kulinarisch passiert viel auf der Straße und die Garküchen nehmen es mit der Hygiene nicht immer so genau.
- ☐ Backpacker sind unterwegs, richtige Geheimtipps muss man schon genauer suchen.

ASIEN FÜR PROFIS

J etzt wird's ernst. Die Endgegner für jeden Asien-Reisenden: Die Philippinen, China abseits der großen Städte oder Myanmar gehören in diese Kategorie. Abseits der urbanen Zentren erstreckt sich eine atemberaubende Naturlandschaft mit zerklüfteten Bergen, idyllischen Inseln, traumhaften Stränden und spektakulären Tempeln. »Mal eben« hinreisen funktioniert hier nicht so gut. Oft benötigt man ein Visum und auch der Transport vor Ort sollte besser durchdacht werden. Man will lieber nicht im chinesischen Hochland stranden. Oder etwa doch?

»MINGALABAR« MYANMAR

Fragwürdige Entscheidung. Sollen wir ins Land reisen oder nicht? Es war damals noch gar nicht lange für den offiziellen Tourismus geöffnet. Vor einigen Jahren herrschte nämlich noch eine Militärdiktatur. Nur die größten Abenteurer hatten eine Chance, ins Land zu kommen. Nach der Öffnung zog es allerdings immer mehr Reisende hin. Vor ein paar Jahren konnte man noch das wirkliche Asien entdecken. So war es wohl auch in Thailand, bevor die ganzen Backpacker-Horden einfielen.

Inzwischen hat das Militär in Myanmar wieder die Macht übernommen und die Einreise gestaltet sich erneut schwierig. Wir entschieden uns trotz der Vorgeschichte für die Einreise und sollten es nicht bereuen – oder zumindest nur kurzzeitig.

Das Märchen von Koto und Uu

Unser Start in Yangon war gar nicht so einfach wie gedacht. Wir hatten zwei Betten im »Backpacker (Bed & Breakfast)« reserviert – den Namen bitte genau einprägen. Unser Tuk-Tuk-Fahrer deutete an der Straße auf das Schild am Hosteleingang. Wir verabschiedeten uns und liefen das enge Treppenhaus hinauf. In der dritten Etage musste man an einer Tür klingeln, um Einlass zu erhalten. Normalerweise nehmen wir nicht die allerunterste Kategorie bei Hostels, sauber sollten sie schon sein. Wir kamen durch die Tür und erschraken fürchterlich. Die Betten standen mitten im Flur. Zwei Hunde liefen durch die Reihen und der Tisch vom Frühstück (oder war es das Abendessen?) quoll noch über.

Sollten wir uns hier doch mal verzockt haben, fragten wir uns? An der Rezeption, die nur aus einem Laptop bestand und den Namen eigentlich nicht verdiente, saß ein junger, australischer Mann. Wir waren den ganzen Tag unterwegs gewesen und wollten einfach nur unsere Sachen ablegen. Er runzelte die Stirn »Sorry, es sind meine ersten Tage hier. Aber ich kann eure Buchung nicht finden.« Wir zeigten ihm unsere Buchungsbestätigung und auch er verstand die Welt nicht mehr. Es ging so weit, dass er die anwesenden Gäste überprüfte, denn alle Betten waren offensichtlich ausgebucht. Hatte sich hier jemand eingeschlichen? Es war wie verhext. Der junge Mann hatte Schweißperlen auf der Stirn und stand anscheinend kurz vor dem Herzinfarkt. Gleich an einem seiner ersten Tage sollte doch bitte nichts schiefgehen.

Er klingelte spät am Abend noch seinen Chef aus dem Bett oder der Kneipe. Eine Lösung war nicht zu finden. Der Chef sah sich unsere Buchungsbestätigung an und nickte: »Jungs, ihr seid im falschen Hostel. Wir sind das Backpacker Breakfast & Bed«. Auf so eine Idee musste man erstmal kommen, in der gleichen Stadt einen fast identischen Namen für ein Hostel zu nutzen. Die Gründe dahinter erklärte man uns später auf einer Tour durch Indien.

Wenn ein Hostel, ein Restaurant, ein Massage-Studio oder ähnliches zum Beispiel im Reiseführer Lonely Planet empfohlen wird, ist damit für viele Jahre ausgesorgt. Die Empfehlung zieht Nachahmer an, die entweder genau den gleichen Namen benutzen oder ihn nur leicht abwandeln. In Jaipur in Indien ging es so weit, dass das bekannteste Ayurveda-Studio gleich fünfmal mit identischem Namen vertreten war. Augen auf also, wenn man müde und kaputt ins Hostel marschiert.

Unser »echtes« Hostel war aber spitzenmäßig in Ordnung und so entdeckten wir Yangon bei Nacht. Die größte Stadt Myanmars liegt auf der östlichen Seite des gleichnamigen Flusses. Auf der anderen Seite beginnt direkt das Dorf »Dala«, das mit Großstadt-Trubel nicht mehr viel gemein hat. Das wird später für den Verlauf der Geschichte erneut wichtig. Die berühmteste Sehenswürdigkeit in Yangon ist die Shwedagon-Pagode. Diese goldene Pagode ist das spirituelle Zentrum des Landes und eine der wichtigsten buddhistischen Stätten in Südostasien. Sie ragt majestätisch über die Stadt und ist mit Blattgold überzogen, das bei Nacht von starken Scheinwerfern angestrahlt wird.

In den Straßen drumherum herrscht das typische Asien-Feeling. Viele Neonlampen, viele Roller, viele kleine Straßengrills, die Snacks auf die Hand verkauften. Wir schlenderten durch die Straßen und wunderten uns, dass vor vielen Ampeln auf dem Boden oft eine Art roter Belag lag. Wir lernten, dass es sich dabei nicht um einen besonderen, für Myanmar typischen Bodenbelag handelte, sondern um die Betel-Nuss.

In Myanmar ist das Kauen von Betel eine weit verbreitete kulturelle Praxis, fast schon eine Art Volksdroge. Die Mischung aus Betel-Nuss, Kalkpaste und Tabak wird in ein Blatt gewickelt und dann gekaut.

Das Kauen von Betel-Nuss hat in Myanmar eine lange Tradition und wird von vielen Menschen als soziale Gewohnheit praktiziert. Es ist ein fester Bestandteil des Alltags und wird oft während gesellschaftlicher Zusammenkünfte, Familienfeiern oder einfach als Zeitvertreib praktiziert, zum Beispiel beim Rollerfahren. Allein das Kauen erzeugt einen leichten Rauschzustand und wirkt anregend. Die Kombination aus Betel-Nuss, Kalkpaste und Tabak erzeugt einen charakteristischen Geschmack und hat die rote Färbung des Speichels zur Folge. Dieser rote Speichel muss nun irgendwo hin. Und wenn man mit dem Roller mal eben vor einer Ampel steht, wird einfach der Tabak ausgespuckt. Ein gewöhnungsbedürftiges Bild.

Jetzt aber zu den Hauptdarstellern dieses Kapitels. Wir waren nur eine Nacht in Yangon. Am nächsten Abend sollte unser Nachtbus weiter in den Norden gehen. Wir gaben unsere Rucksäcke an der Rezeption ab und liefen planlos durch die Stadt, um die koloniale Architektur zu entdecken. Während der britischen Kolonialherrschaft im 19. und 20. Jahrhundert wurde Yangon zu einer blühenden Stadt entwickelt, und viele prächtige Gebäude im viktorianischen Stil sind erhalten geblieben (Zum Nachreisen: das Viertel um die Pansodan Street ist ein hervorragendes Beispiel dafür. Hier stehen noch viele beeindruckende

Gebäude wie das Yangon General Post Office). Ein Spaziergang durch diese Gegend ist wie eine Reise in die Vergangenheit.

Relativ früh hatten wir aber bereits alles gesehen und wir setzten uns in den Maha-Bandula-Park in die Sonne. Ein junger Typ gesellte sich zu uns und fragte, ob er ein wenig sein Englisch trainieren könnte. Das hatten wir schon in vielen Teilen der Welt erlebt. Manchmal als Trick, um sich den Inhalt der Hosentaschen anzuschauen. Dieser Typ hier schien in Ordnung. Er stellte sich als »Uu« vor. Wir verstanden uns super und er lud uns zu einem landestypischen Tee ein. In Myanmar wird dieser mit Kondensmilch serviert, Kostenpunkt rund zehn Cent für eine Tasse.

Diese Einladung beschleunigte unsere neue Freundschaft. Überschwänglich lud er uns in sein Dorf ein. Wir sollten das echte Myanmar und seine Familie kennenlernen. Wir zierten uns noch etwas. Es war noch früh am Morgen, aber wir hatten den ganzen Tag ohnehin nicht viel zu tun. Unsere Wertsachen mit Bargeld hatten wir im Hostel gelassen. Wenn er uns ausrauben wollte, wäre bei uns nicht viel zu holen gewesen. Wir waren damals schon weit gereist und kannten eigentlich alle großen und kleinen Tricks der Gauner, doch hier klingelten keine Alarmglocken. Also willigten wir ein – ein Strahlen glitt über sein Gesicht.

Wir müssten nur noch kurz auf seinen Vater Koto warten. Der war gerade im strahlend weißen Kolonial-Stil Rathaus gegenüber und hatte einen Termin beim Bürgermeister, so seine Aussage. Auch hier klingelten keine Alarmglocken bei uns. Wir machten uns als Vierergespann auf den Weg zum Fähranleger. Das Dorf der beiden lag auf der anderen Fluss-Seite, dort wohin sich Yangon nicht erstreckte. Am Hafen mussten wir in ein kleines Polizeigebäude gehen und unsere Namen und Passnummern eintragen. Wir würden jetzt Yangon verlassen, sagte man uns da. Auch hier noch immer keine Alarmglocken. Mit einer dreistöckigen weißen Fähre, auf der Einheimische über den Fluss pendelten, machten wir uns auf den Weg.

Vater Koto war so nett und half bei der Nachmittagsplanung. Er organisierte über sein Handy einen Roller. Verkauft wurde uns dort mit aller Herzlichkeit, dass wir am Ende rund 20 Dollar dafür zahlen sollten. Das war zwar etwas teuer, aber am Ende auch nicht so wichtig, denn wir wollten mit unserem neuen besten Freund noch zum Schlangentempel düsen. Er berichtete uns wie ein professioneller Reiseführer über die Geschichte.

Der Name des Tempels, »Paung Taw Choke«, bedeutet wörtlich übersetzt »Fünf Dörfer, fünf Pagoden«. Der Legende nach wurden fünf kleine Pagoden von einem Fluss hierher getragen und landeten auf natürliche Weise an diesem Ort. Der Schlangentempel ist den Naga-Schlangen gewidmet, die in der burmesischen Mythologie als schützende und mächtige Wesen angesehen werden.

Die Hauptattraktion des Tempels sind die zahlreichen lebenden Schlangen, die hier verehrt werden. In den verschiedenen Schreinen und Altären des Tempels sind Schlangen, primär Pythons, zu sehen, die als heilige Tiere angesehen werden. Der Tempel selbst ist im traditionellen burmesischen Stil erbaut und verfügt über kunstvolle Schnitzereien, bunte Wandmalereien und goldene Verzierungen.

Ein paar Fotos hier, ein bisschen Schlangen-Streicheln da und schon war es Nachmittag und wir sollten uns auf den Weg ins besagte Dorf machen. Über lange, brandneue Teerstraßen ging es mit den Rollern weiter. Wir konnten Bauarbeiter beobachten, wie sie die neue Teerdecke bei sengender Hitze zogen. Ein Bild, das wir wahrscheinlich niemals vergessen werden. Bei 32 Grad stand ein Arbeiter oberkörperfrei neben einem brennenden Eisenfass, aus dem der Teer auf die Straße lief. Es qualmte und stank bestialisch, die Hitze war selbst beim Vorbeifahren mit dem Roller kaum zu ertragen. Und was machte der Arbeiter in dieser Umgebung? Richtig, er rauchte genüsslich eine Zigarette.

Wir erreichten das Dorf von Koto und Uu. Es war so gesehen weniger ein Dorf als vielmehr eine Ansammlung von Hütten. Die von der Familie war offensichtlich noch in Bau. Über dem zweistöckigen Holzbau mit Wellblech-Dach hingen noch Planen, und allerlei Baugeräte standen herum. Wir lernten zudem noch weitere Mitglieder der findigen Familie kennen. Die namenlose Mutter hatte ein paar lokale Kleinigkeiten zubereitet. Und der Bruder, von allen nur »Fat Brother« genannt, lud uns zum gemeinsamen Karaoke-Singen auf dem Röhrenfernseher ein. Kurzum, die Illusion war perfekt, man hatte uns am Haken. Als kleines Gastgeschenk wurden uns noch zwei Mini-Flaggen von Myanmar in die Hand gedrückt.

Wir hatten auch immer die Zeit im Blick, denn wir mussten für den Rückweg wieder den Fluss überqueren und unseren Bus erwischen. Ein wenig erkenntlich zeigen wir uns dann trotzdem noch. Auch wenn wir den Roller und die Fährfahrten bezahlt hatten, dachten wir an eine kleine Spende für Studienbücher. Wir fragten Uu also vorsichtig, ob er eine Spardose hätte. Wir hätten unsere letzten 20 Dollar, die wir in der Tasche hatten, gerne für den netten Tag und die Führung durch den Tempel gespendet.

Doch er lehnte dankend ab. »Ihr braucht mir nichts für Studienbücher zu geben«, rief er lachend. Hatten wir uns etwa getäuscht und war das Ganze hier wirklich so freundlich, wie dargestellt? Unser grinsender Freund führte uns nach dem Karaoke-Teil noch ins obere Stockwerk. Ein riesiger Raum, in dem offensichtlich die ganze Familie schlief. Er deutete auf einen leeren Fensterrahmen. »Wir haben hier oben keine Fenster«, sagte er. »Es kommen immer Katzen und fressen meine Goldfische.« Was wir als Spaß verstanden, war tatsächlich so passiert. Und jetzt zum Knackpunkt der Geschichte. Uu bot uns an, wir könnten »Pate« für neue Fenster werden. Kostenpunkt 80 Dollar pro Stück.

Diesmal lehnten wir dankend ab. Erst mal hatten wir nirgendwo so viel Bargeld dabei und 80 Euro für ein einfaches Fenster schien uns dann doch etwas übertrieben. Uu ließ aber nicht locker. »Ihr könnt eure Namen in den Rahmen schreiben, damit bleiben wir für immer verbunden.« Wieder lehnten wir ab. Und plötzlich wich das freundliche Grinsen, das sich den ganzen Tag in seinem Gesicht befunden hatte, einem ernsten Gesichtsausdruck. Er realisierte, dass bis auf die 20 Dollar von uns nichts zu holen war. Er rief zwei Sätze zu seiner Familie und brachte uns mit eisiger Stimmung zum Roller.

Wir hatten keinen Plan, wie wir mitten aus dem Nirgendwo in der Dämmerung wieder zum Roller-Verleih und der Fähre kommen sollten. Doch Uu hatte noch nicht ganz aufgegeben und begleitete uns. Nicht nur bis zur Fähre, sondern auch auf der Fähre. Immer wieder hakte er nach, ob nicht doch noch die Möglichkeit bestand, Bargeld aufzutreiben. Die Stimmung war eisig bis angespannt. Zumal er uns auch nicht von der Seite wich, also wir schon vor der Hostel-Tür standen. »Ihr könnt doch zum Bankautomaten gehen«, versuchte er es ein letztes Mal. Doch irgendwann platze auch uns der Kragen. Wir boten ein letztes Mal die 20 Dollar an, die er dann zähneknirschend annahm und hinter der nächsten Ecke verschwand.

Wir haben diese Geschichte auch in kurzer Form im Podcast erzählt und die passenden Fotos bei Instagram gepostet. Nach ein paar Monaten schrieb uns eine Hörerin, dass ihr exakt das Gleiche passiert ist. Die beiden Typen hatten wohl ihre eigene Masche erfunden, um gelegentlich noch ein bisschen Geld für die Fenster abzugreifen.

»Brudi, ich muss los, wenn die Roller wieder schrein'«

WELTTOURNEE-KURZGESCHICHTEN

Wer hat jetzt den Apache 207-Hit im Ohr? Genau, es geht um die Roller und ein ganz besonderes Tattoo. Roller sind nicht nur in Songs von deutschen Rappern, sondern auch in Asien ein beliebtes Fortbewegungsmittel. Jeder hat einen, jeder bekommt einen und die alte Devise »Kein Führerschein, kein Problem« trifft hier auch zu. Vor einer Straßenüberquerung sprechen nicht wenige Reisende ein kurzes Stoßgebet gen Himmel. Das beispielhafte Gewusel auf thailändischen oder vietnamesischen Straßen wirkt auf uns wie ein Sack Flöhe, der sich zu sortieren versucht. Und wenn man sich selbst auf die zwei Räder wagen will, können wir aus eigener Erfahrung sagen: Man sollte vielleicht nicht in Thailand anfangen, denn dort herrscht Linksverkehr. Neben den schon erwähnten Verkehrsdynamiken ist dies noch ein zusätzlicher Faktor, das Rollerfahren beim ersten Mal vielleicht besser in einem der anderen Länder zu probieren. Zeit im Krankenhaus zu verbringen ist nie schön, im Urlaub ohnehin nicht.

Das Land ist übrigens auch der Namensgeber vom »Thailand-Tattoo«. Gibt es wahlweise auch unter dem Namen Bali-Tattoo. Hierbei geht es geht nicht um die Zeichnungen, die mit Tinte unter die Haut gestochen werden. Dass es auf Thailands Inseln unendlich viele Tattoo-Studios gibt, die oft und gerne von Touristen frequentiert werden, ist wahrscheinlich keine neue Information. Gerade deutsche Schulabsolventen finden es super, sich fernab der Heimat kostengünstig ein Tattoo stechen zu lassen und es dann der südlichen Sonne auszusetzen. Beliebte Motive sind Weltkarten, ein Kompass oder auch beides in Kombination.

Aber zurück zur eigentlichen Vokabel. Das »Thailand-Tattoo« erhält man gratis, wenn man die Kontrolle über seinen Motorroller verliert. Thailand-Touristen düsen meist mit kurzen Hosen und Flip-Flops über die Straßen. Stürzt man mit dem Roller, bleibt eine ganze Menge Haut auf dem Asphalt zurück. Und das Andenken an diese Situation hat man dann auch noch Monate später, wenn man wieder zu Hause im Büro sitzt.

Tempel, Tresen, Temperaturen

Wir mussten nach der Geschichte ordentlich durchpusten. Mit dem schnellsten Tuk-Tuk-Fahrer von ganz Myanmar brausten wir zum Busbahnhof, denn wir mussten ja noch unseren Nachtbus nach Bagan erwischen. Wir hatten uns schon recht früh für eine Busfahrt anstatt einen Flug entschieden, denn wir trauten den Fluglinien im Land nicht so recht über den Weg. Wir saßen schon in den verrücktesten Maschinen, aber über die Flieger in Myanmar gab es kaum etwas Gutes zu lesen. Natürlich stürzte nicht jeden Tag ein Flieger vom Himmel, aber wir wollten unser Glück nicht komplett ausreizen. Zudem waren die

Fluglinien damals oft verstaatlicht und unser Geld sollte nicht in die Militärmaschinerie gehen. Wir versuchten, unser Geld lieber kleinen Anbietern oder »*Locals*« zuzustecken. Bei Koto und Uu hat es ja eben wunderbar funktioniert.

Kurz vor knapp kamen wir am Busbahnhof an und mussten uns für die Fahrt erst mal mit drei großen Bier eindecken. Das Bier in Myanmar wird meist in 0,5-Liter-Flaschen verkauft und schmeckt überraschend angenehm. Nach dem Tages-Trubel hatten wir uns die auch wirklich verdient. Wir machten es uns begeistert in unserem Bus bequem. Wer jetzt an volle Minibusse mit lauter Musik und verrückten Fahrern denkt, liegt ganz falsch. Hier stand der Business-Class-Bus. Es gab Liegesessel, frische Decken und Kissen. Eine Fahrbegleiterin reichte uns Kuchen und Wasser in PET-Flaschen. Es gab also alles, was man sich als Reisender nach einem anstrengenden Tag wünscht. Alles? Na ja, bis auf eine Toilette. Das stellen wir aber erst fest, nachdem die ersten zwei Bier und das gratis Wasser schnell geleert worden waren. Wir merkten beide, dass wir dringend mal auf ein stilles Örtchen mussten. Verstohlen schlich sich Christoph nach vorn zum Fahrer, denn so langsam drohte er zu platzen. »Es ist uns leider rechtlich untersagt, mitten auf der Strecke anzuhalten«, erklärte die Stewardess einem geschockten Christoph. Alles Verhandeln war unmöglich. Der Fahrer musste weiterfahren und durfte auf keinen Fall anhalten. Der erste planmäßige Stopp wäre in etwa 90 Minuten, so die schmerzhafte Ansage.

»Das halte ich nicht aus!«, sagte Christoph, während er auf dem Gang von einem Bein aufs andere wippte. Adrian war in ähnlicher Lage, aber noch standen ihm keine Schweißperlen auf der Stirn. Christoph war kurz davor, die Notbremse zu ziehen, bis ihm auffiel, dass es im Bus keine gab. So musste er also kreativ werden. Zum Glück war das Licht im Bus gedimmt und draußen stockfinstere Nacht. Was tat er? Zu Adrians Schrecken nahm er den letzten Schluck aus der 0,5-PET-Wasserflasche. »Bist du irre?!«, fragte Adrian, der den Einzelsitz hinter Christoph hatte. Doch der Versuchsaufbau stand bereits und Platzen war keine Option. Die 0,5-Liter-Flasche sollte als Gefäß dienen. Unter der Decke fuchtelte Christoph den Aufbau zurecht.

Er sollte allerdings recht schnell merken, dass 1,5 Liter Bier, die durch den Körper gelaufen sind, nicht in eine 0,5-Liter-Flasche passen. Der Strom musste also unter Adrians Kichern unterbrochen werden. Eine minimale Erleichterung. Er drehte sich nach hinten und wollte schon die leere Flasche von Adrian nehmen, doch auch der begann so langsam mit Schweißperlen auf der Stirn über die Situation und ihre Notlösung nachzudenken. Auch er legte eine Decke über seine Beine und war bereit, die Grenzen der Physik zu testen.

Genau in dieser Sekunde gab es vorne beim Fahrer einen lauten Knall. Der Fahrer bremste den Bus stark ab, bevor Adrian seine ganz private Notbremse ziehen konnte, und fuhr auf den Seitenstreifen. Ein Vogel (oder eine Fledermaus) war ihm direkt in das rechte Vorderlicht geflogen und es dadurch zerstört. Dem Fahrer blieb nichts anderes übrig, als das Licht sofort zu reparieren. Grinsend warf Adrian seine PET-Flasche zur Seite und sprintete am verdutzten Christoph aus dem Bus, hopste über die Leitplanke und winkte über die Schulter. Wie viel Glück kann ein Mensch nur haben?

Am nächsten Morgen kamen wir um etwa drei Uhr in der Früh in Bagan an. Wahrscheinlich das Hauptziel einer jeden Reise? Warum diese unchristliche Uhrzeit? Ganz einfach: Die Sonnenaufgänge sind hier besonders spektakulär.

Bagan ist berühmt für seine architektonische Pracht, da es mehr als 2.000 buddhistische Tempel, Pagoden und Stupas beherbergt. Diese beeindruckende Ansammlung von sakralen Bauwerken erstreckt sich über eine Fläche von etwa 40 Quadratkilometern und bildet eine atemberaubende Kulisse, die in der gesamten Region, und vielleicht sogar Welt einzigartig ist. Zum Sonnenaufgang versammeln sich die Reisenden in der Region der vielen Tempel und beobachten, wie die Sonne langsam aus der Steppe auftaucht. Während unseres Besuchs war es noch erlaubt, auf die Tempel zu klettern und so einen extra außergewöhnlichen Blick mit Aussicht auf die Tempel zu haben, die sich in der Morgendämmerung im goldenen Licht präsentieren. Oder man macht es noch spektakulärer und nimmt einen Heißluftballon. Wir haben uns das Gefährt vorher mal angeschaut. Den Fluglinien vertrauten wir nicht und auch die Ballon-Anbieter wirken jetzt nicht wirklich vertrauenswürdig. Die Ballons machten den Eindruck, als hätten sie kurz vor der deutschen Wiedervereinigung an der innerdeutschen Grenze als historisches Fluchtmittel gedient und schienen aus Omas alten Hosen genäht zu sein.

Für uns sollte es am nächsten Tag noch weiter in den Norden nach Mandalay gehen. Jeder, der jetzt den alten Robbie-Williams-Hit »Road to Mandalay« im Ohr hat, liegt schon ganz richtig. Während wir aus dem Süden mit Business-Class-Bus gefahren sind, stand jetzt das genaue Gegenteil an: Ein Gefährt von der Marke Holzklasse. Der Bus schien knapp nicht durch den TÜV gekommen zu sein. Die eigentliche Lüftung funktionierte nicht. Dafür gab es Frischluft aus kleinen Löchern im Boden. Wäre unser Handy während der Fahrt auf den Boden gefallen, es wäre wohl durch die Löcher auf die Straße gefallen. Es wackelte und schwankte. Wir machten uns ernsthaft Sorgen um die Achsen.

Ein zweites Extra hatte Adrian abbekommen: Am Abend zuvor wollte er in einem Restaurant nicht kleinbeigeben und bestellte die schärfste Suppe des Ladens. Was er nicht wusste: Wenn man in Myanmar eine Suppe bestellt, die als »Extra-Scharf« angegeben wird, kommt sie meist direkt aus der Gewürzhölle. Es fehlte nur noch, dass Flammen aus dem tiefen Teller schlugen. Mit hochrotem Kopf und tränenden Augen verdrückte er die feurige Flüssigkeit und kassierte am Ende ein bewunderndes Lob vom Kellner. Sein Magen war auf die verschiedensten Schärfegrade jedoch nicht vorbereitet und rebellierte am nächsten Tag. Während der ganzen Busfahrt war ihm flau im Magen. Kalkweiß saß er auf seinem Platz und hoffte, dass das Geschaukel bald vorübergehen würde. Kurz vor dem Ziel jammerte er: »Ich hätte jetzt gerne einfach nur einen echten Leibniz Butterkeks.« Christoph befürchtete schlimme Fieberträume bei Adrian. Wir waren schließlich in einer Großstadt im Norden Myanmars. Wo sollte da besagter Butterkeks herkommen? »Wir suchen dir gleich einen Kiosk. Da gibt es bestimmt einen Cracker oder ähnliches.« Und wieder war das Glück Adrian hold. Der Bus hielt an einer unscheinbaren Straßenecke und alle Passagiere strömten in sämtliche Himmelsrichtungen davon. Keine zehn Meter weiter befand sich der größte Keks-Laden ganz Asiens. Es gab die feinste Auswahl an Keksen – von Schokokeksen bis zu den gewünschten Butterkeksen. Zwar nicht vom Hersteller aus Hannover, aber das war ihm am Ende wohl völlig egal.

Adrian war wieder fit, und so machten wir uns auf den Weg auf den heiligen Berg der Stadt. Der Mandalay Hill ist ein markantes Wahrzeichen und ein spirituelles Zentrum in der Stadt. Er erhebt sich majestätisch über den Häusern und bietet einen atemberaubenden Panoramablick auf die umliegende Landschaft und die Stadt selbst. Der Hügel ist ein beliebtes Ziel für Pilger und Touristen gleichermaßen. Um den Mandalay Hill zu erklimmen, gibt es mehrere Wege, aber die meisten Besucher bevorzugen den Hauptweg, der von der Südseite des Hügels startet. Der Aufstieg ist relativ steil, aber es gibt Treppenstufen und auch Ruheplätze entlang des Weges. Während des Aufstiegs passierten wir verschiedene religiöse Stätten und Schreine, die von Gläubigen besucht wurden. Es gab zahlreiche Buddha-Statuen und -bilder entlang des Aufstiegs.

Wie schon zuvor im Maha-Bandula-Park kamen uns ein paar Einwohner entgegen. Wieder erklärten sie uns, sie würden gerne ihr Englisch üben wollen. Wir zuckten innerlich zusammen und fürchteten schon, eine Fährfahrt über einen Fluss in ihr Dorf machen zu müssen. Doch hier war die Einstellung anders. Es waren rund fünf Mönche, die auf dem Berg lebten und tatsächlich ihr Englisch üben wollten. Wir fanden uns kurze Zeit später entspannt und freundlich aufgenommen im Kreis sitzend wieder und erzählten aus unseren Leben. Dass Deutschland mal von einer Mauer geteilt war, faszinierte sie. Genauso, dass an der Spitze des Landes eine Frau das Sagen hatte. Sie lebten ohne Internet und Nachrichten auf ihrem Berg. Sie führen ein asketisches Leben und folgen den buddhistischen Lehren und Praktiken. Sie praktizieren strenge Disziplin, Enthaltsamkeit und Selbstlosigkeit.

Das war nur einer von vielen kleinen Ausflügen in andere Lebenswelten in Myanmar.

Die besten Sonnenaufgänge WELTTOURNEE-TIPP

Bagan, Myanmar: Früh am Morgen stolpern Reisende früh aus ihren Betten, um sich etwas außerhalb der Stadt die vielen Pagoden und Tempel anzuschauen. Der Himmel erstrahlt in zarten Pastelltönen wie Rosa, Orange und Violett, was einen sanften Schimmer auf die Silhouetten der Tempel wirft. Die Szene wird von Minute zu Minute lebendiger, während die Sonne langsam aufsteigt und ihre Strahlen über das Land streut. Früher konnte man das Spektakel noch von den Spitzen einiger Tempel anschauen. Die Regierung empfand die Massenwanderung zum Gipfel irgendwann aber als weniger lustig und sperrte die Bauwerke für Besucher. Kostenpunkt: rund 14 Euro Eintritt für das gesamte Tempel-Gelände.

Sigiriya, Sri Lanka: In absoluter Dunkelheit hört man in dem kleinen Dorf mitten in Sri Lanka schon das Knattern der Tuk-Tuks. Alle haben ein Ziel: den Löwenfelsen. Das ist ein riesiger Felsen, der sich über 200 Meter aus der umliegenden Ebene erhebt. Er ist von üppiger Vegetation umgeben und bietet einen atemberaubenden Panoramablick auf die umliegende Landschaft. Am Fuße des Felsens befinden sich ausgedehnte Gärten, Wassergräben und Ruinen, die einst Teil einer prachtvollen königlichen Zitadelle waren. Mit Taschenlampen ausgerüstet beginnt die Klettertour, um pünktlich zum Sonnenaufgang an der Spitze zu sein. Kostenpunkt: etwa 30 Euro.

Am Nil, Ägypten: Wir hätten uns unkompliziert für einen kurzen Inlandsflug von Kairo nach Luxor entscheiden können. Doch wir wollten auch hier den Nachtzug testen. Rund zehn Stunden folgt der klappernde Express dem Nil. Ein echtes Highlight, wenn man durch das Schütteln schon früh wach ist: Man bekommt den Sonnenaufgang am Nil aus verschiedensten Blickwinkeln geboten. Am Fluss machen sich die Fischer auf den Weg zu ihren Booten und die Felder drumherum werden in magisches Licht getaucht.

Mit dem DIN-A4-Zettel zurück nach Shanghai

WELTTOURNEE-KURZGESCHICHTEN

Nach einem Wochenendtrip mit Freunden aus China auf eine kleine Inselgruppe vor Shanghai mussten wir alleine ohne unsere Freunde die Rückreise in die große Stadt Shanghai antreten. Auf der Karte sah der Weg einfacher aus, als er es am Ende war. Unsere Freunde, die noch ein paar Tage auf der Insel verweilten, schrieben uns zum Glück alle nützlichen Informationen in chinesischer Zeichensprache auf einen großen DIN-A4-Zettel. Nummern, Schriftzeichen und Sätze, die wir an bestimmten Bahnhöfen und Bushaltestellen vorzeigen mussten. Englisch sprach in dieser Region ein paar hundert Kilometer entfernt von Shanghai wirklich niemand mehr.

Auch Hand- und Fußzeichen hätten nicht geholfen, denn im Internet gab es schon zu den Inseln kaum Informationen, ganz zu schweigen von Informationen, wie man von dort wieder auf das Festland gelangen soll. Am Fährterminal deutete ein Hafenmitarbeiter auf den ersten Abschnitt. Am Hafen auf dem Festland wurde die ganze Geschichte dann schon etwas komplizierter. Überall war ein Gewusel an Menschen, die sich in alle Richtungen verstreuten. Niemand hatte wirklich Zeit, sich den Europäern anzunehmen und zu helfen. Mit viel Glück fanden wir dann schließlich die Bushaltestelle, die uns zur nächstgrößeren Stadt brachte, von wo aus wir in den Zug nach Shanghai steigen konnten. Mit dem guten alten DIN-A4-Zettel hat's dann zum Glück geklappt. Hätten wir ihn verloren, würden wir wahrscheinlich heute noch Pandas an Chinas Küste streicheln.

Alle Aussteigen bitte – die nächste Fahrt geht rückwärts

Das war sie auch schon, unsere kleine wilde Achterbahnfahrt durch Asien. Es begann mit dem leichten Schwindelgefühl der pulsierenden Großstädte, die mit ihren leuchtenden Lichtern und geschäftigen Straßen bei uns einen überwältigenden Eindruck hinterließen. Wir wurden mitgerissen in enge Gassen und auf geschäftige Märkte, wo exotische Düfte und köstliche Gerichte die Sinne betören. Die Geräuschkulisse aus Straßenhändlern, hupenden Motorrollern und fröhlichem Lachen bildete eine mitreißende Melodie. Nach den ersten wilden Kurven gab es, wie in jeder guten Achterbahn auch, Momente der Ruhe.

Wir tauchten ein in die ruhige Schönheit der Natur. Endlose grüne Reisfelder und majestätische Berge erstreckten sich vor uns. Eine tiefe Verbundenheit zur Erde entsteht, während man durch üppige Dschungel wandert und die exotische Tierwelt beobachtet. Doch wie auf einer wilden Fahrt im Freizeitpark kam gleich der nächste Adrenalinkick, als wir uns in das Verkehrsgewirr stürzten. Wir fuhren mit dem Tuk-Tuk durch das chaotische Treiben, schwebten auf scheinbar endlosen Straßenmärkten und ließen uns von der Hektik der Stadt mitreißen. Die Straßen waren ein wimmelndes Meer aus Menschen, die eifrig ihrem Alltag nachgingen. Ein Looping hier, eine Steilkurve da.

Die Achterbahn machte wieder eine Kurve zu einer Oase der Stille und Gelassenheit. Wir entdeckten abgelegene Tempel und heilige Stätten, in denen man die Spiritualität Asiens spürt. Der Duft von Weihrauch erfüllte die Luft. Doch die Reise durch das Auf und Ab der Asien-Bahn wäre nicht vollständig ohne das Kribbeln im Bauch nach den kulinarischen Abenteuern. Wir wagten uns an exotische Speisen und probierten unbekannte Aromen. Die Geschmacksknospen wurden von süß, sauer, salzig und scharf gleichermaßen herausgefordert.

Auf dieser Achterbahnfahrt durch Asien erfuhren wir für unser Reiseleben eine Fülle an Eindrücken und Emotionen. Wir lernten die Vielfalt und Schönheit dieser faszinierenden Kulturen kennen, begegneten freundlichen Menschen und entdeckten die Geschichten und Traditionen des Kontinents. Am Ende der Reise bleibt das Gefühl der Begeisterung und Dankbarkeit für die unvergesslichen Erlebnisse, die man auf dieser wilden Achterbahnfahrt durch Asien erfahren durfte. Bergauf und bergab, mit wilden Kurven ging es durch den Kontinent. Jetzt gibt es wieder festen Boden unter den Füßen und durch einen Kontinent, der keine überraschenden Loopings bietet, oder etwa doch?

Das Asien-Fortgeschrittene Level   CHECKBOX

☐ Die Verständigung fällt schwer, oft helfen nur noch Hände und Füße.

☐ Aufwand für Transport und Visum sind nicht zu unterschätzen.

☐ Nicht immer geht alles glatt, nicht immer geht alles gut.

EUROPA

Wir wurden vor einiger Zeit in einem Interview zum Podcast gefragt, welches denn unser liebster Kontinent ist. Wir waren kurz davor, wie aus der Pistole geschossen mit »Asien« zu antworten. Zum Glück hatten wir kurze Bedenkzeit und einigten uns am Ende auf Europa. Wir hörten schon die ersten Zwischenrufe: »Spießer« oder »Langweiler«. Doch nichts von alledem ist zutreffend.

Die Reisefreiheit macht das Reisen smart. Es gibt nichts Besseres, als in Europa herumzureisen. Klar liegt das zum einen an den tollen Sehenswürdigkeiten. Städte wie Paris, Rom oder Barcelona versprechen Lifestyle, Kultur und Geschichte und locken Reisefans aus aller Welt an. Das aber ist gleichzeitig auch ein Nachteil: Diese Städte locken Reisefans aus aller Welt an.

Wenn man schon mal für einen Wochenendtrip in eine europäische Stadt aufgebrochen ist, weiß man sicherlich, wie einfach das ist. Am Flughafen muss man nur kurz den Personalausweis vorzeigen, um das Flugzeug zu besteigen. Bei der Ankunft kann man einfach aus dem Flughafen spazieren und ist im Land angekommen. Keine Kontrolle, kein Stempel im Reisepass, kein Visum, kein Problem. Gerade wenn man mit wenigen Urlaubstagen zurechtkommen muss, sind Reisen auf dem eigenen Kontinent vielleicht die beste Idee. Noch dazu, wenn man viele Ziele innerhalb weniger Stunden und zudem umweltfreundlich mit dem Zug erreichen kann.

Die Generation unserer Eltern wird sich daran erinnern: Neben den ewig langen Grenzkontrollen, die es immer auch bei einer Tour in die Nachbarländer gab, war vorrangig das Geldwechseln eine echte Qual. Schon Wochen vor der Abreise tauschte man bei der Bank gegen eine Gebühr die DM-Scheine in die jeweilige ausländische Währung um. Wer schon mal durch mehrere Länder in Mittelamerika gereist ist, kennt das Gefühl nur zu gut. Irgendwann kommt man mit den Währungen durcheinander und schon reicht man der Bedienung an der Kasse aus Versehen einen bunten Schein, der nur im Nachbarland gültig ist.

Ganz zu schweigen von dem unpraktischen Sammelsurium an Scheinen und Münzen aus unterschiedlichen Ländern, die sich alle gleichzeitig im Geldbeutel befinden. Mit dem Euro existiert die ganze Tauscherei nicht. Der Kaffee in Helsinki ist zwar deutlich teurer als der auf Madeira, er lässt sich aber immerhin mit der gleichen Währung bezahlen, und man kann sich wunderbar über die Preise ärgern. Ein Traum für alle Deutschen.

Unsere erste große gemeinsame Tour führte uns vor vielen Jahren nicht etwa mit dem Rucksack nach Thailand, sondern ganz klassisch mit dem Auto nach Ostdeutschland. Mit Vorurteilen gestartet, kamen wir mit tollen Erlebnissen zurück aus Deutschlands wildem Osten. Sei es das Nachtleben in der Studierendenstadt Leipzig oder Berlin für Aussteiger, wie wir es liebevoll genannt haben. Grandiose Naturschauspiele im Elbsandsteingebirge oder einfach Meer sehen – auch wenn das Meer in diesem Fall einer von unzähligen Seen in Mecklenburg-Vorpommern war. Das Reiseland Deutschland ist cool. Punkt.

BRIEF AN EUROPA

Liebes Europa,

nachdem wir uns schon viele Jahre kennen,
haben wir endlich mal Zeit für einen Liebes-
brief an dich. Schreibt man so etwas heutzutage eigentlich noch? In unseren schnellle-
bigen Zeiten des Online-Datings heißt es ja
eher »wisch und weg«. Wahrscheinlich würde
man dich bei der Auswahl der Reiseziele im
ersten Moment auch »wegwischen«. Ziemlich
blöd, denn man verpasst das Beste. Die Liebe
für dich entwickelt sich erst auf den zweiten oder dritten Blick. Weltstädte wie New
York, Bangkok oder Sydney klingen verführe-
risch nach modernem Leben.

Was diese Städte aber nicht haben, ist
deine Geschichte. An einem Wochenende in Rom
erlebt man wahrscheinlich mehr Geschichte
als in drei Wochen in Australien. Bei dir
gibt es das Erasmus-Programm, das Millionen
Studenten jedes Jahr unvergessliche Erlebnisse bereitet.

Studenten können in Europa für eine bestimmte Zeit in einem anderen Land studie-
ren, mit EU-Taschengeld verrückte Erasmus-
Partys feiern und dort Freundschaften fürs
Leben finden. So war es auch bei uns: Dank

deiner Hilfe ging es nach Lissabon. Andere Freunde zog es nach Finnland, Italien oder Frankreich. Zurück in Deutschland waren wir uns alle einig: Das war einmalig. Damit hatten wir recht, denn wo sonst auf der Welt gibt es einen solchen gelebten Austausch zwischen verschiedenen Kulturen auf einem Kontinent?

In den Semesterferien ging es weiter. Mit dem Interrail-Ticket per Zug quer durch die Länder. Unser Baguette am Strand in Südfrankreich konnten wir ebenso mit dem Euro bezahlen wie den Eintritt ins Kolosseum in Rom.

Durch die vergangenen Reisen wissen wir erst richtig zu schätzen, was wir an dir haben. Wir können überall mit einer Währung bezahlen, müssen keine Grenzkontrolle über uns ergehen lassen, und mit unserem Handy können wir aus fast jedem Land zum Heimattarif die neuesten Fotos verschicken.

Bleib so, wie du bist –
das perfekte Reiseziel!
Adrian und Christoph

»CZEŚĆ« POLEN

Ein Land mit einer wahnsinnig intensiven Geschichte, und es liegt direkt nebenan. Das Land erstreckt sich von der Ostsee im Norden bis zu den Karpaten im Süden und ist reich an historischen Städten, malerischen Dörfern, majestätischen Schlössern und unberührter Natur. Doch als Urlaubsland fremdelt man noch ein wenig damit. Schade eigentlich, denn hier ist der europäische Gedanke spürbar.

Grenzerfahrung

Gehen wir auf diesen heiß geliebten europäischen Gedanken genauer ein. Jeder, der schon mal in Frankfurt an der Oder und in der Nachbarstadt Słubice war, kann das bezeugen. Sie liegen an der Oder, die die natürliche Grenze zwischen Deutschland und Polen bildet. Die Städte sind durch verschiedene Brücken miteinander verbunden und bilden eine grenzüberschreitende Region. Bis zum Ende des Zweiten Weltkriegs waren beide Städte Teil Deutschlands. Nach dem Krieg wurde die Oder-Neiße-Linie als neue deutsch-polnische Grenze festgelegt, und Frankfurt wurde auf der deutschen Seite und Słubice auf der polnischen Seite angesiedelt. Dadurch wurde die einst zusammenhängende Stadt Frankfurt (Oder) geteilt. Wir waren früher oft zu Gast auf dem Helene-Beach-Festival am Helenesee, was auch die Massen aus beiden Ländern anlockte.

Trotz der politischen Trennung haben Frankfurt und Słubice enge wirtschaftliche, kulturelle und soziale Beziehungen entwickelt. Die geografische Nähe und die gemeinsame Geschichte haben zu einer engen Zusammenarbeit geführt. Viele Menschen pendeln täglich zwischen den beiden Städten zur Arbeit oder zum Studium an der Europa-Universität. Sie befindet sich unmittelbar an der Grenze und ist die einzige Universität in Deutschland, die sich auf diese Weise in unmittelbarer Nähe zu einer polnischen Stadt befindet. Die Uni bietet eine Vielzahl von deutsch-polnischen Studiengängen an und ist ein Symbol für die deutsch-polnische Zusammenarbeit in Bildung und Wissenschaft. Grenzen lernten wir hier so auf eine ganz andere Art kennen. Mal eben über die Brücke gelaufen und schon war man im Nachbarland. Für uns war das inzwischen völlig normal, aber auch wir mussten in Polen eine andere Art der Grenzerfahrung machen. Denn nicht alles läuft so glatt wie an der Oder.

Ganz frisch mit dem Führerschein ausgestattet waren wir auf einem Roadtrip durch Polen unterwegs und wollten den nördlichen Landesteil entdecken. Wir verließen Berlin in nördlicher Richtung und merkten langsam, wie Dörfer weniger wurden und die Natur mehr Platz einnahm. Auch nach dem Grenzübertritt bei Stettin änderte sich das Bild kaum. Wir fuhren mit entspannten 70 Kilometern pro Stunde auf der Landstraße auf einer mit Bäumen gesäumten Straße in Richtung Danzig. Viel mehr war auch gar nicht möglich, da uns einige Schlaglöcher und Spurrillen ausbremsten. Aber wir waren ja im Urlaub. Etwas eiliger hatte es da ein Fahrer, der uns später mit seinem riesigen Gefährt auf zweispuriger Landstraße mit Vollgas überholte. Das hatten wir auch noch nicht erlebt.

Beim Stöbern auf der Karte fiel uns auf, dass westlich von Danzig die Enklave Königsberg lag. So wirklich viel wussten wir nicht über die Stadt, die zu Russland gehört. Nur, dass man für die Einreise nach Russland wohl ein Visum benötigte. Christoph nahm sich auf dem Beifahrersitz der Recherche an, während es noch immer mit gemütlichen 70 Kilometern pro Stunde über Landstraßen in Richtung Norden ging. Vielleicht gab es ja die Möglichkeit, das Visum vor Ort direkt bei der Einreise zu bekommen.

In einem Forum stieß er auf einen Informationstext, der zum damaligen Zeitpunkt ganz frisch war. Es wurde beschrieben, dass vor wenigen Wochen die Möglichkeit zur Einreise nach Königsberg deutlich vereinfacht wurde. Das Visum würde unter bestimmten Voraussetzungen wegfallen. Wenn man eine Buchung in einem Hotel vorweisen konnte, durfte man sich bis zu 72 Stunden in der Stadt aufhalten. Christoph klatschte laut in die Hände; ein gefundener Deal, der uns die Einreise ermöglichen sollte und uns sogar die Visumgebühr sparen würde. Er buchte über eine Hotelsuchmaschine das günstigste Hotel für die Nacht und präsentierte Fahrer Adrian stolz die Ergebnisse. Dieser zuckte nur mit der Schulter, dachte sich ein »Wird schon stimmen.« und programmierte das Navi in Richtung Königsberg. Wir malten uns schon aus, wie wir die Stadt an der Ostsee besuchen und welche kulinarischen Höhepunkte uns erwarten würden. Dieser Trip war eigentlich nicht eingeplant und wir freuten uns umso mehr, waren aber gleichzeitig auch ein wenig aufgeregt. Denn es sollte unser erster richtiger Grenzübertritt in das Land werden. In Europa war zu Beginn unserer Reisekarriere schon überall Reisefreiheit und inzwischen muss man zum Glück in vielen Ländern auch kein Geld mehr tauschen.

Wir fuhren andächtig und ehrfürchtig auf die Grenze zu. Auto um Auto reihte sich ein, um unter einem riesigen Blechdach abgefertigt zu werden. Vor kleinen Hütten standen die Grenzer und warfen einen strengen Blick in die Pässe und in die Autos. Schließlich sollte es hier nach Russland gehen. Unser Puls stieg, als wir an die Reihe kamen. Ein großer Typ mit großer Mütze und bösem Blick schaute kurz in unsere Reisepässe. Wir legten die Buchungsbestätigung vom Hotel vor, die er keines Blickes würdigte. Nach wenigen Sekunden gab er uns unsere Reisepässe zurück. Wir schauten erst uns und dann den Reisepass an. Es gab keinen Stempel im Pass. So hatten wir uns die Einreise nach Russland eigentlich nicht vorgestellt. Wir wollten einen riesigen bunten Stempel im Pass haben, der uns zeigte: Wir waren da. Vorsichtig fragten wir beim Grenzer mit bösem Blick und großer Mütze nach, ob es denn möglich wäre, einen Stempel zu bekommen, auch wenn wir nur nach Königsberg reisen würden.

Er schaute zwar verdutzt, verstand aber unseren Wunsch. Er ging mit beiden Pässen in seine Hütte und setzte uns einen Stempel in den Pass. Bunt und groß war er allerdings nicht. Es war einfach nur ein kleines Auto drauf abgebildet. Das hätte wohl auch der Hausaufgabenstempel seiner Kinder sein können. Uns war es am Ende egal, wir hatten unsere erste »echte« Landesgrenze überschritten und freuten uns, endlich in Russland zu sein. Christoph jubelte, die Auskunft von der ominösen Internetseite stimmte und man benötigte kein Visum. »Siehste«, sagte er triumphierend zu Adrian. Dieser bemängelte zwar, dass auch die Hotelbuchung wohl unnötig gewesen wäre, weil der Grenzer sie keines Blickes gewürdigt hatte. Diese verlorenen 20 Euro waren uns den Spaß allerdings wert.

In unserer fröhlichen Stimmung sahen wir kurz nach dem Verlassen der Grenzanlage vor uns allerdings eine weitere Grenze auftauchen. Naiv, wie wir waren, dachten wir, dass nur ein paar Hundert Meter weiter die Lkws abgefertigt werden würden. Als wir uns jedoch wieder in die Auto-Schlange einreihen mussten, dämmerte uns langsam etwas. Wieder gab es dort ein großes Blechdach mit kleinen Hütten darunter. Diesmal war der Grenzer ein noch größerer Typ mit noch größere Mütze und noch böserem Blick. Er prüfte unsere Reisepässe und fragte nach dem Visum, das man für die Einreise nach Russland benötigen würde. Christoph lehnte sich vom Beifahrersitz hinüber und begann von der ominösen Internetseite zu berichten. 72 Stunden hier, eine Hotelübernachtung da. Man sollte uns doch bitte durchlassen, wir wollten unsere Königsberger Klopse essen wollen. Dem Grenzer mit dem bösen Blick entgleisten die Gesichtszüge und er musste laut lachen. So etwas hatte er noch nie gehört und er arbeitete schon lange an der Grenze. Wie wir uns einen solchen Schwachsinn denn ausdenken könnten, fragte er uns. Freundlich, aber bestimmt, gab er uns die Pässe zurück. Natürlich ohne Einreisestempel. Aber immerhin mit dem Hinweis auf den Kreisel gleich hinter der Kontrolle, der uns zurück nach

Polen führen sollte. »Nach Russland kommt hier heute niemand«, sagte er.

Warum erzählen wir diese Geschichte? Wir hatten in jungen Jahren einfach noch nie eine Grenzkontrolle erlebt und waren blauäugig hineingeraten. Für die Generation unserer Eltern war dieser Prozess auf dem Weg in den Urlaub ein ganz normales Vorgehen. Für unsere Generation, die Reisefreiheit gewohnt ist, stellt es ein kleines Hindernis dar. Immerhin haben wir wohl jetzt für immer den weltweit exklusivsten Ausreisestempel aus Polen im Pass, als Erinnerung und kleines Mahnmal die Reisefreiheit nicht als gegeben anzusehen.

Polnisch-Nesien – Fahrt niemals in die Masuren!

Wir standen jetzt wieder in Polen und hatten 72 Stunden Guthaben auf der Reiseuhr gewonnen. Nach Königsberg ging es ja nicht. Und so war es mal wieder Zeit, den Finger über der Karte kreisen zu lassen. Unsere Ziele: Wir wollten Störche sehen, ein bisschen Natur erleben und im besten Fall noch die Sonne genießen. Schnell fiel die Wahl auf Masuren.

Ein malerischer Landstrich im Nordosten Polens. Masuren ist bekannt für die atemberaubende Natur, glitzernde Seen, üppige Wälder und charmante Dörfer. Viele Familiengeschichten fangen hier an, denn viele Deutsche haben hier ihre Vorfahren. Dadurch sind auch immer noch viele deutsche Wörter in den Ortsnamen zu finden. Unendliche Wasserflächen und glitzernde Seen, die mit urigen Kanälen durchzogen sind, prägen diese Region. Wenn sich eine Tür schließt (wie eben an der Grenze), öffnen sich zwei andere. Unsere neue Tür führte nach Masuren und so entdeckten wir einen Teil von Europas ganz großen Naturgeheimnissen, um die wir sonst wahrscheinlich einen großen Bogen gemacht hätten. Unser neues Ziel war nun einstimmig Lötzen (polnisch Giżycko).

Wir hatten Zelt und Campingausrüstung dabei und suchten einen Campingplatz nah am Wasser. Der uralte und tief durchgebräunte Aufseher des Platzes saß am Eingang auf einem Plastikstuhl und bewachte die Schranke, die einfach nur ein alter Holzstamm war. Der Campingplatz lag direkt im Sonnenschein am Wasser zwischen zwei Häfen, in denen seicht die Boote schaukelten. Eine alte Drehbrücke verband den Platz mit dem touristischen Zentrum. Eine friedliche Stimmung lag über dem See und dem Campingplatz.

Für die drei Nächte, die wir bleiben wollten, knöpfte er uns pro Nacht 35 Cent ab. Wir witterten schon Betrug und fragten uns, was für einen Platz er uns denn geben würde: direkt an den Bahngleisen oder neben der Disco ? Doch er sah unser Erstaunen und erklärte seelenruhig, dass hier die Preise noch sehr gemäßigt waren, denn Massentourismus aus dem Ausland kannte man nicht. Wir waren schließlich fast 800 Kilometer von Berlin entfernt und auch nach Warschau benötigte man rund vier Stunden. Ein absoluter Traum für alle Naturliebhaber. Trotzdem witterte auch er plötzlich Geld und rief seine Tochter nach vorne. Nach kurzer Erklärung merkte auch sie, dass hier Geld zu holen war und der Preis erhöhte sich. Am Ende waren es 75 Cent pro Nacht, die wir bezahlen sollten. Ein gutes Geschäft für beide Seiten.

Wir schlugen unsere Zelte direkt am Wasser auf und merkten, wie immer mehr Jugendliche es uns gleich taten. Denn Lötzen war am Wochenende das große Ziel der polnischen Jugend. Wir wollten noch im Wörterbuch nachblättern, was Ballermann wohl auf Polnisch hieß. Hinter dem touristischen Zentrum wurde gerade eine Art Schützenfest aufgebaut und die ersten Open-Air-Discos testeten bereits, wer denn die größten Lautsprecher-Türme aufgebaut hatte. Wir hatten unsere nagelneuen, aber spottbilligen Einmann-Wurfzelte dabei, die wir erst ein paar Tage vorher günstig in einem Outdoor-Shop erstanden hatten.

Kurz zuvor in Danzig auf einem ähnlichen Campingplatz sorgten diese Zelte bereits für eine unangenehme Nachbarschaft. Auch hier lag der Campingplatz nah am Ostseestrand und war direkt neben einer Großraumdisko aufgebaut. Wir kamen spät auf dem voll belegten Platz an und suchten unter den Bäumen noch einen Ort, um unsere Zelte aufbauen zu können. Der Zeltaufbau ging schnell, doch Adrian reist seit vielen Jahren mit seiner Lieblings-Luftmatratze, die nur per Handpumpe aufgeblasen werden kann. Die Zelte waren neu, die Pumpe uralt und so kam bei jedem Stoß Luft zudem ein grausames Quietschen aus der Pumpe. Nicht die schönsten Geräusche, die man nachts auf einem voll besetzten Campingplatz erwarten würde. Da aber kaum eine Lampe in den Zelten brannte, vermuteten wir alle Bewohner in der nahen Disco.

Am nächsten Morgen jedoch das böse Erwachen: Wir waren auf dem Familien-Camping-Platz gelandet. Es brannten keine Lichter, weil die Familien schon schliefen oder es zumindest versuchten. Wir waren gerade dabei, zum ersten Mal unser Wurfzelt wieder zur Abreise zusammenzubauen, als der sichtlich übernächtigte Nachbar zu Adrian kam. »Junge, eigentlich hättest du dir für die Luftpumpen-Geschichte eine Backpfeife einfangen müssen«, sagte er sichtlich angefressen. Doch er wurde auf eine andere Art handgreiflich und erklärte uns den Zusammenbau des Zeltes – auch das ist eine Art polnische Gastfreundschaft. Mit hochrotem Kopf entschuldigten wir uns für die nächtliche Störung und zogen weiter.

In Lötzen am See war das schnell vergessen, denn hier tobte die Party bereits in den Nachbarzelten, sodass die quietschende Luftmatratze nicht weiter auffiel. Ein verrückter Kontrast zur unglaublich beschaulichen Natur drumherum. Denn sobald man das Epizentrum verließ, gab es Entspannung für die gestresste Urlaubs-Seele. Die Bootsmiete funktionierte hier nach der Devise »Kein Führerschein – kein Problem«. Dadurch fanden wir uns fix auf unzähligen Kanälen wieder, die verschiedene Seen verbanden.

Während wir uns mit dem Boot durch die verwunschenen Kanäle von Masuren bewegten, konnten wir nicht anders, als uns von der Magie der Region verzaubern zu lassen. Nachdem wir das aufregende Treiben der polnischen Jugend in Lötzen hinter uns gelassen hatten, tauchten wir ein in eine Welt unberührter Natur und grenzenloser Schönheit. Die lebhaften Open-Air-Discos und die quietschende Luftmatratze schienen plötzlich weit entfernt, als wir uns in die Stille der glitzernden Seen und duftenden Wälder begaben. Es war, als ob wir in eine andere Dimension eingetaucht wären, in der die Zeit stillstand und die Natur ihre eigene Symphonie spielte.

Das Boot glitt sanft über das kristallklare Wasser des ersten Sees. Das klare, türkisblaue Gewässer spiegelte den strahlend blauen Himmel wider, während sich das Sonnenlicht durch das dichte Blätterdach der alten Bäume am Ufer hindurchkämpfte und glitzernde Reflexionen auf die ruhige Wasseroberfläche zauberte. Der Duft von frischem Gras und blühenden Seerosen lag in der Luft, während das sanfte Rauschen des Schilfs und das gelegentliche Platschen eines Fisches die Stille durchbrachen, wenn wir den Motor stoppten und einfach nur dahinplätscherten.

Umgeben von einer malerischen Kulisse aus versteckten Buchten, kleinen Fischerhütten und idyllischen Stegen, schien die Zeit in Masuren stillzustehen. Während wir die zahllosen Kanäle erkundeten, die die verschiedenen Seen miteinander verbanden, tauchten wir immer tiefer in die unberührte Schönheit der Region ein. Hier waren wir umgeben von einer atemberaubenden Vielfalt an Tier- und Pflanzenarten. An einer kleinen Bar, an der wir Pause machten, berichtete man uns stolz von den majestätischen Elchen, die durch die Wälder streiften, während Biber geschickt ihre Behausungen bauten und Vögel mit ihrem melodischen Gesang die Luft erfüllten. Es war ein Ort, an dem man dem Alltagsstress entfliehen und sich in der Ruhe und Gelassenheit der Natur verlieren konnte. Stundenlang hätten wir auf dem Boot verbringen können, immer tiefer in die zauberhafte Welt von Masuren eintauchend, und dabei gleichzeitig die pulsierende Energie des Ballermanns weit hinter uns lassend. Diese unvergleichliche Naturschönheit wird für immer mit unseren Erinnerungen an Polen verbunden sein – ein wahrhaft polnisches Paradies, das unsere Vorstellung von einer perfekten Naturidylle neu definierte. Polnisch-Nesien statt Polynesien also. Wir müssen zum Ende noch die Überschrift erklären. Fahrt niemals »in die Masuren«. Nachdem wir in unserem Podcast aus Versehen mal die Präposition und den Artikel vor dem Wort Masuren gebraucht hatten, kam Post per Instagram. Diese erklärte, man könne nur nach Masuren fahren. Es geht schließlich nicht nach Provence oder auf die Toskana. Wieder was gelernt – trotzdem schön da.

Höhepunkte in Polen

Besuch doch mal die Nachbarn. Neben der beschriebenen Seenlandschaft hat das Land viele weitere Höhepunkte zu bieten. Hier eine kleine Auswahl:

Warschauer Altstadt: Ein perfekter Ort für den nächsten Wochenend-Trip. Coole Cafés wie in Berlin-Mitte gibt es inzwischen genauso zu finden wie traditionelle Restaurants. Wer sich fragt, warum die Warschauer Altstadt aussieht wie eine hübsche Filmkulisse, findet die Antwort in der bitteren Vergangenheit: Während des Zweiten Weltkriegs wurde Warschau zu 90 Prozent zerstört. Kurz nach der Befreiung begann der Wiederaufbau.

Langgasse, Danzig: Die Frage in jeder Polen-Disco: Danzig oder Danzig nicht? Auf der Flaniermeile der Hansestadt an der Ostsee gibt es eine Menge zu entdecken. In den schönen Kaufmannshäusern befinden sich heute Cafés, Restaurants, Galerien, Souvenir- und Bernsteingeschäfte. Wer das berühmte Bernsteinzimmer nicht findet, kann auch einen Ausflug zur Westerplatte machen. Hier begann der Zweite Weltkrieg.

KZ Auschwitz: Vielleicht der bedrückendste Ort in ganz Europa, trotzdem sagen wir auch im Podcast immer wieder: Es ist einer der Orte, die man als Deutscher einfach gesehen haben muss. So viel Kloß im Hals gibt es sonst nirgendwo. Mit Glück stößt man auf einen qualifizierten Guide, der einen die grausame Geschichte einfühlsam vermitteln kann.

»BUNA ZIUA« RUMÄNIEN

Rumänien ist ein Land voller Kontraste und Schönheit, das viele unterschiedliche Landschaften und Kulturen in sich vereint. Im Norden des Landes befinden sich die majestätischen Karpaten, die mit ihren schneebedeckten Gipfeln und tiefen Tälern eine beeindruckende Kulisse bilden. Im Süden des Landes erstrecken sich sanfte Hügel und weite Ebenen, auf denen sich Felder und Wiesen bis zum Horizont erstrecken. Hier findet man auch das Donaudelta, eine einzigartige Naturlandschaft mit unzähligen Kanälen und Seen, die von einer unglaublichen Vielfalt an Tieren bewohnt wird. Trotzdem ist Rumänien wohl eins dieser Länder, die nicht unbedingt ganz oben im Ranking der nächsten Reiseziele stehen. Warum eigentlich? Liegt es am Image? Für uns war die Tour speziell und verfolgt uns aus dem Podcast noch bis heute. Christoph zog in der Folge damals das Fazit, dass Rumänien vielleicht nicht sein Lieblings-Reiseland werden würde. Auch viele Jahre nach Veröffentlichung der Folge bekam er für diese Aussage viel Post in den Sozialen Medien, die Unverständnis hervorriefen. Was war passiert?

Auf dem Hippie-Trail nach Vama Veche

Wir hatten Bukarest relativ schnell verlassen. Im Sommer ist die Stadt mit viel Beton und viel Party in der Innenstadt nicht unbedingt das, wofür man seine hart ersparten Urlaubstage aufbrauchen will. Die Infrastruktur in der Stadt ist oft veraltet und es gibt einige Stadtteile, die als weniger sicher gelten. Der Verkehr kann zu Stoßzeiten sehr chaotisch sein und es gibt oft Probleme mit der Luftverschmutzung. Denn in Rumäniens Hauptstadt bewegt sich viel auf motorisierten Rädern fort. Radfahren im Sommer ist nicht das größte Vergnügen, was man haben kann.

Den Blick auf den riesigen Parlamentspalast wollten wir uns dennoch nicht entgehen lassen. Es ist ein Gebäude ohne Ende und Anfang, wie es scheint. Ein bisschen Schloss Versailles hier, ein bisschen übermäßiger Beton da. Innen soll es über 5.000 Räume geben. 3.000 davon sind Zimmer, der Rest sind Hallen und Flure – Größenwahn auf Rumänisch. Wenn im Landesfernsehen Aufnahmen von Politikern gezeigt werden, die für eine Ansprache vors Mikrofon treten, können sich die folgenden Sendungen frei nach Thomas Gottschalk schon mal verzögern, so lang sind die Wege im Inneren durch Flure, Hallen und Treppenhäuser.

Zeit für uns, unsere Wege aus der Stadt in Richtung Strand zu planen. »Ihr müsst nach Vama Veche am Schwarzen Meer«, sagten uns andere Backpacker, die gut gebräunt und entspannt gerade wieder zurück in der Hauptstadt waren. Sie versprachen uns eine Hippie-Hochburg, gepaart mit Backpackern und Sonnenschein. Goa in Europa. Wir malten uns die schönsten Sonnenuntergänge aus und konnten uns mit Glück noch einen Zug am Nachmittag sichern. Eine Bleibe wollten wir wie immer vor Ort sichern.

Wir lungerten am Bahnhof in Bukarest herum. Der »Bahnhof Bukarest« sieht genau so aus, wie man ihn sich beim Hören der Worte vorstellt. Ein riesiger Klotz, mitten in der Stadt. Meterhohe Betonsäulen tragen das Vordach. Taxis und Mopeds drängeln sich hupend vor dem Gebäude, immer auf der Jagd nach dem nächsten Fahrgast. Wer meint, die verrücktesten Typen aus der U8 in Berlin nach einem Party-Marathon schon alle gesehen zu haben, dem sei dieser Ort ans Herz gelegt. Das offizielle Bahnhofsklo war gleichzeitig der Waschraum für eine Arztpraxis, die direkt nebenan lag. In voller OP-Montur betrat der behandelnde Arzt die Toilette. Die Wörter »Desinfektion« und »Händewaschen« wollen wir an dieser Stelle besser nicht verwenden. Viel Wasser kam nie aus dem Hahn, der Seifenspender war eine Farce und die Gerüche waren genauso, wie man es sich jetzt denken kann.

Vor dem Bahnhof hatte ein junger Mann, augenscheinlich direkt von einer Party gekommen, die Zeit seines Lebens. Er hatte lange Haare und war nur noch mit einer knappen Boxershorts bekleidet. Zu der Musik aus seinem Handy wusch er sich ausgiebig im Brunnen vor dem Bahnhof, aus dem ein leichter Chlorgeruch zu uns herüberwehte und feierte in der prallen Sommerhitze einfach weiter. Immer wieder warf er seine Haare nach hinten, um eine lustige Wasserfontäne zu erzeugen. Er hatte an dem ganzen Schauspiel wahrscheinlich genauso viel Spaß wie wir.

Im Zug selbst setzte sich die Party Richtung Strand fort. Schlechte Luft, gute Stimmung, denn alle wollten ans Meer. Der Zug war rappelvoll. Gefühlt saßen sogar in den Gepäckfächern über den Köpfen Menschen. Zu diesem Zeitpunkt hätte uns schon dämmern können, dass in Vama Veche etwas im Busch war. Draußen 35 Grad, drinnen eher mehr. Eine Klimaanlage war Fehlanzeige, zumal wir zwischen den Abteilen sitzen/stehen/liegen mussten und keinen Sitz mehr ergattern konnten. Es ratterte, als der Zug über die Gleise fuhr, und da verschiedene Waggons aneinander gekoppelt waren, strömte die Hitze von draußen zu uns in den Zwischenbereich. Das metallische Klappern der Schienen ging durch Mark und Bein.

»Können wir nicht mal ein Fenster öffnen?«, fragte Adrian den Abteilchef, während ihm der Schweiß in Strömen den Rücken herunterlief. Der Wunsch wurde pragmatisch erfüllt. Mit zwei gekonnten Griffen entriegelte er den Sperrmechanismus der Türen. Statt »Fenster auf«, hieß es dann »Tür auf«. Frische Luft für uns und endlich Zeit zum Rauchen für die Umstehenden.

Am späten Nachmittag erreichten wir Vama Veche nahe der bulgarischen Grenze und mussten feststellen, dass Goa in Europa schon eine relativ gute Beschreibung war. Die Straßen von Vama Veche sind mit Sand bedeckt und die meisten Gebäude sind aus Holz gebaut. Die unbeschwerte Atmosphäre im Ort war von der Schönheit der Küste und der entspannten Haltung der Einheimischen geprägt. In jedem Hinterhof und am Strand zelteten die Menschen. Alte Camper-Vans standen am Straßenrand und über allem lag dieser Duft von frisch geräuchertem Marihuana-Gras. Vielleicht der extraordinärste Eindruck, den man von Rumänien haben konnte. Eine tolle Atmosphäre!

Doch die vielen Leute stellten uns nicht nur im Zug bei der Sitzplatzwahl auf eine harte Probe: Vor Ort gab es kein Zimmer. Normalerweise findet sich in den osteuropäischen Ländern immer eine Unterkunft und sei es nur ein Gästezimmer auf dem Dachboden. Doch erneut, in aller Deutlichkeit: Es gab kein Hotel. Auch wenn wir unsere Reisekasse gesprengt hätten. Diese Situation hatten wir auf all' unseren Reisen noch nie. Wir standen nach einer unruhigen Nacht in Bukarest jetzt wortwörtlich auf der Straße.

Wir klingelten verschiedene Hotels und Pension ab und hofften auf freie Plätze durch nicht anreisende Gäste. Während um uns herum die Party in vollem Gange war und aus den Bars laute Musik und angeheiterte Menschen strömten, schleppten wir uns von Tür zu Tür. Das Festival lockte nicht nur aus Rumänien die Feierwütigen an, auch aus dem nahen Bulgarien kamen die Gäste. Kurzum: nicht mal in einem Stall vor den Toren der Stadt hätte es eine Bleibe gegeben. Da langsam die Sterne (nicht die über Bethlehem) auftauchen, beschlossen wir, all unser Hab und Gut bei einer netten Rezeptionistin einzuschließen und am Strand zu schlafen.

Ganz einverstanden waren wir mit dieser Entscheidung nicht und diskutierten lautstark und ziemlich genervt vor der Rezeption. Wer schon mal in einem Hippie-Ort voller Party-Touristen war, kann sich vorstellen, dass es keine ruhige Nacht geworden wäre. Fremde Hände am Körper sollten doch lieber die in dieser Nacht spüren, die auch dafür hierhergekommen waren. Wir wollen eigentlich in Ruhe Schlaf finden, da die Transport-Strapazen aus dem Zug auch schon den ein oder anderen Kopfschmerz verursacht hatten.

Rettung nahte durch die besagte Rezeptionistin. »Ich habe das was für euch«, flüsterte sie verschwörerisch und gebot unserer lautstarken

Diskussion Einhalt. Über drei Ecken und vier Telefonanrufe später hatte sie uns noch eine Bleibe in einem Hotel organisiert. Einen Taxifahrer gab es gleich noch dazu. Doch die drei Ecken hatten etwas von einem Stille-Post-Prinzip. Aus dem angekündigten Drei-Sterne-Hotel wurde ein sich im Umbau befindendes Hotel, das von Security Mitarbeitern »verwaltet« wurde.

Beim Eintreten ins Foyer wurden wir nicht von diesen typischen Hotel-Mitarbeitern begrüßt, sondern von drei voll tätowierten und muskulösen Türstehern, die auch im nahen Club für Ruhe und Ordnung hätten sorgen können. Auf dem Tisch lagen neben einer Menge Zigaretten und einem Kartenspiel auch noch drei Pistolen.

Wir waren schon angekündigt. Aber auch hier schlug das Stille-Post-Prinzip wieder zu: Statt 20 Euro wie besprochen, wollte man plötzlich 100 Euro von uns haben. Wir beschlossen, unsere Verhandlungsintensität auf ein Minimum zu reduzieren. Da drei Gegenargumente auf dem Tisch lagen, einigten wir uns auf 40 Euro und konnten schließlich unser Zimmer beziehen.

Betten ohne Kissen und Decke, braunes Wasser aus dem Wasserhahn und kein Strom erwarteten uns. Vielleicht wäre die Nacht am Strand doch entspannter gewesen. Wir sicherten die Tür mit einem Schrank, den wir wie in einem schlechten Horrorfilm vor die Tür schoben. Das war wahrscheinlich eine der ungewöhnlichsten Nächte, die wir auf dem Balkan hatten. Am Ende sollte aber alles gut gehen. Am nächsten Morgen konnten wir gefahrlos auschecken. Eine Bewertung auf einer Hotelbuchungsplattform sparten wir uns aber.

Die besten Festival-Regionen der Welt WELTTOURNEE-TIPP
Zelt einpacken und ab in den Matsch ist oft eine Deutsche Tradition. Wir haben im Ausland oft andere Arten von Festivals kennengelernt. Viele sind stadtnah gelegen. So hat man gleich noch einige Sehenswürdigkeiten dabei, wenn man auf die nächsten Acts wartet.

Region Budapest, Ungarn: Im Sommer kommt der Festival-Zirkus nach Ungarn. Beim »Sziget« wird auf einer Donauinsel eine Woche durchgetanzt. Luftmatratze und Zelt benötigt hier niemand. Man bucht sich einfach ein Zimmer in Budapest und folgt am Abend der bunten Masse entlang der Donau. Wer es etwas wilder mag, fährt mit dem Zug raus aus der Stadt an den Plattensee. In Zamárdi wird jedes Jahr am Ufer das »Balaton Sound« und etwas später das »Sound« aufgebaut.

Barcelona, Spanien: Das Forum ist eine riesige Veranstaltungsfläche ganz am Ende der Stadt. Im Frühling erobern Skateboarder die Betonflächen. Im Sommer zieht der Festival-Zauber ein. Verschiedene Bühnen stehen direkt am Meer und locken die größten Stars der Welt ans Mittelmeer. Beim »Primavera Sound« platzt die ganze Stadt aus allen Nähten. Etwas beschaulicher ist das »Cruilla« an gleicher Stelle. Mit etwas Glück findet auch im »Poble Espanyol« ein Festival statt. Dort ist ein spanischer Dorfplatz nachgebaut, nebst Bühne.

Dänemark: Im Norden einmal ganz anders feiern. Ein echter Geheimtipp ist das »Northside« in Aarhus. Ein komplett vegetarisches und ziemlich nachhaltiges Festival in Stadtnähe. So viele Fahrräder wie hier haben wir auf noch keinem Festival der Welt gesehen. Viele internationale Stars kommen auch zum »Roskilde« vor den Toren von Kopenhagen. Wenn im Sommer die Sonne kaum untergeht, macht das Flanieren vor den Bühnen noch mehr Spaß.

Biss zum Donaudelta

Wir waren seit unserer Tour nach Masuren in Ostpolen Fans von außergewöhnlichen Naturgebieten. In Rumänien empfahl man uns, das Donaudelta anzuschauen. Wir hatten reichlich Mückenspray im Gepäck und machten uns mit dem Zug auf den Weg nach Tulcea, den Einstiegspunkt für Reisen ins Delta. Wie Rom liegt Tulcea auf sieben Hügeln. Allerdings wurde hier weniger Weltgeschichte geschrieben und die Touristen kommen hier meist nur für einen kurzen Stopp mit einer Donaukreuzfahrt vorbei.

Vom Bahnhof waren es nur wenige Schritte bis zu den Anlegern der verschiedenen Schiffe. Das Donaudelta ist über 5.600 Quadratkilometer groß und – nach dem Wolgadelta – das zweitgrößte Flussdelta Europas. Es bietet einen wichtigen Lebensraum für über 300 Vogelarten und es wurden hier fast 5.000 Tier- und Pflanzenarten katalogisiert. Dies ist besonders beeindruckend, da das Ökosystem während der kommunistischen Ära stark zerstört wurde.

Das Delta östlich von unserem Startpunkt in Tulcea ist ein weitverzweigtes Netz aus Wasserstraßen, Kanälen, Seen, Flussläufen, Sümpfen, Flussinseln, schwimmenden Inseln, Deich- und Dünenlandschaften. Daher sind die Dörfer größtenteils nur auf dem Wasserweg erreichbar und die Anbindung an das Straßennetz, die Trinkwasser- und Stromversorgung sind schwierig. Über den Spruch am Bahnhof »Nehmt euch was zu Essen mit«, konnten wir noch schmunzeln.

Wir hofften natürlich, dass auch in den kleinen Dörfern Supermärkte oder kleine Shops für den täglichen Bedarf geöffnet hatten. Doch wir sollten schnell eines Besseren belehrt werden. Es gab nur allerkleinste Tante-Emma-Läden und viele von diesen hatten in den Sommermonaten nur sporadisch geöffnet.

Die wenigen Menschen, die noch dauerhaft im Delta sind, leben hauptsächlich vom Fischfang, ein wenig Landwirtschaft und Viehzucht oder vom Tourismus während der kurzen Sommersaison. Im Winter wird Schilf geerntet, das oft nach Westeuropa exportiert wird, um zum Beispiel Reetdächer auf Sylt oder Texel zu decken. Schulen und Ausbildungsmöglichkeiten sind rar, sodass viele in die größeren Städte Sulina und Tulcea ziehen oder das Delta ganz verlassen.

Nach anstrengenden Stunden in Bukarest und beim Hippie-Fest in Vama Veche, wollten wir nun ein wenig Ruhe in der Natur verbringen.

Diesmal buchten wir unsere Unterkunft schon vor der Anreise und freuten uns auf »Carmens Hotel«, abgelegen auf einer Landzunge am Sulina-Arm, einem kleinen Nebenfluss der Donau. Google Maps sagte uns, dass Maliuc ein kleines Dorf mit Supermarkt und Co. drumherum sein sollte. Perfekt für ein paar Tage Auszeit! Die Fähre von Tulcea, die in der Region den Nahverkehr bedient, spukte uns auf besagter Landzunge aus – der Hilfsmatrose winkte uns noch freundlich zu. Wir waren die Einzigen, die das Boot an dieser Stelle verließen.

 Doch außer Hotel und dem oft geschlossenen Tante-Emma-Laden gab es nur vereinzelt ein paar Häuser, die sich an einer gepflasterten Dorfstraße sammelten. Die Räder der Kutschen, die noch durch den Ort zogen, hatten tiefe Furchen in die Straße gedrückt. Ein paar Hühner liefen die Feldwege entlang, ein paar Plattenbauten standen hinter Bäumen und ansonsten gab es nur das Schild, das auf die seltenen Fährfahrten hinwies. Wir hörten noch das Brummen von unserer Fähre und sonst nicht viel. Eigentlich ein perfekter Lost Place.

Nach ein wenig Herumfragen wurde uns klar, dass einer dieser Plattenbauten das besagte Hotel war. Nach unserer Horror-Erfahrung am Schwarzen Meer nahmen wir den Bau fast freudestrahlend an. Was uns durch diesen Trip ans Ende von Europa allerdings auch klar wurde: In völlig abgelegenen Regionen, auch wenn die nächste Großstadt nur eine Fährfahrt entfernt liegt, lohnt sich ein wenig mehr Vorbereitung. Denn statt Supermarkt waren wir ab jetzt auf die Kochkünste des Hotels angewiesen. Unser Bargeld würde ebenfalls nicht reichen und der Internet-Empfang im Hotel war auch nicht der Stabilste.

Obwohl es von Tulcea aus viele organisierte Fahrten ins Delta gibt, erfordert eine solche Tour mitten hinein ins Nirgendwo etwas Selbstorganisation und viel Nachfragen, um unabhängiger und individueller unterwegs zu sein. Es gibt keine Touristeninformationen, aber in der Regel kennt jeder jemanden, der jemanden kennt und weiterhelfen kann.

Die Abgeschiedenheit hatte ihren Reiz. Es gab wenige Gäste im Hotel. Auf der überdachten Veranda stand eine alte Tischtennisplatte. Ein paar antike Sessel waren aufgereiht und nur zwei weitere Gäste sah man den Tag über. Auch die Kinder der Chefin halfen an allen Ecken mit. Einer saß hinter der Rezeption und spielte FIFA, viel Check-in und Check-out war nicht zu tun. Das Hotelleben hier lief nach den Zeiten der Fähre. Mit einer von ihnen hatte anscheinend auch der Koch das Hotel vor einiger Zeit verlassen. Die große Küche stand leer und so gab es für uns in den nächsten Tagen hauptsächlich Toastbrot und Spiegeleier – zum Frühstück, Mittag- und Abendessen. Denn das bekamen auch die Hilfsköche, sprich die Kinder, schnell zubereitet.

Adrian schlug vor, eine Tour ins Delta zu unternehmen und versprach, nach einem Angelausflug mit Fisch für alle zurückzukehren. Es ist uns bis heute ein Rätsel, wie man in diesem Gewirr an Wasserwegen, die für uns alle gleich aussahen, den richtigen Weg findet. Mit einem kleinen wendigen Boot erkundeten wir die Seitenarme und kleinen Kanäle. Immer wieder mussten wir uns ducken, weil lange Äste von den Bäumen ins Wasser ragten. War eben noch dichtes Gestrüpp angesagt, war nach der nächsten Biegung der Blick frei auf eine schier unendliche Wasserlandschaft. Durch die flache Sitzposition wusste man gar nicht genau, wann das Wasser aufhört und der Horizont anfängt. Über uns kreiste ein Seeadler und immer wieder tauchten Pelikane auf. Wahrscheinlich wollte auch sie ihr Abendessen aufbessern.

Die weiten Seen wechseln sich mit Flüssen ab, immer durchzogen von Auwäldern, Sümpfen, Schilfinseln und rissigen Seerosenteppichen, dazwischen immer wieder Angler, die wie wir auf den ganz großen Fang hoffen. Viele von ihnen leben in kleinen Hütten, erklärte uns unser Kapitän. Um jetzt mal die Spannung aus der ganzen Sache zu nehmen: Es gab am Abend wieder Toastbrot und Ei.

Diese Ecke ist ein Traum für alle Aussteiger, denen Vama Veche zu laut wird. Schon damals lernten wir einen von ihnen kennen. Ein junger Mann aus Deutschland saß mit einem älteren Laptop auf der Terrasse des Hotels. Während wir uns auf einer schiefen Tischtennisplatte die Bälle um die Ohren schlugen, handelte er mit Bitcoins. Oft saßen wir auf den Sesseln neben ihm und beobachteten, wie er Tabellen und

Kursverläufe prüfte und immer wieder mit Klicks einen Handel auslöste. Zu dem Zeitpunkt war der Bitcoin-Handel in etwa so weit verbreitet wie der Handel mit UFO-Zubehörteilen. Wir schauten ihn oft fragend an, als er uns abends die Vorteile von Blockchain und Co. erklärte. Sollte es dieser Mann durchgehalten haben, wird er sich wahrscheinlich die Halbinsel samt »Carmens Hotel« gekauft haben.

Statt Blockchain gab es für uns alte vergilbte Reiseführer im Hotel. Immer wieder tauchte unter ihnen die Ukraine auf. Sie lag schließlich nur einen Steinwurf vom Hotel auf der anderen Flussseite. Es sollte doch kein Problem sein, dort hinzukommen – oder?

Asien Am Straßenrand in Thailand gibt es viel zu entdecken.

Asien In jungen Jahren geht es hoch hinaus. Das Marina Bay Sands Hotel hat die schönsten Ausblicke auf Singapur.

Schweiz Mit viel Tunnels und Geleisen – am Ende der Fahrt vom Glacier-Express wartet die Aussicht aufs Matterhorn.

Asien Was im Handgepäck nie fehlen darf: Mückenspray. Adrian hat's erwischt.

Schweiz Auch im Bernina-Express lässt sich ein Reisepodcast aufnehmen, mit schönsten Aussichten.

Albanien Ein Kaffee für die Jungs, die eine Tour durch die Region Valbona im Reisebüro buchten ...

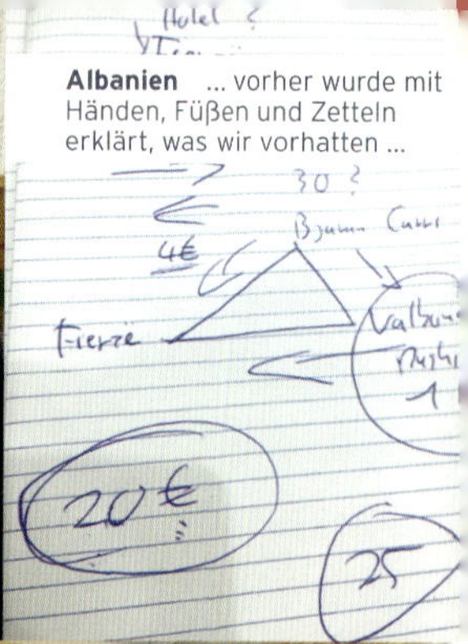

Albanien ... vorher wurde mit Händen, Füßen und Zetteln erklärt, was wir vorhatten ...

Albanien ... am Ende saßen wir im Auto vom Onkel und erlebten die schönsten Alpen-Regionen.

Kosovo Ein schnelles Abschiedsfoto von der seltsamen Herberge, die uns unsere Bekanntschaft vermittelt hatte.

Asien Wer wohl das Taxi auf den Victorias Peak bezahlt hat? Am Gesichtsausdruck leicht zu erkennen.

Asien Sieht aus wie Lissabon in Portugal, ist aber Macau. Die Portugiesen hinterließen hier ihre Einflüsse, auch beim Fußball?

Guatemala Manchmal geht es nur auf der Ladefläche eines Lkws weiter.

Asien In einer ominösen Seitenstraße in Macau entstand das Foto für unseren Reisepodcast.

Nicaragua Kulinarisches Highlight: Ein halbes Hähnchen, serviert in Bananenblättern.

Nicaragua Noch gibt es etwas zu lachen in Granada. Ab Abend wandelt sich die Stadt.

Mexiko ... im Polizei-Auto begannen zähe Verhandlungen über die Freilassung ...

Mexiko Da war es passiert. Christoph wird in Mexiko-Stadt von der Polizei einkassiert ...

Montenegro Katzenjammer in Kotor. Es ist kein Zimmer zu finden.

Mexiko ... um einige Dollar ärmer erlebten wir zum Glück noch den Sonnenaufgang in Freiheit.

Asien Von unserem neuen »Freund« Uu eingeladen zum Abendessen im Kreise der Familie. Die Rechnung folgte auf dem Fuß.

Rumänien Das schönste Freiluft-
Kino in Bukarest – der Hauptbahnhof
spuckt allerlei seltsame Typen aus.

Ukraine Kopf aus dem Fenster und den Sonnenuntergang
auf der Fahrt genießen.

Ukraine Für 70 Cent
buchten wir einen
Nachtzug von Ismajil
nach Odessa.

Ukraine Lost-Place in Tschernobyl,
ein alter Jahrmarkt ist noch zu sehen.

Aserbaidschan Am Grenzübergang aus den Windeln gewachsen.

Georgien Schnaps und etliche »Durstlöscher« gehören zu einem Abendessen mit einem »Tamada« einfach dazu.

Kroatien Statt Touristen-Trubel in Dubrovnik gab es für uns die besten Geschichtsstunden bei Opa Nico auf der Terrasse.

Slowakei Das alte Welttournee-Motto: »Von Tschechien bis zum Kosovo - immer wieder Bordbistro!«

Welttournee Aus den Geschichten aus diesem Reisepass entstand dieses Buch.

Asien Deutsches Musikgut im Hostel in Taiwan

Norwegen Mit Jedermannsrecht einfach in allerschönster Natur zelten.

Asien Hinter den Kulissen der schönen Fotos: der Insta-Boyfriend-Felsen in Taiwan

Südafrika Podcast-Produktion mit Aussicht auf den Tafelberg

Zypern Automatisches Einreise- oder Fahndungsfoto? Auf Zypern ist man da nie so sicher.

Argentinien Straßenszene in Buenos Aires

Portugal Aussicht auf die Algarve

Deutschland Urlaub vor der Haustür – wie in Dessau.

»PRIVIT« UKRAINE

Wenn es in Interviews zum Podcast um unser Lieblingsland geht, kommen wir meist schnell auf die Ukraine zu sprechen. Es war eines der Länder, die uns am meisten überrascht hatten. Natürlich haben wir uns Gedanken gemacht, ob wir im Zuge des zu verurteilenden Angriffskrieges in einem Buch über Reisegeschichten das Land behandeln sollten. Die Antwort ist ein klares und lautes »Ja«, denn das Land und seine Bewohner haben uns unglaublich begeistert. So bleibt vorerst nur die Hoffnung, dass Reisen bald wieder möglich ist. Bis dahin schwelgen wir weiter in Erinnerungen.

Kein Stempel – (k)ein Problem

Wer die Kapitel zu Rumänien gelesen hat, weiß jetzt, dass wir ein klitzekleines bisschen froh waren, aus dem Land zu kommen. Doch auch hier stellte sich mal wieder die Frage: Wie hereinkommen? Beim Blick auf die Karte wirkt der Übertritt ganz einfach. Rumänien und die Ukraine grenzen an der Donau direkt aneinander und teilen sich eine lange Grenze. Da sollte mit einer schnellen Fährfahrt das Problem der Einreise doch schnell erledigt sein.

»Wird schon klappen«, dachten wir uns und wollten früh am Morgen in Tulcea auf der rumänischen Seite eine Fährüberfahrt buchen. Das ukrainische Ismajil lag schließlich fast genau gegenüber.

Am Infoschalter, der gleichzeitig die Touristeninformation war, gab es nur Gelächter und Kopfschütteln: »Jungs, ihr müsst durch Moldawien«, sagte man uns. Ratlose Gesichter auf allen Seiten. Doch irgendwie musste die Reise weitergehen. Wir ließen uns helfen und saßen plötzlich in einem Minibus nach Galati, eine Stadt rund 80 Kilometer Donauaufwärts. Wir sollten während der drei Stunden ruckeliger Fahrt nun genug Zeit haben, uns durch alte Lonely-Planet-Ausgaben und diverse Foren-Einträge zu forsten, um eine Möglichkeit zu finden, in die Ukraine einzureisen.

»Ich habe hier eine Grenzstation gefunden, sie nennen ihn allerdings in etwa den vergessenen Übergang«, sagte Adrian, als er aus den Weiten des Internets wieder auftauchte. Nicht die vertrauenswürdigste Möglichkeit, eine Grenze zu überqueren, doch anscheinend unsere einzige Chance. Mangels Alternativen nahmen wir uns des Weges der Schmuggler an. Bevor wir Galati erreichten, ging es noch auf eine etwas angerostete Fähre, die uns auf die andere Donauseite brachte. Der Minibus spuckte uns auf der anderen Seite wieder aus und auch hier wünschte man uns viel Glück, denn der Fahrer hatte ebenfalls mitbekommen, was wir vorhatten. Wir sollten nicht wissen, dass jetzt die verrückten Gegebenheiten erst begannen.

Zur Grenze waren es ungefähr 20 Kilometer. Ein Minibus in die Richtung war nicht aufzutreiben und wir setzten uns in ein Taxi, das wie die Fähre seine besten Jahre schon hinter sich hatte. Dann begann die Szene, die in jedem Film vom Regisseur gestrichen werden würde – zu unrealistisch.

Auf einer Brücke im Industriegebiet platzte dem Taxi ein Reifen. Keine Panik, schneller als 30 Kilometer pro Stunde konnte man aufgrund der holprigen Straßen ohnehin nicht fahren. Der Taxifahrer fluchte und ließ seinen Wagen langsam auf der Brückenabfahrt ausrollen. Wir stellten uns auf eine weitere Nacht in Rumänien ein. Es war inzwischen früher Nachmittag. Wie sollten wir aus einem Industriegebiet wieder in die Zivilisation kommen?

Die Lösung lag wie so oft direkt vor uns. Am Fuß der Brücke befand sich der wohl größte Reifenhandel ganz Galatis. Der Fahrer lief hinein, kannte anscheinend den Chef und in wenigen Minuten wurde der Reifen getauscht. Zwei Handschläge und zwei Geldscheine später war alles erledigt.

Einen solchen Zufall hatten wir schon mal erlebt, in etwas anderer Ausführung. In Jordanien waren wir gerade auf dem Weg von der Hauptstadt in Richtung Felsenstadt Petra – eine 250-Kilometer-Tour durch die Wüste. Auch da platzte unserem Minibus ein Reifen. Das Geschrei im Fahrzeuginneren war deutlich größer, denn es passierte auf einer Landstraße mitten in der Wüste. Doch auch hier war der nächste Reifenhandel keine 50 Meter entfernt auf der anderen Straßenseite.

Doch jetzt weiter in Rumänien. Wir mussten schließlich noch über die vergessene Grenze. Der Taxifahrer konnte mit seinem Gefährt leider nur in Rumänien bleiben und spuckte uns am ersten Parkplatz aus. Inzwischen hatten wir schon die ein oder andere Grenzerfahrung hinter uns und wollten uns zu Fuß über die Grenze machen. Doch diesmal gab es eine kleine Besonderheit. Diese erste Grenze nach Moldawien durfte man nur auf Rädern überqueren. Hätten wir uns einen Elektroroller gemietet: kein Problem. Wären wir auf Inline-Skates gekommen: kein Problem. Doch zu Fuß war der Übergang nicht möglich. Egal, wie sehr wir verhandelten, der Grenzer blieb hart und wies immer wieder auf die Hinweisschilder hin. Unser Taxifahrer war schon lange wieder auf dem Weg zurück in die Stadt und uns blieb nur eine Sache, die seit einigen Jahren eigentlich ausgestorben schien: trampen.

»Wer will zwei unrasierte Backpacker schon mitnehmen?«, fragten wir uns und sahen eigentlich keine Chance, an diesem Tag noch über die Grenze zu kommen.

Doch der Balkan ist anders. Schon das dritte Auto stoppte, hörte sich unsere Geschichte an und mit einer kurzen Kopfbewegung deutete man uns an, hinten auf der Rückbank Platz zunehmen. Eine Wohltat, es war an diesem heißen Sommertag das erste Fahrzeug mit einer Klimaanlage und wir sahen uns elegant schon auf dem Weg in die Ukraine. Der Grenzübergang klappte ohne große Probleme, und wir befanden uns in Moldawien. Nach rund einem Kilometer kam allerdings ein Kreisel.»Jungs, ich muss euch hier leider hinausschmeißen«, erklärte uns der Fahrer die Vertreibung aus dem klimatisierten Paradies. Er war auf dem Weg in die Hauptstadt Chişinău und musste links abbiegen. Unsere Route sollte allerdings weiter geradeaus gehen. Uns blieb nichts weiter übrig, als unsere Sachen zu packen und durch moldauische Felder zu stapfen.

Der Zauber des Trampens funktionierte an dieser Stelle nicht, denn diese Strecke zum vergessenen Übergang nahmen meist nur große Lkws. Bis die zum Stehen gekommen waren, waren wir schon fast am Ziel. Es fehlten uns laut der Straßenschilder nur knapp zwei Kilometer.

Durchgeschwitzt, aber glücklich kamen wir am späten Nachmittag schließlich am Grenzübergang zur Ukraine an. Das Erstaunen der Grenzer werden wir nie vergessen. Zu Fuß gehende Rucksackreisende, die auf dem Weg in die Ukraine waren, hatten sie wohl noch nie gesehen. Dass sie uns nicht nach einem Foto fragten, welches sie in den Aufenthaltsraum hängen würden, war die einzige Überraschung. Man war hier wirklich nur gewohnt, große Lkws und ganz vereinzelt Autos abzufertigen. Voller Aufregung wurden schnell unsere Rucksäcke kontrolliert und unsere Pässe geprüft. Jeder Grenzer nahm sich freundlich aufgeregt einen von uns vor, um ihn in die Ukraine zu begleiten. Wir fühlten uns wie echte VIPs. Wahrscheinlich der aufregendste Übergang, zwar nicht für uns, sondern eher für die Beamten.

Dumm nur, dass in der ganzen Aufregung und dem Händeschütteln vergessen wurde, Christoph einen Stempel in den Pass zu drücken. Für die Einreise war das kein Problem und wurde auch nicht weiter bemerkt. Wir waren angekommen. Es sollte erst auf der Rückreise zum Problem werden.

An dieser Stelle ein kleiner Zeitsprung ein paar Tage in die Zukunft: Am Flughafen Kiew sollten sich unsere Wege trennen. Adrian nahm den Flieger zurück in die Heimat und Christoph wollte noch nach Belarus. Bei der Grenzkontrolle wurde Adrian freundlich verabschiedet und lief in den Wartebereich. Bei Christophs Pass schaute man einmal hin, man schaute zweimal hin, doch ein Stempel war nicht zu finden. Die Ansage am Kontrollpunkt klang in etwa wie: »Gehe direkt ins Gefängnis, gehe nicht über Los, ziehe nicht 4000 Mark ein.« Und so saß ein junger Mann, der eigentlich gleich einen Flug nach Belarus erwischen sollte, zunächst im Büro vom Aufseher der Grenzbeamten und musste sich erklären. Er erzählte die gleiche Geschichte, die hier auf den letzten Seiten stand. Anscheinend recht überzeugend und nach kurzem Check per Telefonanruf gab es dann Erleichterung: Kein Stempel – kein Problem.

Die spannendsten Grenzübergänge der Welt   WELTTOURNEE-TIPP
Die Generation unserer Eltern kennt das Gefühl, auch beim Sommerurlaub im Nachbarland zunächst in einer Schlange zu stehen. Für uns ist Reisefreiheit schon fast normal geworden. Immer wieder sind wir auf unseren Reisen auf spannende Übergänge gestoßen. Denn auch eine geteilte Stadt haben wir zum Glück im eigenen Land nicht mehr.

Südkorea/Nordkorea: Man fühlt sich wie in einem Museum und dennoch steht man an einer echten Grenze. Soldaten aus Nord- und Südkorea schauen sich 24 Stunden am Tag an. Als Besucher kann man die Baracken besuchen, in denen verhandelt wird.

Nikosia, Türkische Republik Nordzypern/Zypern: Auch wenn wir zu jung sind, das geteilte Berlin in »echt« erlebt zu haben. Die geteilte Stadt Nikosia vermittelt vielleicht ein ähnliches Gefühl. Durch einen schmalen Gang kommt man aus der international nicht anerkannten Türkischen Republik Nordzypern herein. Stand man eben noch in kleinen Gassen, strahlt jetzt eine saubere Fußgängerzone.

Victoria Falls, Sambia/Zimbabwe: Diese Grenze muss man einfach zu Fuß erleben. Nach dem Grenzposten in Sambia geht es staatenlos über den Sambesi-Fluss. Direkt nach dem Einstempeln in Zimbabwe gibt es die besten Aussichten auf die Victoria Falls.

Liebestaumel in der Ukraine

Nach fast zehn Stunden Reise kamen wir endlich in der Ukraine an. Auch hier ist der europäische Gedanke mal wieder zum Greifen nah. Eigentlich liegen unser Start- und Zielort nur gut 20 Kilometer Luftlinie voneinander entfernt, doch die wilde Tour führte uns durch verschiedene Orte und über mehrere Grenzen. Mal eben rüber reisen, so wie es in der EU gängig ist, klappte hier nicht. Gegen späten Nachmittag, die Sonne machte sich gerade daran, hinter den ukrainischen Kornfeldern unterzugehen, kamen wir aus dem Gebäude der ukrainischen Grenzer. Was wir sahen, machte uns nicht allzu viel Mut. Neben den Lkws, die an uns vorbeirauschten, war dort nichts. Also wirklich nichts – bis auf zwei Autos, an denen zwei Ukrainer gelangweilt rauchten.

Wir versuchten auf Englisch zu erklären, dass wir ins rund 80 Kilometer entfernte Ismajil wollten. Dort sollte zur späten Stunde unser Nachtzug abfahren – das hatten wir zumindest in den Tiefen des Internets gelesen. Unsere Verhandlungsposition war denkbar schlecht. Zeitdruck, keine Transport-Alternative und inzwischen auch schon eine leichte Müdigkeit von der langen Tour. Das Englisch von einem der Autobesitzer war nicht vorhanden, überraschenderweise sprach er aber ein passables Deutsch. Er hörte unsere Geschichte an und rechnete im Kopf, was er den zwei ausgelaugten Personen abknöpfen könnte. »Das wird nicht billig«, sagte er mit starkem Akzent. »15 Euro müsst ihr schon bezahlen«. Wahrscheinlich saßen wir noch nie so schnell in einem Auto. »Guter Mann, fahren Sie los, wir haben es eilig. Wir zahlen auch 20 Euro«, sagten wir vor Freude taumelnd. Der Tag sollte anscheinend doch noch ein gutes Ende nehmen.

Und tatsächlich, der Stress und die Einflüsse aus Rumänien waren nach den ersten Kilometern wie weggeblasen. Unsere Ukraine-Liebe begann, während wir unsere Köpfe aus dem Fenster streckten und den Sonnenuntergang über den Feldern beobachteten. Denn alle Vorurteile, die man über Rumänien hatte, stimmten. Die Menschen waren nicht besonders zuvorkommend, die Straßen hatten schon bessere Zeiten gesehen. Doch sobald wir in der Ukraine ankamen, wendete sich das Blatt. In den Dörfern erstrahlten die schönsten Kirchen. Man winkte uns im Auto zu, und die Fahrt nach Ismajil floss einfach dahin. Wir waren im Liebesrausch. Das merkte auch unser Fahrer, der immer wieder von seiner Heimat erzählte und uns dann am Bahnhof ablieferte. Uns war, dass er eine der seltenen Spezies in der Südukraine war, die einer westlichen Sprache mächtig war.

Wir hatten es tatsächlich geschafft. Unsere Route, die wir mit viel Wohlwollen am Tag mehr oder weniger zusammengeklebt hatten, funktionierte. Wir standen vor dem Bahnhof. Unsere Laune wurde noch besser, als wir auf den alten vergilben Bahnhofsplänen wirklich den Nachtzug sahen, der uns nach Odessa bringen sollte. Es lief an diesem Tag einfach alles wie am Schnürchen. Da sollte die letzte Etappe doch nun wirklich kein Problem mehr darstellen. Wir machten uns in der menschenleeren Bahnhofshalle auf zum Verkaufsstand. Hinter der Glaswand saß eine ukrainische Bahnangestellte in wunderbarster Uniform – leider ohne auch nur ein Wort Englisch, Deutsch oder eine andere Sprache zu verstehen. Wir kritzelten auf einen Zettel unser Ziel und die Abfahrtszeit unseres Zuges. Sie wollte anscheinend umgerechnet 70 Cent für die Fahrt haben. Wir versuchten ihr wieder mit Stift und Zettel zu erklären, dass wir acht Stunden im Nachtzug sitzen und nicht mal eben die Fahrt an den Stadtrand lösen wollten. 70 Cent, das schien auch uns für Osteuropa viel zu günstig. Geknickt verließen wir vorerst den Bahnschalter, ohne das Ticket zu lösen.

Etwas ratlos standen wir im Dämmerlicht vor der Bahnhofshalle und fragten den erstbesten Passanten, der mit großem Gepäck aus einem Auto stieg. »Sprechen Sie Englisch?«, fragten wir etwas unmotiviert. Der Ukrainer bejahte in perfektem Oxford-Slang. Er sei gerade auf dem Weg nach Kanada auszuwandern. Das erklärte die großen Gepäckstücke. Ein Glückstreffer. Wir schleppten ihn zurück zum Stand, wo er uns als Übersetzer helfen sollte.

Noch mal die Geschichte mit dem Zug nach Odessa – diesmal auf Ukrainisch. Endlich zeigte die Frau hinter dem Schalter eine Reaktion:

»Ich habe den Jungs ununterbrochen gesagt, dass der Nachtzug nach Odessa 70 Cent kostet. Sie wollten es einfach nicht verstehen«, übersetzte uns der angehende Auswanderer grinsend. Zutiefst beschämt baten wir die Mitarbeiterin um Entschuldigung und buchten in unserer gnadenlosen Dekadenz gleich zwei Sitze für jeweils 1,50 Euro.

Der Auswanderer verabschiedete sich nicht, ohne uns noch ein Restaurant zu empfehlen. Wir hatten noch ein paar Stunden, bis der 70-Cent-Zug abfuhr und wir fanden uns in einer kleinen Kellerbar wieder, in der wir mit viel Glück nicht den großen Blutwurst-Teller bestellten. Auch hier: freundliche Gesichter an allen Ecken und Enden. Selbst wenn die Verständigung manchmal schwer fiel, wir fühlten uns selten in einem Land so willkommen wie hier.

Dann aber endlich Startschuss zur letzten Etappe. Nach der frühen Fährfahrt, dem Minibus über holprige Straßen, einer klapprigen Fähre über die Donau, ein Taxi mit geplatztem Reifen, ein klimatisiertes Gefährt, ein paar Kilometern zu Fuß und dem »Das-wird-nicht-billig-Fahrer« endlich der Nachtzug. Am Gleis angekommen, sahen wir schon von außen, warum die Fahrt 70 Cent kosten sollte. Der Weltmeisterzug von Bern 1954 war hier wieder auf die Gleise gesetzt worden, so schien es uns. Trotzdem liebten wir den Style von der ersten Minute an. Drinnen gab es große Waggons, die meisten von ihnen waren spärlich besetzt. Liegeflächen gab es nicht, es reihten sich immer zwei Sitze aneinander. Und jetzt müssen wir auch mal zu diesem Spruch kommen, den man in jedem Reisebuch schon mal gelesen hat. »Es fuhren Hühner und Ziegen mit«, wird oft dahin gesagt, um eine Fahrt zu beschreiben. Wir können sagen, hier fuhren wirklich Hühner und Ziegen mit. Immer wieder wurden Tiere durch den Gang geführt. Es stand uns eine unruhige Nacht bevor, doch wir genossen die klappernden Teile des Waggons und machten uns auf den Weg nach Odessa.

Viele Jahre später, während des zu verurteilenden Angriffskriegs Russlands auf das Land, erkannten wir die Zug-Tour wieder. Mit Kribbeln am ganzen Körper merkten wir, dass die umgekehrte Route dazu genutzt wurde, Schutzsuchende aus der bombardierten Stadt Odessa in

Sicherheit zu bringen. Mit schwerem Kloß im Hals wollen wir auch diese Zeilen dazu nutzen und die Erinnerung an das wunderbare Land vor dem Krieg aufrechtzuerhalten. Hoffentlich wird die Linie bald wieder genutzt, um für ein grandioses Tourismus-Erlebis mit tollen Menschen in eine der wunderbarsten Städte in Osteuropa fahren zu können.

Die besten Nachtzugstrecken WELTTOURNEE-TIPP

Wir sind wahrscheinlich die größten Nachtzug-Fans der Welt. Schon die ersten großen Reisen gingen per Interrail quer durch Europa. Inzwischen genehmigen wir uns auch mal den Luxus einer Zweier-Kabine, um nicht mehr mit einer portugiesischen Großfamilie im 8er-Abteil den »Nachtzug nach Lissabon« zu nehmen.

Der Romantik-Express – Von Paris nach Venedig: Abends um 19 Uhr geht es in der Stadt der Liebe los, am nächsten Morgen um halb zehn wacht man im nicht weniger romantischen Venedig auf. Wenn das nicht der absolute Turteltauben-Trip ist. Verbringt man mit seinem Liebsten oder seiner Liebsten mal eine Nacht im Sechser-Abteil, stärkt das entweder die Bindung ungemein oder man findet heraus, dass Dating-Apps auch in Venedig funktionieren.

Die Balkan Tour – Von Budapest nach Prag: Zweimal schönste Ostblock-Architektur, und man benötigt nicht mal eine Hotelübernachtung. Perfekt für ein langes Wochenende, wenn man viel sehen will. Im Sommer gilt gerade auf dieser Strecke: Vorher checken, ob es noch Plätze gibt!

Der Mittsommer-Track – Von Oslo nach Trondheim: Norwegen ist größer, als man denkt. Da lohnt es sich, wenn man einen Teil des Weges in den hohen Norden über Nacht reisen kann. Ganz besonders spektakulär ist die Tour im Sommer, wenn die Sonne nicht untergeht. Immerhin, jedes Abteil hat einen lichtundurchlässigen Vorhang.

Der Blue-Train – Von Kapstadt nach Pretoria: Ok, jetzt wirds teuer. In Südafrika gibt es eine Art Hotel-Zug, der sich die Fahrt von Kapstadt Richtung Norden anständig bezahlen lässt. Die gute Nachricht: Das Land ist groß, sodass man für sein Geld gleich zwei Übernachtungen bekommt.

Spirit of Queensland – Von Brisbane nach Cairns: Knapp 25 Stunden düst der Zug an der Ostküste entlang. Draußen die schönste Küste, drinnen sieht es aus wie in der Business-Class. Keine eigenen Abteile, aber immer Betten, die ein bisschen Privatsphäre versprechen. Über den Preis möchten wir lieber nicht reden. Dann doch besser 70 Cent in der Ukraine.

Ibiza-Feeling am Schwarzen Meer

Früh um sechs Uhr morgens kam unser »Weltmeister«-Nachtzug mit quietschenden Bremsen am Kopfbahnhof von Odessa zum Stehen. Klebrig und übernächtigt stiegen wir aus, waren aber gleichzeitig fasziniert von der Architektur des Bahnhofs. Wir hatten eigentlich keine großen Erwartungen an Odessa und wollten nur ein paar Tage am Schwarzen Meer verbringen. Diese Haltung sollte sich nach den ersten Schritten komplett ändern. Eine wunderbare Architektur begrüßte uns mit der aufgehenden Sonne. Man fühlte sich direkt zurückversetzt in die Sowjetzeit, aber in einem absolut positiven Umfeld.

Odessa ist eine Stadt, die direkt aus einem Buch (nicht diesem hier) entsprungen scheint. Die berühmte Potemkinsche Treppe führte vom Schwarzen Meer direkt in die Altstadt. Neoklassische Pastellgebäude schmückten die Straßen, die gerade in der Nacht etwas ganz Besonderes sind. Sie sind ruhig. Das klingt jetzt für eine pulsierende Metropole mit vielen Touristen etwas seltsam, ist aber eines der ersten Dinge, die uns auffielen. Am Abend flaniert die ganze Stadt durch die Alleen und Straßen, ohne Lärm zu veranstalten. Kinder spielen nach Einbruch der

Dunkelheit ganz selbstverständlich Fußball. Die Erwachsenen versuchen sich an kleinen Geschicklichkeitsspielen. Kurzum, das genaue Gegenteil der großen Party-Metropolen in Spanien. Und dennoch gab es eine Art Ibiza-Feeling zu spüren.

Denn nachdem wir unsere Sachen ins Hostel gebracht hatten, machten wir uns auf den Weg zum Schwarzen Meer. Fast direkt am Bahnhof beginnt auch der Golf von Odessa. Feinsten Sandstrand gibt es nicht, aber in zweiter Reihe an der Promenade sieht es aus wie auf Ibiza. Die coolsten Beachclubs reihen sich dort aneinander. Der Style mit weißen Pool-Möbeln, entspannten House-Beats und hübschen Leuten funktionierte auch hier. Einziger Unterschied zu Ibiza: das Preisniveau. Während man auf der spanischen Insel an einem Tag schon mal ein ganzes Monatsgehalt an der Bar verbraten kann, konnten wir hier einen Tag mit Essen und dem ein oder anderen Kaltgetränk schon für 50 Euro verbringen.

Auch hier ist unsere Hoffnung, dass das Ziel bald wieder zu bereisen sein wird. Denn mit vielen Angestellten, die uns damals als die ungewöhnliche Gäste aus dem Westen ansprachen, haben wir über die Sozialen Medien heute noch Kontakt und sie berichten auch von ihrer Sehnsucht nach dem unbeschwerten Sommergefühl.

Der seltsamste Lost Place in Europa

Die Weltgeschichte tobte sich nicht nur in jüngster Vergangenheit im Land aus. Auch Ende der 80er-Jahre war die Ukraine für ein schlimmes Unglück in den Medien: der Unfall in Tschernobyl. Obwohl das Atomunglück ein düsteres Kapitel in der Geschichte der Ukraine bleibt, ist es auch ein wichtiger Ort für die Erforschung der Folgen von Nuklearkatastrophen und ein Denkmal für die Opfer und Überlebenden.

Damals gab es verschiedene Anbieter, die Touren zu diesem Lost Place veranstalteten. Geht es nach der Regierung der Ukraine, dann sollten – vor dem Angriffskrieg – Teile des Sperrgebiets von der

UNESCO als Weltkulturerbe anerkannt und von bis zu einer Million Touristen im Jahr besucht werden. Die Katastrophe verursacht immer noch immense Kosten, die von den Besuchern gedeckt werden könnten. Das Erscheinen der HBO-Serie »Chernobyl« über das Unglück befeuerte den Trend zudem. Wir hatten damals Glück und gehörten zu den Exoten, die diese Tour angingen.

Doch zunächst mussten wir uns durch Kiew schlagen. Wieder hatten wir wenig Erwartungen und wieder wurden alle Vorurteile, die man aus der Stadt damals hatte, verworfen. Im Sommer ist Kiew ein absoluter Geheimtipp für einen Städtetrip. Tolle Menschen, viele Cafés und das Leben spielte sich draußen ab. Für unsere Tour zum Lost Place mussten wir ein paar Vorbereitungen treffen.

Die Stadt Prypjat, die einst das Zuhause der Arbeiter des Tschernobyl-Kernkraftwerks war, wurde evakuiert und ist seitdem eine Geisterstadt mit Sperrzone. Mit einer Entfernung von etwa vier Kilometern zum Reaktor liegt sie jetzt inmitten der unbewohnbaren 30-Kilometer-Zone. Wir mussten vorab unseren Reisepass einreichen und zudem einige Formulare unterschreiben. Diese besagten, dass wir uns der Gefahr bewusst sind, die dort immer noch allgegenwertig ist. Zudem durften wir uns im ukrainischen Hochsommer nur mit langen Hosen auf den Weg machen. Das sollte die Strahlung abhalten. Uns war mulmig, als wir am frühen Morgen in einen Minibus stiegen, der uns in die 150 Kilometer entfernte Geisterstadt bringen sollte.

Während der Fahrt wurden Geigerzähler verteilt, die wir den Tag nutzen konnten. Mit jedem Meter, den wir auf der Landstraße in Richtung Sperrgebiet fuhren, wurde die radioaktive Strahlung etwas hörbarer. Mit einem Knacken meldete sich der Zähler. Unser Guide nutzte die getrübte Stimmung dazu gekonnt aus: »Wieder ein Mikrosievert mehr«, rief sie unserer Gruppe zu. Später stoppte der Bus und wir sollten die Messgeräte an Moos und Bäume halten. Das Knacken aus dem Geigerzähler wurde lauter und die Stimmung an Bord schlechter. Wir hatten das Kraftwerk noch gar nicht erspäht und trotzdem war die Strahlung hier schon hoch.

In der Geisterstadt Prypjat ging die Zeitreise dann weiter. Verfall und Leere an allen Ecken und Enden. Als der Wind durch die Stadt wehte, knirschte und ächzte es aus allen Richtungen. Leerstehende Häuser mit zerbrochenen Fensterscheiben. Ein Theater, in dem schon lange nicht mehr gespielt wird. Ein Supermarkt, in dem noch die aktuellen Angebote ausgeschrieben sind. Ein verlassener Jahrmarkt, auf dem die Gondeln des Riesenrads rostig schimmerten. Die einzelnen Wagen des Autoscooters waren von Gras überwuchert. Kurzum: eine Kulisse für einen Horrorfilm. Unser Guide beschrieb die Szene ziemlich eindrücklich und jeder Lesende, der jetzt das Buch in den Händen hält, kann sich Gedanken machen. »Stellt euch vor: egal, was ihr gerade macht, egal wo ihr gerade seid, ihr müsst diesen Ort sofort verlassen. Nur ein paar Sachen können gepackt werden und dann heißt es Abfahrt«, so die nachdrücklichen Worte von unserem Guide. Die einzig gute Nachricht in dieser Situation: Unser Geigerzähler in der Tasche schlug nicht mehr so stark aus wie eben im Wald. Die Straßen der Stadt sind bereits dekontaminiert, das heißt, sie sind weitgehend von der gefährlichen Strahlung befreit.

Dann Abfahrt zum eigentlichen Kern der Katastrophe: dem Atomkraftwerk. Und auch hier wurden unsere Erwartungen widerlegt und wir eines Besseren belehrt. : Es arbeiteten noch viele Menschen hier. Wissenschaftler und Ingenieure, die sich etwa mit der Beseitigung des radioaktiven Mülls befassen, aber auch Arbeiter, die die Infrastruktur überwachen und instand setzen. Dazu gibt es Köche, Reinigungskräfte und Polizisten, die den Betrieb überhaupt erst ermöglichen. Wir haben in der Kantine mit ihnen gegessen. Um in das Gebäude zu kommen, muss sich vorher jeder in einem Strahlendetektor testen lassen. Es sieht ein wenig aus wie an einer Flughafenkontrolle. In einem Türrahmen aus Metall legt man erst die Hände auf eine bestimmte Stelle und wartet dann, dass mit freundlichem Piepen die Schranke aufgeht.

Ein seltsames Bild. Genau wie der Sarkophag: Eine riesige Betonhülle verdeckt den Punkt, an dem das Unglück passierte. Etwas ungeduldig wackelten wir von einem Fuß auf den anderen, während unser

Guide in Seelenruhe die Geschehnisse fast so detailgetreu wie in der HBO-Serie wiedergab. Unbedingt länger als notwendig, wollten wir uns so dermaßen nah an diesem Ort nun auch nicht aufhalten und waren froh, als wir wieder im Bus Richtung Kiew saßen.

Das Langsamste-Antilopen-Prinzip WELTTOURNEE-KNEIPENWISSEN

Oft geht es bei uns ums Thema Sicherheit. »Ist es denn im Land nicht gefährlich?«, fragen viele Freunde oder die Familie, wenn wir gerade mal wieder aus dem Kosovo, Brasilien oder Kuwait zurück sind. »Nein, eigentlich nicht«, sagen wir meist. Denn oft hilft der gesunde Menschenverstand. Oder wie wir es nennen: das »Langsamste-Antilopen-Prinzip«. Vereinfacht gesagt, heißt das, man muss immer nur schneller sein als die langsamste Antilope, um nicht vom Löwen, in diesem Fall dem Taschendieb, gefressen zu werden.

Es gibt viele Löwen in den Ländern, aber umso mehr langsame Antilopen. Touristen, die mit Kamera um den Bauch, Geldbeutel in der Gesäßtasche und Smartphone in der Hand durch beliebte Einkaufsstraßen laufen, sind ein beliebtes, weil offensichtlich langsames Ziel der Löwen. Hier die besten Tricks, die wir über die Jahre beobachtet haben.

Der ahnungslose Löwe: Schon der Stadtplan in der Hand sollte eigentlich stutzig machen. Da wird möglichst hilflos getan und nach dem Weg gefragt. Oft passiert die Show bei Antilopen, die sich gerade für die Nahrungsaufnahme in einem Restaurant gesetzt haben. Die Karte wird über den halben Tisch gehalten und wild gestikuliert. Im Verborgenen schnappt sich die andere Hand dann das Smartphone oder die Geldbörse, die gerade auf dem Tisch lag. Von uns oft beobachtet in Orten mit sommerlichen Temperaturen und tollen Sehenswürdigkeiten. Rom, Rio de Janeiro oder Barcelona. In letzterer Stadt wurde auf diese Weise sogar mal ein ganzer Handgepäckskoffer gestohlen. Wir brüllten uns von der anderen Straßenseite die Seele aus dem Leib, doch das Päckchen stieg mit einem Gepäckstück weniger ins Taxi.

Der hilfsbereite Löwe: Ach nein, wie ärgerlich. Da läuft man durch eine Straße und plötzlich trifft aus heiterem Himmel die Hinterlassenschaft eines Vogels das saubere Shirt. Genauso plötzlich wie der Fleck auf dem T-Shirt sind aber sofort Löwen da, die mit Taschentüchern und viel Hingabe das Shirt reinigen wollen. Aber nicht nur der Schmutz verschwindet, meist ist der Geldbeutel gleich mit weg. Klassischer Ort dafür: die Seitenstraßen der Las Ramblas in Barcelona. Adrians Fähigkeit, extrem laut pfeifen zu können, verschreckte schon mal ein Gaunerpaar.

Der tänzelnde Löwe: Die ganze Stadt ist ein Fahnenmeer. Die Fußballmannschaft der Herzen hat endlich mal wieder den Titel oder zumindest einen Sieg geholt. Wild hupende Autokorsos ziehen vorbei, und auch wenn man die Mannschaft vorher gar nicht kannte, lässt man sich schnell von der guten Stimmung anstecken. Die zwei Löwen (nicht die Fußballer aus München), die im Trikot ausgelassen feiern wollen, haben nicht nur die Hand auf der Schulter, sondern auch am Geldbeutel ihres Opfers. Katerstimmung am nächsten Tag. Für diese Art des Antanz-Tricks muss es gar nicht ins Ausland gehen. In Berlin trafen wir im Nachtleben auf eine Gruppe italienischer Austauschstudierenden. Wir sprachen mit ihnen über die Super-Taschendiebe in Rom. »Uns Römer macht keiner etwas vor, wir sind noch nie bestohlen worden«, sagten sie stolz. Ungelogen: Eine halbe Stunde später beim Location-Wechsel in der U-Bahn-Station am Kottbusser Tor wurden sie Opfer des Antanz-Tricks. Der Abend war gelaufen.

»GAMARDSCHOBA« GEORGIEN

H ier verschmelzen Europa und Asien, oft in einer wunderbaren kulinarischen Mischung mit viel Käse. Viele Länder der Welt behaupten von sich, die gastfreundlichsten zu sein. In Georgien kann das stimmen. Wir erlebten tolle Einwohner, die sich Zeit nahmen, uns in Kultur einzuführen. Am besten geht das natürlich am Essenstisch, der in Georgien meist reich gedeckt ist.

Der Tischmeister Tamada

Adriadse und Chrischwili auf Tour durch Georgien. Klingt wie ein schlechter Scherz, soll keine kulturelle Aneignung sein und eher die schöne Tradition zeigen. Denn in Georgien kann man die Herkunft von Nachnamen ablesen. Typische Endungen sind »-dse«, »-schwili«, »-ani« oder »-awa«. Man sieht daran, woher die Familie stammt. Die Endung »-dse« bedeutet »Sohn von« und stammt aus Westgeorgien. Die Endung »-schwili« bedeutet »Kind von« und deutet auf eine Herkunft aus Ostgeorgien hin – in etwa wie in Deutschland das »Enrico« auf eine Ost-Herkunft deutet. Wir wollten einfach mal alle Ecken und Herkünfte entdecken und machten uns auf in ein Trend-Land. Jeder wollte hin und auch die Fluggesellschaften merkten das Verlangen der Reisenden. Immer mehr Flüge brachten die Reisenden ins Land.

Wir fanden eine günstige Route von Berlin nach Kutaissi, eine Stadt rund 250 Kilometer westlich der Hauptstadt Tiflis. Und wenn im Hochsommer Folgendes passiert, gibt es natürlich Chaos. Ein Gewitter zog übers Land und legte sämtliche Verkehrswege lahm. Züge fuhren nicht mehr. Flugzeuge mussten über der Landebahn kreisen, weil das Bodenpersonal keine Chance hatte, sie auf den Boden zu bekommen. Busse waren ausgebucht und auch an Taxis war kaum zu denken. Kurzum, es herrschte das absolute Chaos. Wir müssen an dieser Stelle allerdings noch hinzufügen, dass wir immer noch in Deutschland waren und dort die schlimmen Zustände nach einem Sommergewitter herrschten. Wir wollten uns für den Flug nach Georgien am nächsten Morgen in Berlin treffen. Christoph kam per Flug aus Barcelona und kreiste am Abend über dem Flughafen, der damals noch Schönefeld hieß, mehrere Ehrenrunden.

Es sah kurz danach aus, als ob die Maschine Richtung Hannover wegen der Zustände am Boden umgeleitet werden müsste. Kurz bevor der Sprit für diese Strecke aufgebraucht war, gab es dann doch die Landung, und nachdem Christoph sein Handy eingeschaltet hatte, merkte er, dass auch Adrian in einer Irrfahrt aus Hamburg unterwegs war. Es fuhren keine Züge und Adrian saß in einem Taxi, das eine Frau bezahle, die unbedingt nach Berlin musste. Vielleicht musste auch sie am nächsten Morgen den Flug nach Georgien erwischen.

Nach wenig bis gar keinem Schlaf und viel Aufregung kamen wir dann am nächsten Morgen in Georgien an – und waren überrascht. Der Flughafen in Kutaissi war nagelneu. Das moderne Gebäude mit viel Glas und Beton sah aus, als ob der Architekt Mies van der Rohe seine Finger im Spiel gehabt hätte. Doch eines hatte man bei diesem Bau anscheinend vergessen: Es gab keine Shops, um Getränke oder etwas zum Frühstücken zu kaufen. Doch immerhin konnten wir eine SIM-Karte fürs Handy besorgen. Digitalisierung ist manchmal wichtiger als Hunger. Nach dem langen Flug und einer fixen Sicherheitskontrolle saßen wir direkt im abfahrbereiten Bus nach Tiflis.

Aufgrund der Fahrt über die Autobahn dachten wir, die 250 Kilometer wären schnell erledigt. Doch die Kilometeranzeige auf den Autobahnschildern auf dem Weg in die Hauptstadt wurde kaum kleiner. Nach rund drei Stunden gab es die erste Pause, an der wir uns auf einer Raststätte halb verhungert eindecken konnten. Das könnte kulinarisch was werden im Land, fürchteten wir. Seitdem haben wir übrigens immer eine kleine Tüte Studentenfutter oder einen Schokoriegel im Gepäck. Guter Tipp an dieser Stelle, auch wenn es nicht nach Georgien geht. Zweiter Tipp, diesmal explizit für eine Georgien-Reise: Ein paar Euro mehr für einen Flug direkt nach Tiflis lohnen sich an allen Ecken und Enden. Wir kamen nach rund fünf Stunden Ochsentour in einem schlecht belüfteten Bus endlich an. Diese Tour schafft es mit Sicherheit knapp nicht in die Top 50 unser schönsten Busreisen.

Kurz vor dem Stadtzentrum spuckte der Fahrer seine Gäste an einer Hauptstraße aus.

Endloses Suchen nach Bussen oder Metro-Linien sparten wir uns, denn uns wurde zuvor der Tipp gegeben, dass in Georgien eigentlich jedes Auto ein Taxi ist. Das klang komisch, funktionierte aber tatsächlich. Wir probieren aus, an der Straße einfach einem Auto zuzuwinken und kurze Zeit später hielt jemand an. Ein Taxameter war zwar nicht eingebaut, aber die Verhandlungen um den Fahrpreis zu unserer Unterkunft liefen gut und so saßen wir auf der Rückbank zwischen Einkaufstüten. Wir waren überrascht, denn das Auto war ein Rechtslenker. Mit ziemlicher Sicherheit hatten wir bei unserem Bus eben allerdings das Lenkrad auf der linken Seite gesehen und auch gefahren wurde hier wie bei uns in Deutschland. Unser Fahrer erklärte uns das System, als er gerade mal wieder an einer Ampel stand. Georgien liegt gefühlt auf der Grenze zwischen Europa und Asien. Wenn auf dem Rechtslenker-Markt ein Modellwechsel stattfindet, werden oft die Autos günstig nach Georgien verscherbelt. Auch wenn hier eigentlich alle Straßen für Links-Lenker ausgelegt sind. Es spart Transportkosten und im Land hat man sich inzwischen an den Anblick gewöhnt. Gelegentlich sind auch immer noch ein paar Mittellenker zu finden, auf gut Deutsch Trecker.

Unsere Unterkunft hatten wir über Airbnb gefunden. Eine Art Apartment im vierten Stock, wunderbar renoviert. Das Seltsame war nur, dass die Wohnungen unter uns noch völlig im Rohbau waren. Normalerweise startet man ja mit dem Erdgeschoss und renoviert sich langsam nach oben. Hier war es genau andersherum, der Blick auf die Stadt war spektakulär.

Tiflis ist von Bergen umgeben und durch den Fluss Kura geteilt. Die Altstadt hat enge, gewundene Gassen mit alten Häusern aus Stein und Holz, die eng beieinander stehen und oft mit Balkonen geschmückt sind. Viele dieser Gebäude haben bunte Fassaden und Dächer aus roten Ziegeln, die sich malerisch gegen den blauen Himmel abheben. In der Altstadt gibt es viele kleine Plätze, in denen man traditionelle georgische Gerichte probieren oder sich in einem gemütlichen Café die Zeit nach einer anstrengenden Busfahrt vertreiben kann.

Die moderne Seite von Tiflis zeigt sich in den neuen Stadtteilen, die mit Hochhäusern und glänzenden Einkaufszentren ausgestattet sind. Aber auch hier findet man noch immer Spuren der Vergangenheit wie das Freiheitsdenkmal, das hoch über der Stadt thront. Von dort aus kann man auch die Friedensbrücke sehen, eine moderne Fußgängerbrücke, die den alten Teil der Stadt mit den neuen Stadtteilen verbindet.

Um all das zu erleben, hatte Adrian noch einen Joker im Ärmel, denn die Verbindungen zwischen Georgien und Deutschland sind schon seit vielen Jahren ausgezeichnet. Viele Austauschstudierende kommen nach Deutschland. Adrian hatte bei seinem Studium in Passau David kennengelernt. Nach dem Abschluss trennten sich die Wege, doch mit einer kurzen Nachricht über Facebook sollte es zum Zusammentreffen in Davids Heimatstadt kommen. Jeder Reiseführer wird berichten, wie gastfreundlich die Georgier zu Fremden sind. Das Level der Gastfreundschaft steigt rapide an, wenn man jemanden aus dem Studium kennt, der sich ein Wochenende Zeit nimmt. Auf all unseren Reisen haben wir selten so freundliche und aufgeschlossene Menschen erlebt, wie in Georgien. Kombiniert mit der georgischen Küche eine unschlagbare Mischung. Zu Tisch bitte.

Adrians Kumpel David führte uns am Abend in ein typisch georgisches Restaurant und erklärte uns im Vorfeld die Tradition des »Tamadas«, des Tischmeisters. Die »Tamada«-Tradition ist eine wichtige kulturelle Praxis in Georgien, die auf das Konzept des »Supras« (Festessen) zurückzuführen ist. Der »Tamada« ist sozusagen der Leiter des Festes, der Gastgeber und der Zeremonienmeister, der die Gesellschaft während des gesamten Festes unterhält. Auch wenn es eigentlich ein normaler Freitagabend in einem Restaurant war, wurde hier fix ein Fest daraus gemacht.

Der »Tamada« ist normalerweise ein angesehener Gast oder ein älteres Familienmitglied, das ausgewählt wurde, um diese Rolle zu übernehmen. Als Gastgeber übernahm zunächst David diese Rolle. Er war dafür verantwortlich, das Fest zu moderieren, eine Tischrede zu halten und verschiedene Trinksprüche auszusprechen, die als »Tamada-Toaste« bekannt sind.

David nahm als »Tamada« an der Spitze des Tisches Platz und begann das Fest mit einem Toast auf die Gastfreundschaft in Georgien, die Freundschaft aus Passau und forderte uns auf, ebenfalls einen Toast auszusprechen. In der Regel geht es bei diesen Toasts um Liebe, Glück, Freundschaft und Frieden. Wir hatten uns den Tag über nach der langen Busfahrt eher von kleinen Snacks und Chips aus der Raststätte ernährt und kamen schnell an unsere Grenzen, denn in Georgien werden schon vor dem eigentlichen Essen die ersten Getränke geleert. Wichtig ist zudem: In Georgien zählt nur alles über 40 Volumenprozent als Getränk, der Rest wird als Durstlöscher angesehen. Nach unzähligen Getränken und einigen Durstlöschern wurde aufgetischt. Alle, die gutes und reichhaltiges Essen lieben, angeschnallt. Hier die Top drei jeder georgischen Speisekarte:

Khinkali

Sorry Asien, vergesst Dumplings an dieser Stelle. Diese handflächengroßen Teigtaschen sind mit Fleisch, Kartoffeln, Pilzen und Käse gefüllt. Die Khinkali werden normalerweise mit den Händen gegessen. Man knabbert erst eine Ecke an, trinkt dann den Saft aus und verputzt dann schließlich den Rest bis auf den kleinen Stängel am oberen Ende der Teigtaschen, der wieder zurück auf den Teller gelegt wird. Ein gutes Zeichen, wer wie viele Khinkali essen kann.

Khachapuri

Ein flaches Teig-Schiff, das mit Käse und Eiern gefüllt ist. Am Rand ist der Teig etwas erhöht und die Käse-Ei-Mischung wartet in der Mitte, dass sie am Tisch vom »Tamada« umgerührt wird. So stockt das Ei und man bricht den Teig vom Rand und tunkt ihn in die Masse. Für alle Fans des Hefe-basierten Kohlenhydrat-Schlemmens ein absoluter Traum. Garantiert satt machend, garantiert glutenreich.

Mtsvadi

Dies ist eine Art georgischer Grillspieß, der normalerweise mit Schweinefleisch, aber auch mit Lamm oder Hühnchen hergestellt wird. Das Fleisch wird mariniert und über einem Holzkohlegrill gegrillt, was ihm einen einzigartigen, rauchigen Geschmack verleiht. Dazu bestellt man aus der Karte bestimmte Soßen dazu. Würzig oder frisch mit Granatapfel.

Dazu passen perfekt die georgischen Durstlöscher in den Farben rot oder weiß. Denn das Land schmückt sich damit, den Weinbau erfunden zu haben. Die Herstellung und Lagerung des georgischen Weines in Tongefäßen, genannt Quevri, wurde von der UNESCO zum immateriellen Kulturerbe ernannt.

Es klingt jetzt fast wie ein Abend für eine Alkoholvergiftung, doch durch den vielen Käse und das sehr reichhaltige Essen kippte hier niemand vom Stuhl. Absolute Empfehlung jetzt mal das Buch aus der Hand zu legen und bei Google das nächste georgische Restaurant zu suchen. Den Spaß am Essen hat man auch ohne die Alkoholmenge und den Tischmeister.

Unsere Höhepunkte in Georgien

Tiflis: Die Hauptstadt begeistert nicht nur durch die Kontraste zwischen Alt und Jung, auch die Kultur ist absolut sehenswert und folgt dem gleichen Schema. Im Viertel rund um die »Fabrika« belegt ein Hostel ganze Straßenzüge. Außen an der Fassade wurde kaum etwas verändert, im Inneren einer alten Näherei verbreitet die stylische Einrichtung modernes Flair. Im Innenhof gibt es zahlreiche Kunstateliers, Werkstätten und kleine Läden. Hier fühlen sich alle Hipster wohl. Zudem gibt es in der Altstadt das alte Bäderviertel Abanotubani, in dem es im 13. Jahrhundert einmal über 50 Heilbäder gegeben haben soll. Dort sprudelt bis zu 46,5° C heißes, kohlensäurehaltiges Schwefel-Quellwasser aus der Erde. Gut für die Knochen, wenn man zuvor in einem der unzähligen Techno-Clubs im Fabrika-Viertel zu viel getanzt hat.

Batumi: Das Koriander der georgischen Städte. Manche mögen es ganz gerne, andere bekommen Gänsehaut, wenn sie nur daran denken. Eine Stadt der Kontraste oder besser gesagt das Las Vegas am Schwarzen Meer. Viele Wolkenkratzer wurden in den vergangenen Jahren gebaut. Viele von ihnen haben ein Casino im Keller, um die Gäste aus der südlich gelegenen Türkei anzuziehen. Doch auch hier gibt es wieder die schönen Ecken. Auf dem sieben Kilometer langen Boulevard, der den Steinstrand von der Stadt trennt, stehen Tischtennisplatten. Für kleines Geld mieteten wir uns damals eine von ihnen und luden die Georgier zu einer Runde Rundlauf ein.

Mzcheta: Wir hatten schon von der Weisheit berichtet, wer ein Land erleben möchte, sollte bei einer Geburt, bei einer Hochzeit und bei einer Beerdigung dabei sein. In Mzcheta erlebt man mit ziemlicher Sicherheit eine Hochzeit (und wenn man es am Abend vorher mit dem »Tamada« übertreibt, gibt es im schlimmsten Fall noch eine Beerdigung zu erleben). Die Swetizchoweli-Kathedrale ist das absolute Traumziel für heiratswillige Paare. Sie war einst die Krönungs- und Begräbniskirche der georgischen Könige. Man hat beim Betreten das Gefühl, eine Mischung aus Kirche und Wehranlage zu besichtigen. Gerade an einem Samstag ist hier mächtig was los und der

Bund der Ehe wird gefühlt im Stundentakt geschlossen. Das religiöse Zentrum des Landes liegt nur wenige Kilometer von Tiflis entfernt und bietet auf einer Tagestour spektakuläre Einblicke nicht nur in die örtlichen Hochzeitsbräuche, sondern auch ebenso tolle Ausblicke auf den Zusammenfluss von Aragwi und Kura.

»SALAM« ASERBAIDSCHAN

D as Lied von Öl und Feuer. Klingt nach einem Spin-off der Erfolgsserie »Game Of Thrones«? Nein, ist eher eine kleine Beschreibung von Aserbaidschan. Dieses Land am Kaspischen Meer bietet eine einzigartige Mischung aus orientalischer Gastfreundschaft, moderner Architektur und atemberaubender Natur. Aserbaidschan ist das Land der Feuer – es ist die Heimat des berühmten Yanar Dag, einer ewigen Flamme, die seit Jahrhunderten aus einer Felsspalte brennt. Es ist auch das Land der Ölindustrie, das erste Land der Welt, in dem Öl in großem Maßstab gefördert wurde. Ob die Tourismusbeauftragten diese beiden Fakten wohl mal zu einem anderen Zeitpunkt zusammenbringen? Wir haben da unsere Zweifel. Auch, ob wir jemals wieder einreisen dürfen. Denn anscheinend hat man uns da jetzt auf dem »Kieker«.

Aus den Windeln gewachsen

Eine ganz andere Art von Grenzerfahrung gab es für uns am Übergang von Georgien zu Aserbaidschan. Inzwischen waren wir durch die Erfahrungen in Russland, Pardon in Polen, vorbereitet und wussten in etwa, was uns erwartete. Dazu muss man sagen, dass sich die Länder im Dreieck Georgien, Aserbaidschan und Armenien damals nicht ganz grün waren. Es gab immer wieder Konflikte in der Region Bergkarabach. Als normaler Reisende bekam man von diesen Konflikten nicht viel mit, doch auch das Auswärtige Amt wies auf seinen Seiten auf den schwelenden Konflikt hin.

Um in diesen Krisenzeiten ins Land zu kommen, verlangte die aserbaidschanische Regierung ein Visum. Zum Glück konnte das im Vorfeld online beantragt werden. Nach ein paar Mausklicks und der Überweisung von rund 50 Euro hielten wir den A4-Wisch in den Händen und waren bereit für unsere Tour, die in Georgien starten sollte.

Eine Reise in die aserbaidschanische Hauptstadt Baku kam für uns nicht infrage. Die Flüge von Georgien waren schlichtweg zu teuer und bei einer Busfahrt gab es den Bandscheibenvorfall gratis dazu. Trotzdem wollten wir einreisen und zumindest einen Tag lang Land und Leute kennenlernen. Ein Glück, dass Tiflis rund 60 Kilometer entfernt von der Grenze liegt. Nachdem wir in der Altstadt am Morgen nach ein wenig Verhandeln einen Taxifahrer gefunden hatten, der uns für rund 30 Euro bis zur Grenze fuhr, begann das Abenteuer.

Der Taxifahrer beteuerte, dass wir diese Grenze wirklich problemlos zu Fuß überqueren konnten (endlich mal). Trotzdem schmiss er uns auf dem Parkplatz vor dem ersten Grenzposten mit einem fragenden Blick aus seinem klapprigen Mercedes. »Mal ehrlich Jungs, was wollt ihr drüben?«, fragte er uns und nickte mit seinem Kopf in Richtung Grenze, an der sich Lkw um Lkw stauten. Die Antwort hatten wir vorher bei Google Maps gefunden. Wir wollten in die nächstgrößere Stadt. Eine Moschee besichtigen, einen Tee trinken und ein wenig mit den Einheimischen quatschen. Zum Abendessen wollten wir zurück sein.

Schulterzuckend nahm er die Einnahmen (die natürlich ohne Taxameter abgerechnet wurden) und unsere Aussage über die Tagestour an sich und reihte sich zu den anderen wartenden Taxifahrern ein. Wahrscheinlich um kichernd unsere Pläne weiterzuerzählen. Auf dem Weg zur Grenze drehten wir uns nicht um, ansonsten hätten wir wahrscheinlich mitbekommen, wie sich die Taxifahrer-Gang vor Lachen auf die Schenkel geschlagen hätten.

Vor uns baute sich ein kleiner flacher Bau mit Glasfassade auf: die georgische Grenzstation. Während wir auf ihn hinzuschlenderten, überholten uns immer wieder verschiedene Personen, die große, fast identisch aussehende Taschen ins Nachbarland schleppten. Nach kurzem Check und einem Ausreisestempel im Pass durften wir das georgische Gebäude verlassen und sollten zu Fuß auf einen abgesperrten Bereich in Richtung aserbaidschanische Grenze gehen.

Auf halber Strecke trafen wir eine ältere Frau, die sichtlich Mühe mit den besagten Taschen hatte. Als gut erzogene Jungs boten wir ihr unsere Muskelkraft als Traghilfe an, wollten aber erst die Geschichte hinter dieser Völkerwanderung hören. Wer weiß, was wir da sonst ins Land brachten?

In einwandfreiem Englisch berichtet sie uns, dass in den meisten Taschen Windeln waren. Babyzubehör ist in Aserbaidschan um ein Vielfaches teurer. So begannen früh morgens die Shopping-Touren in Georgien und der vollgepackte Strom kehrte gegen Mittag in die Heimat zurück. Dort warteten dann Busse oder Taxis, um die Sparfüchse zurück in die Dörfer und Städte zu bringen. Für uns kein Problem, die Geschichte klang soweit plausibel und beim Blick in die Tasche strahlte uns ein Foto von einem Baby an. Dem jungen Familienglück mussten wir natürlich helfen und brachten die Taschen in die Empfangshalle – jeden Tag eine gute Tat, gilt auch im Kaukasus.

Nach kurzer Einreise ohne Gepäck und nur mit unserem DIN-A4-Visum ausgestattet, düsten wir wieder mit einem Taxi in die anvisierte Grenzstadt. Moschee Besichtigung: check. Mittagessen und ein wenig mit Einheimischen quatschen: check. Tee trinken: check. Alle unsere Pläne passten und wir machten uns mit neuen Eindrücken auf den Weg zurück zur Grenze, es war früher Nachmittag und wir wollten in Tiflis noch die Sonne genießen.

Was sollte schon schiefgehen bei der Rückkehr? Der Grenzer musterte fröhlich unseren Pass, merkte dann aber, dass der Einreise-Stempel fast noch feucht war. Er wurde am selben Tag erst auf die Seite gehämmert. Er zog die weinroten Pässe ein und verschwand im Hinterzimmer. Für Reisende beginnt hier immer die pulserhöhende Phase, wenn die Pässe aus dem Sichtfeld verschwinden, die Grenzbeamten das Stirnrunzeln beginnen und man selbst etwas bedröppelt vor dem Schalter steht und sich entschuldigend nach hinten in die Schlange der Wartenden dreht.

Der Grenzer kam mit dem Mann zurück, der uns besagten Stempel wenige Stunden zuvor gegeben hatte. »Ihr seid doch erst vor Kurzem eingereist«, fragte er uns. »Was habt ihr in den vergangenen drei Stunden gemacht?« Etwas verlegen berichteten wir von unserer erfolgreichen Tour. Moschee besichtigt, Tee getrunken, mit Einheimischen gequatscht – dem Mann entgleisten fast die Gesichtszüge: »Niemand kommt für drei Stunden nach Aserbaidschan und zahlt viel Geld für ein Visum«, erzürnte er sich. Er starrte mit stechendem Blick erst uns und dann die beiden Reisepässe an.

Er fragte erneut, was wir in diesen Stunden gemacht hätten – diesmal allerdings mit kaukasischer Härte in der Stimme. Wir ratterten gebetsmühlenartig unsere Geschichte herunter und konnten zum Glück auch mit Fotos beweisen, dass alles passiert ist. Trotzdem merkten wir, dass ihm die Geschichte nicht passte, jede Faser seines Körpers sagte: Da stimmt doch was nicht.

Die Krönung, die uns fast die Rückkehr gekostet hätte, folgte auf einem kleinen Computer-Bildschirm. Denn während der Chef weiterhin mit uns diskutierte, konnte sein Kollege im Hinterzimmer durch unser Visum den genauen Zeitstempel finden und sah sich abermals die Videos von unserer Einreise an. Was musste er da sehen?

Christoph, der mit zwei Taschen ins Grenzgebäude lief und sich strahlend von einer Frau verabschiedete. Barbara Salesch würde sagen, dass die Beweislast erdrückend sei. Doch auch hier wiederholten wir unsere Geschichte und die der Windeln. »Ich weiß nicht, was ihr gemacht habt – aber ich kann euch nichts beweisen«, sagte der inzwischen ziemlich angefressene Mann. Zähneknirschend drückte er uns die Pässe mit dem Ausreisestempel in die Hand und wir machten uns schnellstens zurück auf den Weg nach Tiflis.

Gibt es wirklich nur 194 Länder? WELTTOURNEE-KNEIPENWISSEN
Wie oft auf der Welt ist die Antwort kompliziert. Der gute alte Diercke-Weltatlas aus der Schule hilft beim Zählen nicht richtig.

Gestrichelte Linien weisen dort auf Besonderheiten hin, die es zu beachten gilt. Sänger Mark Forster hat sich die Zahl herausgepickt, die am ehesten die richtige Lösung verspricht: 194. Hierzu gehören alle 193 UNO-Mitglieder, sowie der Vatikanstaat mit einem Beobachterstatus. Damit kann man im Einzelfall hervorragend leben.

Schaut man genauer in den Weltatlas und schaut sich die gestrichelten Linien an, wird klar, dass die Zahl zumindest etwas größer sein könnte. Zudem gibt es auch innerhalb der UNO Streitereien: Pakistan erkennt Armenien nicht an und Israel wird von 34 Staaten, vorwiegend arabischen Ländern, nicht anerkannt. Aber auch Regionen, die gerne ein Land wären, kann man damit beachten. In Georgien, in das wir gerade mit Mühe zurückkehrten, bemühen sich zwei Gebiete um Anerkennung: Abchasien und Südossetien. Nur wenige Staaten, darunter Russland, erkennen die beiden Länder an, zum Leidwesen von Georgien, das seine Integrität verletzt sieht.

Noch nicht verwirrend genug? Die Antarktis ist das einzige Stück Land, das kein Staat ist und zu keinem Staat gehört. Es gibt den »Antarktisvertrag« zur friedlichen und insbesondere wissenschaftlichen Nutzung der Antarktis, dem mittlerweile viele Staaten beigetreten sind. Man könnte diese Aufzählung noch an einigen anderen Stellen weiterführen. Also dann doch lieber Radio an. Irgendwo läuft vielleicht gerade Mark Forster mit seinen 194 Ländern.

»ZDRAVO« KROATIEN

I n Kroatien will man natürlich an den Strand. Mal eben im Reiseprospekt geblättert (Gibt es das eigentlich noch?). Die schönsten Farben dieser Welt sind da zusammengestellt. Der Hashtag #nofilter kann hier nicht genutzt werden. Aber mal im Ernst. Es ist wirklich wunderschön, ganz gleich, ob auf den unzähligen Inseln oder im Hinterland. Dubrovnik ist nicht nur ein Ziel für »Game-of-Thrones«-Fans, wie wir gleich in den Geschichten erleben werden. Es gibt auch noch Zagreb als Geheimtipp. Denn wenn Barcelona zu voll ist oder in London schon alles bekannt ist, kann man sich hervorragend in die kroatische Hauptstadt aufmachen und dort abseits von Touristenmassen ein Wochenende verbringen. Sehenswürdigkeiten sucht man vergebens, doch wenn man am Abend auf einem der großen Plätze unter einer riesigen Reiterstatue sitzt und den Menschen bei der Abendgestaltung zuschaut, ist die Sagrada Família doch schnell vergessen.

Direkt per Du in Brovnik

»Her mit der Kohle«, sagte uns unser montenegrinischer Busfahrer recht deutlich. Sein Gesicht zuckte schon etwas grimmig. Tiefe Falten hatten sich da eingebrannt. Wahrscheinlich von den vielen Kurven, durch die er in seinem Leben mit seinem Bus schon gerast war. Wir standen am Busbahnhof von Herceg Novi an der Grenze zu Kroatien und wussten nicht recht, was diese bedrohliche Situation ausgelöst hatte. Immer wieder hielten wir ihm unser Ticket unter die Nase. Adrian versuchte mit perfekter Aussprache sogar alle Wörter, die darauf standen, vorzulesen. Es half nichts, die Falten im Gesicht wurden noch grimmiger und die (Abfahrts-)zeit saß ihm im Nacken.

Bepackt waren wir wie immer mit unseren zwei kleinen Rucksäcken, auf die der Busfahrer immer wieder deutete. Erst langsam verstanden wir, dass er die Gepäckstücke in dem Bauch des fast leeren Busses verstauen wollte. Diese Nachtigall hörten wir auch in Montenegro trapsen. Auch wenn nicht viel Wertvolles in den Rucksäcken gepackt ist, richtig gerne verlieren wir sie nie aus den Augen. Bevor es zu großen Unruhen kam, bezahlten wir den Mann und verstanden, warum er unbedingt die Rucksäcke verstauen wollte. Er konnte sich den Euro, den wir bezahlen sollten, selbst einstreichen. Die Kaffeekasse für die Reise war gefüllt, seine Zornesröte kam aber nicht von der brennenden Sonne.

Er hatte uns nun auf dem Kieker. Wir setzten uns jetzt, wie auf Klassenfahrt, in die letzte Reihe und bei jedem Versuch, etwas zu essen oder zu trinken stieg er während der Fahrt merklich auf die Bremse und beschimpfte uns mit einem Schwall montenegrinischer Schimpfwörter. Das brachte logischerweise auch langsam die anderen Klassenkameraden, ähm, Mitfahrende gegen uns auf. Kein guter Start für die Tour nach Kroatien. Immerhin, der Ärger war für uns schnell gegessen, wenn wir schon nicht in unser Frühstücks-Börek aus Blätterteig und Käse beißen konnten. Vor uns tauchte Dubrovnik auf. So stellt man sich in einem Reisefilm das Auftauchen einer Stadt auf. Wir saßen auf der linken Seite im Bus, neben der Autobahn tat sich der dunkelblaue Ozean auf und dann, gleich nach einer Kurve, lag da plötzlich diese Stadt. Ein schimmerndes Juwel aus goldgelben Stein, das in der Sonne glitzert und funkelt. Die Stadtmauern, einst unüberwindbar, so wie das Mitnehmen von Rucksäcken in den Fahrgastraum, umfassen liebevoll die Stadt. Von hier aus sah Dubrovnik ganz friedlich aus – aber das tat der Busfahrer vor der Tour auch.

Wie schon oft im Balkan hatten wir vorab kein Hotel gebucht. Bisher hatte das immer geklappt – auch im Sommer. Am Busbahnhof hätten wir allerdings schon merken können, dass es schwierig werden könnte. Es sollte mit der Zimmerbuchung noch problematisch werden: Viele Menschen wuselten umher. Karren mit Gepäck wurden verladen. An allen Ecken wurde die Abfahrt oder die Ankunft eines Busses lautstark verkündet. Der erste Weg am Busbahnhof führte uns in die Touristeninformation. Merkliche Ruhe nach dem Gewusel draußen, als die Tür hinter uns ins Schloss fiel.

Die nette Dame am Schalter lachte und winkte direkt ab. »Keine Chance, Jungs. Im Sommer müsst ihr hier lange vorher reservieren. Welcome to Dubrovnik!« Wir erklärten ihr unsere missliche Lage, denn wir mussten ein paar Tage dableiben, da unser Flieger vom Flughafen der Stadt abheben sollte. Weiterreisen war schwierig. Vor den Toren der Stadt, die von außen verheißungsvoll schimmerte, zu nächtigen war ebenfalls keine Option. Sie zuckte kurz und meinte, wir könnten es bei einem Hostel nah am Busbahnhof versuchen. Wenn in der Stadt an einem anderen Ort ein Bett frei ist, dann dort. Raus aus dem Trubel der Busplattformen und rein in den Trubel der Stadt.

Auch in besagtem Hostel trugen wir unsere Geschichte vor und auch dort erlebten wir die gleiche Absage. »Keine Chance, Jungs. Wir sind auf Wochen ausgebucht und die Warteliste ist ebenfalls schon gefüllt«, die Absage vom Mädel an der Rezeption. Ein Facharzttermin in Dubrovnik wäre gerade wahrscheinlich einfacher zu bekommen. Langsam merkten wir, dass unsere Balkan-Glückssträhne wirklich gerissen sein könnte. Sie sah unser entgeistertes Gesicht und wahrscheinlich auch die Not. Denn wir wollten gerade auf dem Absatz kehrt machen, da sagte sie: »Wartet mal eine Sekunde – vielleicht kenne ich da jemanden.« War es Mitleid, war es Karma für das Erlebnis mit dem zornigen Busfahrer? Sie schnappte sich den Telefonhörer und nach einem kurzen Gespräch, dessen Inhalt wir nicht verstanden, konnte sie uns die freudige Mitteilung machen: »Ihr werdet gleich abgeholt.« Wieder mal schlug der Zauber des Balkans zu. Fragen nach Preis, Zeit und Ort erübrigten sich in diesem Falle. Wir vertrauten der Frau einfach blind.

Wir saßen unten vor der Tür, als ein uralter Opel Kadett um die Ecke bog. Man hörte es klappen und als er zum Stehen kam, meldeten sich die Bremsen lautstark. Die Tür öffnete sich und bevor ein Bein aus dem Auto kam, wurde erst mal mit einem Gehstock um Halt gesucht. Kurzum: Der Besitzer war noch betagter als das Modell. Ein älterer Herr stellte sich als Opa Nico vor. Er sprach einwandfreies Deutsch und lud uns in sein Gefährt ein. So fühlten sich wohl Zeitreisen an, es fehlte nur noch die gehäkelte Toilettenpapierrolle auf der Hutablage.

Durch verschiedene Straßen ging es steil bergauf, der Opel schnaufte ganz schön, doch am Ende waren wir oberhalb von Dubrovnik angekommen. »Willkommen in meinem Gasthaus«, sagte Opa Nico, als wir langsam zwischen einem kleinen Gang, der völlig mit Efeu bewachsen war, hervorkamen. Er lebte mit seiner Frau in einem Haus mit einem kleinen wild zugewachsenen Garten. Hölzerne Fensterläden und eine Aussicht auf die glitzernde Bucht, die jedes 5-Sterne-Hotel vor Neid erblassen lassen würde. Ein Zimmer hatte er als Gästeherberge ausgebaut. Das heißt in diesem Fall: ein knarrendes Bett, ein knarzender Holzschrank und vor dem Fenster eine knarzende Katze. Ein absoluter Glückstreffer für uns. Schnell lud er uns auf die Terrasse zu Keksen und Tee ein, denn er hatte ein Problem im Garten.

Das erste Problem: Er hatte nur zwei Stühle, weil sonst kaum Besuch da war und die Touristen, die bei ihm übernachteten, möglichst schnell in die Stadt und den Strand wollten. Bei uns rannte er aber offene Ohren und Augen ein. Wir verwarfen die Pläne, die alle anderen Reisenden auch hatten. Aus einem alten Schuppen kramte er zwei Stühle, die bei jedem Vintage-Markt in Berlin horrende Preise erzielen würden und bat uns an den Tisch.

Das zweite Problem war in zwei Zinkfässern in seinem Garten gefangen. In den 100-Liter-Fässern lagerte Weißwein. Etwas außerhalb der Stadt besaß er einen kleinen Weinberg, den er schon lange nicht mehr selbst bewirtschaften konnte und deshalb die Weinreben per Auftragsproduktion verarbeiten ließ. Würden in Deutschland für eine solche Arbeitsleistung viele Rechnungen gestellt werden, war das Vorgehen in Dubrovnik ein anderes. Die Hälfte vom Wein gab Opa Nico ab, die andere Hälfte fand den Weg in seine Zink-Tonnen.

Nun fragte er uns kitschig, ob wir ihm nicht bei Problem Nummer zwei helfen könnten. Er trank mit seiner Frau nur ganz wenig Wein und die Nachbarn und Freunde waren schon längst versorgt. Was in der heutigen Zeit als charmante Nachfrage zu einer guten Bewertung auf den Buchungsplattformen klingt, war bei ihm anders. Sein Gasthaus war auf keiner Website dieser Welt verzeichnet. Er wollte mit seinen deutschen Gästen einfach eine gute Zeit haben und ein wenig quatschen. Wir nahmen Platz und vergaßen alles um uns herum. Aus unserer Lage konnten wir unten die Stadtmauern und das Treiben auf dem Meer beobachten, während sich bei uns am Berg nur sporadisch in der Ferne mal ein Hund meldete. Paradiesische Zustände, wie wir später lernen sollten.

Für uns sollte an dieser Stelle nicht nur eine ganz besondere Weinprobe beginnen, sondern auch eine der besten Geschichtsstunden unseres Lebens. Denn natürlich fragten wir unseren herzlichen Gastgeber, woher denn seine hervorragenden Deutschkenntnisse kamen. Er lehnte sich auf seinen Spazierstock und begann zu erzählen. Als Kroate war er stark betroffen vom Jugoslawienkrieg, als die Stadt Anfang der 90er-Jahre angegriffen wurde. Mit seiner Frau verließ er die Region schweren Herzens und fand in der Nähe von Stuttgart eine neue Heimat auf Zeit. Nach dem Krieg kehrten sie jedoch fix zurück und halfen beim Aufbau.

Dieser Mann hatte Geschichte hautnah erlebt. Auch die Zeit aus dem Tito-Regime schilderte er uns und erklärte, wie schwer es immer noch ist, über die kroatischen Nachbarländer zu sprechen. Das Skript dazu würden wir am liebsten an unsere alten Geschichtslehrer weitergeben. Gänsehaut im Geschichtsunterricht bei Weißwein und Aussicht.

Die schönsten Busfahrten der Welt WELTTOURNEE-TIPP
Es kann nervig sein, wenn im Reiseplan steht: Viele Stunden Busfahren stehen an. Doch gerade hier ist das alte Welttournee-Motto: »Der Weg ist das Ziel« bestens aufgehoben. Nette Nachbarn ver-

süßen den Trip, da man sie aber nicht immer trifft, haben wir hier unsere schönsten Fahrten zum Nachreisen gesammelt.

Südafrika: Von Durban nach Lesotho. Über den Sanipass geht es vom Indischen Ozean in unzähligen Kurven hoch nach Lesotho. Immer wieder kann es passieren, dass der Minibus einen außerplanmäßigen Halt macht. Manchen Gästen schlagen die Höhe und die Kurven auf den Magen.

Peru: Das heilige Tal der Inka. Von Ollantaytambo geht es durch das Heilige Tal der Inka bis nach Urubamba. Auf rund 3.000 Meter Höhe explodieren alle Farben. An den Seiten der Straße türmen sich noch höhere Berge, nebenan schlängelt sich ein Fluss entlang und immer wieder tauchen kleine Inka-Dörfer auf.

Nepal: Von Kathmandu nach Pokhara. Rund acht Stunden fährt man die 200 Kilometer. Zeit genug, die Landschaft am Annapurna-Gebirge, den Phewa-See oder riskante Überholmanöver auf enger Straße zu beobachten.

Wo gedrängelt wird, da lass dich nieder

Dubrovnik macht gerne Werbung mit seiner Altstadt. Wir hatten sie ja bereits aus der Ferne beschrieben. Sie sieht auch wirklich wunderbar aus. Der historische Kern der Stadt wurde bereits im Jahr 1979 in die Liste des Weltkulturerbes der UNESCO aufgenommen. Ein Juwel an der Adria. Edelsteine ziehen nun mal Unmengen an Besuchern an. Die Altstadt ist zwar autofrei, aber nicht Touristen-frei. Uns war der Ansturm gar nicht bewusst, als wir die Stadt an der südlichen Adria als Rückflug-Ort für unsere Balkan-Tour wählten. Hier wollten wirklich alle hin. Zumindest, um sich zu überzeugen, ob es wirklich aussieht wie bei »Game of Thrones«. Dubrovnik diente als Drehort und Kulisse für »King's Landing«, einer der Hauptstädte der Serie. Ein Labyrinth an Stadt, das sich auf einer Landzunge erstreckt. Nicht nur Fantasy-Fans raubt dieses Gebilde den Atem. Wenn dazu noch die großen Kreuzfahrtschiffe ihre Gäste alle gleichzeitig ausspucken, ist das Chaos vorprogrammiert. Die besagte verwinkelte Altstadt erreicht man auf dem Touristen-Weg meist über zwei Haupttore. Dort fanden wir uns auch inmitten der Kreuzfahrtgäste und anderen Touristen wieder, die die Stadt bevölkerten. Auf einem indischen Wochenmarkt herrscht weniger Gewusel. Das Pile-Tor, das sich am westlichen Ende der Altstadt befindet, ist das bekannteste und am meisten besuchte Tor Dubrovniks. Es wurde im 16. Jahrhundert erbaut und diente als Haupteingang in die Stadt. Das Tor ist ein prächtiges Beispiel der gotischen Architektur mit einem riesigen Torbogen, flankiert von zwei Türmen.

Wer sich mit der Mittelalter-Bauweise auskennt, weiß, dass die Stadttore oft nicht dafür gedacht waren, möglichst viele Fremde gleichzeitig in die Stadt zu lassen. Eher das Gegenteil war der Fall. Fremde sollten abgehalten werden. Doch mit Fremden verdient man hier nun mal gutes Geld. Auch der Busbahnhof direkt vor dem Tor war in der Bauweise sicher so nicht eingeplant gewesen. Um in die magische Altstadt zu kommen, muss man eine kleine Brücke überqueren, die von einem Tor gesäumt wird. Dahinter gibt es dann eine Rampe und eine noch kleinere Tür. Was Nadelöhr auf Kroatisch heißt, konnten wir bis heute nicht herausfinden – hier stand zumindest eins.

Wir mogelten uns am Rand entlang und beobachteten, wie wildfremde Menschen im Gedränge plötzlich aufeinander losgingen. Ein Schritt zu viel hier, ein kleiner Drängler da und schon gab es ein ansehnliches Handgemenge. Kinder auf dem Arm schrien wie am Spieß, während sich ihre Väter gerade in allen Sprachen dieser Welt die Meinung geigten. »Kinn's Landing« statt »King's Landing« war hier angesagt. Gibt es ein passenderes Bild für »Overtourism«? Relativ schnell erkannte man aus der Masse eine ganz bestimmte Art von Urlauber. Viele von ihnen hatten gleich aussehende Handtücher unter dem Arm oder die Schlüsselkarte zur Kabine mit einem Band um den Hals. Ein (oder zwei, oder drei) Kreuzfahrtschiffe waren zu Gast. Und so verstärkt sich hier das Problem bei vielen bekannten Hafenstädten. Eine ganze Menge Menschen kommt zur gleichen Zeit an und will die gleichen Sehenswürdigkeiten sehen. Ein Flaschenhals, der für miserable Stimmung sorgte. Früh kommen und früh gehen lohnt sich für alle, die den letzten Zauber der Gassen noch erleben wollen und vielleicht nicht mit Schiffsschraubenkraft angekommen sind.

Oder man nutzt auch hier das »Welttournee-Ominöse-Seitenstraßen-Prinzip«. Zwei schnelle Abbiegungen links, drei rechts und schon hat man ein wenig Ruhe. Hinein ins Labyrinth aus engen Gassen, Plätzen und Treppen, die von Steinmauern und Gebäuden gesäumt sind. Die Gassen sind gepflastert und bestehen hauptsächlich aus weißem Kalkstein, was ihnen ein sauberes und einladendes Aussehen verleiht. Ganz anders als die Stimmung am Tor eben. Wäscheleinen spannen sich über enge Gassen. Aus einer Weintonne wurde ein Tisch gebastelt, an dem sich die Nachbarn trafen – auch das kann Dubrovnik sein.

Wir ließen uns treiben, bis wir später ein Schild mit der Aufschrift »Buza Bar« sahen. Durch ein Loch in der Stadtmauer verließ man den inneren Bereich und befand sich plötzlich auf dem Felsen vor der Stadt. Zwar waren auch hier genug Menschen unterwegs, gedrängelt wurde zum Glück aber nicht. Orangefarbene Aperol-Schirme wiesen den Weg zum »Day-Drinking« in der Mittagshitze. Vielleicht auch perfekt geeignet, um sich ein wenig Mut anzutrinken für das, worauf man genau schaute:

Hier versammelte sich die Jugend von Dubrovnik zum Klippenspringen. Von drei Metern über fünf Metern bis zum gewagten 15-Meter-Sprung war hier alles vertreten, was man in deutschen Freibädern gelernt hatte. Die verschiedenen Höhen waren nicht mit Sprungbrettern abgemessen und eher eine grobe Schätzung. In den Stein gehauene Treppen verbanden die inoffiziellen Startrampen ins blaue Glück der Adria. Immer wieder hörte man Gejohle mit anschließendem Platschen nebst großer Wasserfontäne. Auch als Außenstehender bekam man eine kleine Erfrischung ab.

Adrian trug seit Tagen seine Badehose und ging auf Erkundungstour – er wollte schließlich zum Club der Klippenspringer gehören. Er beobachtete die Locals auf den Felsen, rechnete im Kopf aus, wie weit er springen müsste, um nicht auf der Felskante aufzuschlagen. Man hörte es förmlich in seinem Kopf rattern. Er machte einen Tauchgang, um zu sehen, ob das Wasser auch tief genug war. Vorsicht war die Mutter der Porzellankiste. Vielleicht trieb ihn die Erfahrung aus dem Guatemala-Kapitel auch einfach an – dort wollte er auch einfach in unbekannte Gewässer springen, prüfte zum Glück vorher die Wassertiefe und entschied sich gegen den Sprung.

Nach gut einer halben Stunde entschied er sich, dass der Sprung auch für ihn zu schaffen sein sollte. Er legte Klamotten und Angst ab und sprang ins tiefblaue Wasser. Glücklich, nass und zufrieden tauchte er wieder auf und wir begannen mit dem Aufstieg zurück Richtung Loch in der Wand. Oben am 15 Meter-Felsen machen wir kurz Halt. Eine Gruppe junger amerikanischer Touristen hatte sich dort versammelt. Amerikaner wie aus dem Bilderbuch. Alle groß gewachsen, mit Basketball-Trikots und weißen Tennissocken bis unter die Knie gezogen. Sie lehnten am rostigen Geländer, das den Fußweg von der kleinen Plattform trennte, und reckten die Hälse nach unten. Sie präsentieren ein schönes Stück an Transatlantischen-Interpretation des Klippenspringens, schon vor dem eigentlichen Sprung gingen sie an die ganze Sache etwas anders heran als der auf Sicherheit bedachte Europäer. Während Adrian zuvor alle möglichen Berechnungen anstellte, fragte uns einer der US-Jungs: »Hey Leute, ist hier schonmal wer runtergesprungen?«

Wir antworteten, dass die Profi-Jungs aus Dubrovnik das sehr wohl könnten und wir sie vorhin dabei beobachtet hatten. Man müsse allerdings mit ordentlich Anlauf springen, da die Mauer hier nicht senkrecht herunterfiel, sondern etwas nach vorn ging. Das reichte ihm völlig als Aussage. Er zog sich bis auf die Unterhose aus, hing seine Sachen über das Geländer, nahm Anlauf und sprang ohne ein weiteres Wort unter großem Gejohle seiner Freunde über die Klippe. »Ist das gerade wirklich passiert?«, fragten wir uns. Ein riesiges Platschen gab die Bestätigung. Spoiler: Er kam unbeschadet unten an und überzeugte anschließend auch seine Freunde, ihm auf dem zweiten Sprung zu folgen. Kulturelle Unterschiede mal ganz einfach dargelegt.

Die schönsten Filmkulissen WELTTOURNEE-TIPP
Nicht nur hier in Dubrovnik wird groß damit geworben, dass hier eine berühmte Serie gedreht wurde. An vielen Orten der Welt kann man zumindest ein Stück an seine Film-Orte reisen. Oder man ist wie wir enttäuscht, wenn in Venedig das James-Bond-Haus gar nicht mehr steht oder eine Buchenallee in Dark Hedges in Nordirland gar nicht einsam wirkt. Im CONBOOK Verlag erschien übrigens das Buch »Szene für Szene die Welt entdecken« von Andrea David für noch mehr Reisen zu berühmten Drehorten.

Maya Bay, Thailand: Hier wurde der absolute Backpacker-Film »The Beach« gedreht. Nachteil der großen Beliebtheit: Alle wollten den Strand sehen und zertrampelten die Natur. Zwischenzeitlich sperrte die thailändische Regierung den Traumstrand, mittlerweile dürfen wieder einige Boote anlegen.

Matamata, Neuseeland: Die grünen Bergketten, wilde Flüsse und grasbewachsene Felder boten die perfekte Kulisse für die »Herr der Ringe«-Filmtrilogie. Die Szenerie rund um den Ort Matamata wurde genutzt, um die friedliche Auenlandschaft samt Hobbit-Häusern darzustellen.

Petra, Jordanien: Bei der Suche nach dem Heiligen Gral wird auch die verlassene Felsenstadt Petra als Kulisse genutzt. Wie viele Besucher vor uns täuschten wir uns auch, denn hinter der berühmten Kulisse ging es gar nicht in den Berg hinein. Trotzdem spektakulär.

»PËRSHËNDETJE« KOSOVO

Ein Blick in unser Instagram-Postfach ist ganz unterhaltsam. Viele Hörende berichten, was sie auf Reisen genauso erlebt haben, manche beschweren sich, wenn wir mal ein vietnamesisches Gericht nicht ganz richtig ausgesprochen haben. Dann gibt es noch die Kosovaren. Sie sind begeistert, dass jemand in ihr Land kommt und darüber positiv berichtet. In unserem Podcast sagten wir nämlich, dass man sich in das Land trauen muss. Doch wenn man da ist, belohnt es einen mit vielen Erlebnissen. So viele Einladungen zum Abendessen, die wir noch abarbeiten müssen! Denn wirklich viele Touristen verirren sich hier nicht hin. Warum eigentlich?

Pristina Aguilera: Genie in a Bottle

Der Balkan-Express des kleinen Reisenden ist hier immer noch der Bus. Alles, was vier Räder und ein paar Sitze aufweisen kann, gilt hier als Transportmittel. Eine Rückenlehne fehlt? Kein Problem, sitzt halt vorn beim Fahrer! Die Bezüge fehlen? Ihr habt doch Holzklasse gebucht! Man kommt auf einer Tour mit den verrücktesten Mobilen in Kontakt. Und dennoch, missen will man den Balkan-Express niemals. Es geht durch urige Wälder, wackelig aussehende Brücken werden überquert und im nächsten Ort springt der Kumpel vom Fahrer auf und lässt sich die Straße herunter kutschieren. Großes Kino auf großer Leinwand.

Von Skopje in Nordmazedonien ging es ausnahmsweise fix und unkompliziert in den Kosovo. An der Grenze wurden kurzerhand die Pässe eingesammelt und geprüft. Wir wollten danach weiter nach Albanien. Und jetzt bitte Zettel und Stift bereitlegen und mitschreiben: Wären wir vom Kosovo auf diesem Wege nach Serbien gereist, hätten wir zur damaligen Zeit Probleme bekommen. Uns wäre die Einreise nach Serbien möglicherweise verweigert worden. Denn serbische Grenzer hätten uns nur ausreisen lassen, wenn wir zuvor auf dem Landweg von Serbien in den Kosovo gereist wären. Nach Albanien zu reisen, ist kein Problem und auch eine Rückkehr nach Nordmazedonien wäre ohne Probleme möglich gewesen. Klingt kompliziert? War es auch! Wenn man den alten Diercke-Weltatlas aus der Schule aufschlägt, sieht man, dass die Grenze zwischen Serbien und Kosovo gestrichelt ist. Nicht etwa die Druckertinte war leer. Die gestrichelte Linie verrät ein wenig die schwierige Geschichte der Balkan-Länder. Der Kosovo-Krieg war das letzte lodernde Flämmchen der Konflikte, das zum Glück gelöscht wurde. Der völkerrechtliche Status des Landes ist umstritten, nicht alle Mitgliedstaaten der Vereinten Nationen erkennen die Republik Kosovo als unabhängig an. Davon lassen sich ihre Bewohner aber nicht entmutigen.

Wir schafften es unbeschadet nach Pristina – die Hauptstadt des Kosovos. Die Straßen waren voller Leben und Bewegung. Die bunten Gebäude und Fassaden spiegeln die unterschiedlichen Architekturstile wider, die in der Stadt zu finden sind. Hier trifft die osmanische Architektur auf modernistische und postmodernistische Gebäude. Die Straßen sind belebt und voller Menschen, die sich in Cafés und Restaurants treffen oder durch die Geschäfte und über Märkte schlendern.

Koffein-Fans sind hier richtig aufgehoben. Man trinkt eigentlich zu jeder Tag- und Nachtzeit seinen kleinen Espresso für rund einen Euro und beobachtet, wie sich die Stadt und ihre Bewohner wandelt. Einerseits besitzt die Stadt noch jugoslawischen Charme, auf der anderen Seite der Medaille stößt man auf immer mehr hippe und moderne Cafés, Theater und Kunst. Eine interessante Mischung in einer ganz jungen Hauptstadt.

Stichwort Medaille, kurz vor unserem Besuch gewann die Kosovarin Majlinda Kelmendi Gold bei den Olympischen Spielen in Rio. Es war die erste Medaille für das Land, und die junge Sportlerin wurde zu einer Volksheldin. Ganze Straßenzüge wurden mit ihrem Foto geschmückt und wahrscheinlich trägt auch das ein oder andere neugeborene Kind jetzt den Namen Majlinda. Partystimmung in der Stadt. Als Fans seltsamer Architektur schauten wir noch an der Nationalbibliothek des Kosovo vorbei. Eine große internationale Zeitung kürte die Stahlwürfel mit ihren Kuppeln zu einem der drei hässlichsten Gebäude der Welt. Gewinner bei der Wahl könnte wohl unsere alte Schule geworden sein, aber das ist ein anderes Thema.

Viel hielt uns jedenfalls nicht in der Stadt, denn wir wollten weiter Richtung Albanien. Wir standen wieder am Busbahnhof und hatten die Wahl zwischen all dem Gewusel. Zwei etwas größere Städte lagen nah an der Grenze: Prizren oder Gjakova. Unsere Wahl wurde von der früheren Abfahrtszeit beeinflusst, wir sprangen als letzte Mitfahrer in den Bus, der schon fast nach Gjakova abgefahren wäre. Diesmal hatten wir einen entspannteren Busfahrer. Er bremste seine schon begonnene Fahrt kurz hinter der Bushaltestelle nochmal, als er uns winkend im Rückspiegel sah.

Auf in eine Stadt mit 40.000 Einwohnern rund 20 Kilometer von der albanischen Grenze entfernt. Es gab zwei letzte Sitzplätze im sonst komplett vollen Bus und Christoph nahm neben einer jungen Kosovarin Platz, die herzzerreißend schluchzte. Ihr Make-up war schon völlig verlaufen und die dunklen Haare hingen ihr ins Gesicht. Wie in (fast) jedem Land dieser Erde munterte das Anbieten der letzten Bierreserven aus dem Rucksack die Stimmung auf und sie begann zu erzählen, während draußen die Häuser weniger wurden und wir übers Land tuckerten.

Sie war für ein paar Wochen als Austauschschülerin in Deutschland gewesen und lebte bei einer Familie in Freiburg. Sie genoss das Leben und die Freiheiten dort sehr. Doch nach dem Sommer sollte die Schule im Kosovo beginnen und sie musste zurückfliegen. Wäre es nach ihr gegangen, wäre sie am liebsten in Freiburg geblieben und jammerte jetzt tränenreich, dass sie am nächsten Montag wieder die Schulbank drücken musste. Für uns war es spannend zu hören, mit welcher Detailverliebtheit sie vom deutschen Leben berichtete. Ständig sauberes Wasser oder ständig Strom (dieser Punkt wird später nochmal wichtig). Wieder ein schönes Beispiel, welche anderen Realitäten es gibt, und uns wurde ein Spiegel vorgehalten, wie gut wir es auch in jungen Jahren schon hatten.

Angekommen in Gjakova, war hier mehr Party als in der Hauptstadt. Die Stadt ist von einer malerischen Landschaft umgeben, die von sanften Hügeln und grünen Wäldern geprägt ist und von den majestätischen Prokletije-Bergen überragt wird. Am Abend sollte eine »All-White-Party« stattfinden. In der ganzen Stadt liefen bereits Jugendliche mit weißen Hosen und weißen Shirts herum. Wir mussten die Einladungen von unseren Sitznachbarn allerdings ablehnen, aus einem ganz einfachen Grund: Wir hatten keine weißen T-Shirts im Gepäck. Trotzdem genossen wir die Stimmung und setzten uns wie so oft in eine Kneipe, um den weiteren Abend und unsere Übernachtung zu planen. Und jetzt beginnen wieder mal die Geschichten aus der Kategorie »Völlig unglaubwürdig«.

30 Sekunden nachdem unser erstes Bier fertig gezapft und der letzte Tropfen im Glas gelandet war, fiel der Strom aus. Wir hatten es zuvor noch vom Mädel im Bus gehört. Dieser Stromausfall war allerdings besonders. Denn während auch in Spanien oder Portugal mal in bestimmten Häusern oder in Straßen der Strom ausfällt, war hier mit einem Schlag die ganze Stadt lahmgelegt. Das Internet fiel aus, die Beleuchtung knickte ein und selbst die Sterne schienen ausgeknipst. Es war komplett dunkel. Wir hatten gerade zuvor unsere Hotelbuchungs-App geöffnet und wollten noch eine Bleibe für die Nacht suchen, ohne Internet wurde die ganze Sache aber etwas schwierig. Zudem hatten die sonst unglaublich freundlichen Kosovaren gerade andere Probleme als zwei Backpackern zu helfen. Überall wurde gewerkelt. Aus dem Keller wurde Eis herangeschafft. Denn an so einem Abend mit warmem Bier dazustehen, war wohl der Albtraum für den Wirt.

Wir hofften, dass der Strom fix zurückkehren würde – tat er aber nicht. Wir blieben in der Kneipe sitzen und konnten zum Glück auf die kühlschrankgekühlten Flaschen vom Bier zurückgreifen, die inzwischen mit einer ganzen Menge Eis überschüttet wurden. Irgendwann setzte sich ein Mann zu uns an den Tisch. Er schien uns die Zeit über beobachtet und belauscht zu haben. Er war etwa 45 Jahre alt und hatte tiefe Furchen im Gesicht, kurz geschorene Haare und ein einigermaßen sauberes Hemd an. Er sprach uns im perfekten Deutsch an. »Hey Jungs, wo kommt ihr denn her?«, so seine Einstiegsfrage. Wir erzählen, dass wir aus der Nähe von Hannover kommen. Er sprang sofort auf, hielt sich die Hände und rief begeistert »Ich komme auch aus Hannover!« Die Alarmglocken einer ganze Kathedrale klingelten bei uns im Kopf.

Doch er konnte uns schnell beweisen, dass er tatsächlich in Hannover gelebt hatte. Er kannte Adrians alte Stammkneipen und noch ein paar weitere Ecken, die man wirklich nur kennt, wenn man mal da gewesen ist. Doch trotzdem blieb ein mulmiges Gefühl, bestärkt von der Dunkelheit, die immer noch über der Stadt lag. Inzwischen wurden aber sämtliche Kerzenvorräte geplündert, denn man war auf solche Situationen einfach vorbereitet. Er warnte uns ständig vor den Gefahren der Stadt: »Hier ist es nicht ganz ungefährlich«, sagte er immer wieder.

Schließlich bat er uns an, in dem Hotel, in dem er lebte, ein Zimmer zu organisieren. Nach langem Überlegen sagten wir, auch mangels Alternativen, zu. Nach einem kurzen Telefonanruf, denn das Funknetz funktionierte weiterhin, kam die Bestätigung und wir machten uns auf den Weg durch dunkle Gassen. Die Handytaschenlampen halfen uns, nicht in offene Gullydeckeln zu fallen. Das Hotel entstammte ebenfalls der Kategorie »So fangen Horrorfilme an«. Es wirkte, als ob es sonst nur stündlich buchbar war. Die Eingangstür fiel nicht richtig ins Schloss, im Vorgarten türmte sich das ein oder andere Schrottteil. Die Rezeption war eigentlich ein kleiner Verschlag, auf dem ein riesiges Buch lag, in dem die Einnahmen verrechnet wurden. Einen Frühstücksraum suchte man vergebens und direkt nach dem Eingang führte ein enges Treppenhaus nach oben. Wir sagten trotzdem zu und zahlten rund zehn Euro für die Nacht.

Doch anstatt ins Bett zu gehen, um das anscheinend überall Spiegel hingen, saßen wir plötzlich im Zimmer von unserem Hannoveraner Bekannten. Er kramte Kerzen hervor und stellte sie auf die Treppen vor seinem Zimmer und in alle Ecken. Graf Dracula hätte seinen Gefallen an der Stimmung gehabt. Das Treppenhaus flackerte gespenstisch, ansonsten herrschte Stille. Er räumte noch die letzten Reste vom Abendessen von einem riesigen Holztisch. Dann begann der emotionale Teil des Abends.

Der Kosovare berichtete emotional und tränenreich, wie er aus Hannover abgeschoben wurde. Er verlor nach der Scheidung seine Aufenthaltsgenehmigung und gleichzeitig den Kontakt zu seiner Tochter. Er sollte im Kosovo in das Haus seines Vaters ziehen, das in der gleichen Straße wie unser Stundenhotel lag, aber komplett verfallen war. Verfallen war noch eine milde Umschreibung. Er zeigte uns Fotos: Fenster und Türen waren eingeschlagen oder eingetreten, an einer Stelle war das Dach eingestürzt und die ein oder andere Katzenfamilie schien eingezogen zu sein.

In Deutschland gab es damals ein Rückkehrer-Programm namens »Die Brücke«, die für solche Fälle Starthilfe im neuen Land geben sollte. Den Flyer gab er uns damals und beim Schreiben dieser Zeilen lag er noch neben uns.

Um dieses Integrations-Angebot allerdings zu nutzen, musste man eine ganze Menge an Formularen ausfüllen. Wir saßen in einem Stundenhotel bei Kerzenschein und versuchten uns durch das Behördendeutsch zu kämpfen und unserem neuen Bekannten zu helfen. Zwei studierte BWLer kämpften mit Formulierungen und Auflagen. Am Ende konnten wir ihm aber ein wenig helfen, damit zumindest die ersten Zuschüsse für die Renovierung des Hauses flossen. Ein paar Mails wurden vorformuliert und zumindest die erste Brücke konnte gebaut werden. Als wir draußen vor der Tür saßen, war der Strom zwar noch nicht immer zurück, große Hunde fingen jedoch an, die Mülltonnen der Nachbarschaft zu durchwühlen. Für Haushunde waren sie zu groß und ob es Wölfe waren, konnten wir im Gedankenkarussell nicht mehr genau erkennen – Zeit fürs Bett also.

Kornschmuggelbrüder auf Lebenszeit

Am nächsten Morgen sahen wir unser Hotel, in dem viel passiert war, zum ersten Mal in voller Pracht. Hier hätte die alte Titelmelodie zur ARD-Serie »Marienhof« entstehen können: »Es ist viel passiert.« Wenn diese Wände hätten sprechen können, wären sie wahrscheinlich dem Jugendschutz zum Opfer gefallen. Nicht nur über dem Bett hingen an allen Ecken Spiegel. Auch über der Badewanne und an sonstigen Ecken. Wir schossen noch zwei Erinnerungsfotos, grinsend in alle Richtungen und verließen unser Spiegelkabinett. An der Rezeption war zu so frühen Stunde noch niemand zu finden und so hängten wir den Schlüssel einfach an ein Nagelbrett in der Wand.

Wieder begann allerdings die große Reise-Aufgabenstellung. Denn hatte zuvor der Bus aus der Hauptstadt noch an einer Art Busbahnhof gehalten, wurde der Transport in Richtung der albanischen Grenze jetzt komplizierter. Am Busbahnhof gab es vereinzelte Abfahrtstafeln, auf kleinen rostigen Bänken warteten Reisende. Doch alle Verbindungen führten zurück zur Hauptstadt. Je kleinteiliger und regionaler die Verbindungen, desto schwieriger wurde es. Unser Reiseführer gab keine Informationen darüber preis und im Internet, das inzwischen zurückgekehrt war, fanden wir nur vage Aussagen. Doch zum Glück waren nicht nur das Internet und der Strom zurück, sondern auch die freundlichen Kosovaren. Wir fragten uns an den rostigen Bänken entlang. Ganz grob schickte man uns zu einer bestimmten Straßenecke rund 500 Meter die Straße entlang, an der wir einfach mal warten sollten. »Zweimal am Tag kommt da ein Bus. Ich weiß nicht wann, aber er kommt«, so die etwas wackelige Aussage. Für pünktliche Deutsche war das eine Aussage zum nervös werden, aber wir waren ja immer noch im Urlaub.

Wir stiefelten in unserer leichten Sommerkleidung und einer Tüte voller Schoko-Croissants zu besagtem Treffpunkt. Ein Hinweisschild, dass hier überhaupt jemals ein Bus anhalten würde, fanden wir ebenso wenig wie einen Fahrplan. Wir saßen in der brennenden Sonne, retteten einige unserer Schoko-Croissants vor dem sicheren Hitzetod und warteten, was der Tag bringen würde – im besten Fall ein Transportmittel. Mit großem Lärm näherte sich ein Gefährt hinter der nächsten Straßenecke, wir sprangen auf und wollten natürlich nicht übersehen werden. Statt eines Busses kam aber ein riesiger KFOR-Radpanzer angerauscht. Schon bezeichnend, dass wir bei dem Geräusch aus der Ferne auf einen Bus im Balkan gehofft hatten.

Sie erspähten uns und legten vor uns eine Vollbremsung ein. Wer schon mal einen Radpanzer bei einer Vollbremsung beobachtet hat, weiß: Hier steht jetzt alles, angefangen von den Nackenhaaren. Oben auf dem Dach öffnete sich eine Luke und ein Soldat tauchte auf. Er schaute zuerst an sich herunter, dann musterte er uns. Unterschiedlicher hätte die Reiseausrüstung wohl kaum aussehen können. Der Soldat mit Helm, schusssicherer Weste und Lederstiefeln. Wir mit Flip-Flops, Tank Top und Basecap. Was uns allerdings vereinte, war die coole Sonnenbrille. »Jungs, seid ihr verrückt? Was macht ihr hier?«, fragte der italienische Soldat. Wir zeigten auf unsere Ausrüstung und antworteten verdutzt »Urlaub«. Wir erklärten ihm unseren Tournee-Plan für den Tag und unser Hoffen auf baldigen Transport. Kopfschüttelnd und mit großem Getöse fuhr das Team weiter. Zur Grenze konnten sie uns natürlich nicht bringen.

Kurz danach aber dann endlich die Erlösung: statt Militärfahrzeug bog unser Bus um die Ecke. Ein Bus der Marke »Achherrje«. Es war ein mit deutlichen Rostspuren versetzter Mini-Bus, wie man ihn auch aus Mittelamerika kennt. Allerdings mit deutlichen Anzeichen der Alterung und einer ganzen Menge Rost an allen Ecken. Der Beifahrer öffnete kurz das Fenster: »Albania?«, rief er fragend. Wir nickten und stiegen ein. Wir hatten hinter den verspiegelten Scheiben die typischen 20 Sitze erwartet, doch den Anblick im Inneren hatten wir nicht kommen sehen: Direkt hinter dem Fahrersitz waren zwei Sitze geschraubt – sie sollten die Einzigen sein. Im Raum dahinter befand sich nichts. Also fast nichts, denn es lagerten einige Säcke und verschiedene Baumaterialien dort. Der Geruch, eine Mischung aus Sägewerk, Baumarkt und sechste Stunde Sporthalle in der zehnten Klasse.

Wieder mal konnten wir mangels Alternativen nichts ändern und nahmen schulterzuckend Platz. Statt Expressverbindung nach Albanien gab es aber zuerst eine Tour durch sämtliche Kleinwaren-Geschäfte der Stadt. Es wurde eingesammelt, was nicht niet- und nagelfest war. In unserem Laderaum befand sich plötzlich noch Getreide, Zucker, Fliesen und Heu. Eine Ausstattung, mit der man bei den Siedlern von Catan locker jede Runde gewinnen würde. Vollbepackt mit tollen Sachen machten wir uns auf den Weg in Richtung Grenzposten. Die Straße schlängelte sich immer höher in die Berge, wir wollten jede Minute mit der Aussicht genießen, hatten aber immer auch ein wenig Panik, dass uns die Fliesen oder ein Sack Zucker bei der nächsten Vollbremsung das Genick brechen würden.

Unsere Fahrer wussten nicht viel mit uns anzufangen, wahrscheinlich waren sie überrascht, dass menschliche Fracht im Laderaum war. Kurz vor der Grenze sollten wir unsere Personalausweise und jeweils fünf Euro herausgeben. Die Scheine wurden genau auf die Größe der Ausweise gefaltet und dahintergeklemmt. Zudem sollten wir dem Grenzer einmal nett durchs Fahrerfenster winken. Wir mussten uns um den Fahrer herum schlängeln und grinsen. Die Scheiben hinten waren nämlich voll verspiegelt – warum bloß.

Unsere Personalausweise bekamen wir wieder. Punkt. Wir durften weiterfahren. Die Stimmung nach der Grenze besserte sich schlagartig. Als Geste der Völkerverständigung teilen wir deshalb unsere restlichen Schoko-Croissants. Kurz darauf trat unser Fahrer voll auf die Bremse. Wir hatten schon überlegt, mit diesem Geschenk etwas falsch gemacht zu haben. Kurz vor einem Dorf riss er die Fahrertür auf und stieg aus dem Schmuggel-Bus. Er sprang auf der anderen Seite über einen kleinen Gartenzaun und begann Pflaumen zu pflücken. Eine riesige Plastiktüte füllte er mit den reifen Früchten und gab sie uns als Gegengeschenk. »Albania«, sagte er lachend, denn im Kosovo hätte er sich wohl nie getraut, die Pflaumen zu stehlen. Eine lustige Fahrt endete im ersten Bergdorf in den Albanischen Alpen Bajram Curr. Unsere Fahrer verabschiedeten sich herzlich. Sie mussten schließlich noch die Schmuggel-Ware unters Volk bringen – Schmuggelbrüder auf Lebenszeit.

Die außergewöhnlichsten Bushaltestellen der Welt

WELTTOURNEE-TIPP

Auf dem Land und in den Dörfern im Kosovo gab es für uns nur eine grobe Orientierung, wo denn ein Bus hält. Auch in anderen Ländern der Welt ist oft nur eine grobe Straßenecke angegeben, wo die Transportmittel losfahren. Schön, wenn es »echte« Alternativen gibt.

Vorarlberg, Österreich: Schöner wird's nicht. Sieben »Buswartehüsle« stehen im kleinen Ort Krumbach. Sie wurden von verschiedenen Designern aus aller Welt entworfen und mit traditionellen Materialien gebaut. Als Honorar gab es eine Woche Aufenthalt im Bregenzerwald.

Dubai, VAE: Schlimmer wird's nicht. Die Bushaltestellen in Dubai sind so ziemlich alle klimatisiert. Denn das Warten auf den Bus im Sommer kann zu einer schweißtreibenden Angelegenheit werden. Sie sehen aus wie die Kühlschränke aus dem Supermarkt, nur mit einer Bank drinnen.

Isahaya, Japan: Fruchtiger wird's nicht. In der Präfektur Nagasaki stehen Bushaltestellen, die wie überdimensionierte Früchte aussehen. Da wird dann mal eben in einer riesigen Erdbeere, einer Melone oder in einer Orange gewartet.

»PËRSHËNDETJE« ALBANIEN

A lbanien hat ein Problem. Ein Image-Problem. Wer verbindet das Land schon mit traumhaftem Urlaub? Wir hatten mal die Idee, dem Tourismusverband vorzuschlagen, sich doch zumindest während der Sommersaison in »Sun-Fun-Wonderland« umzubenennen, denn genau das ist es. Wahrscheinlich einer der letzten Geheimtipps in Europa. Albanien ist ein spektakuläres Land, das von beeindruckenden Bergen, malerischen Küsten, kristallklaren Seen und Flüssen, weiten Ebenen und atemberaubenden Naturlandschaften geprägt ist. Ein Land mit einer reichen Geschichte, die bis in die Antike zurückreicht. Es ist die Heimat archäologischer Stätten, die die Überreste der griechischen, römischen und osmanischen Kulturen beherbergen. »Sun-Fun-Wonderland« eben.

Sweet Home Albania, where the skies are so blue

Wir könnten jetzt von den wunderschönen Stränden an der Albanischen Adria berichten. Es sieht hier wirklich aus wie in Italien. Wir düsen an dieser Stelle aber durch die nordalbanischen Alpen. Hier gehören Pferdekutschen zum ganz normalen Stadtbild. Die Straßen ins Bergdorf mit rund 5.000 Einwohnern waren damals nicht wirklich gut. Bezeichnend, dass der einfachste und schnellste Weg mit einer Fährfahrt über einen nahen Stausee führt. Doch dazu später mehr. Hier oben verirrt sich eigentlich kein Tourist hin. Und dennoch: an der Hauptstraße befand sich eine Touristeninformation. Besser gesagt, war es wohl ein Reisebüro, ein Internetcafé oder eine Wäscherei. Die

Öffnungszeiten waren nicht klar ersichtlich und wir verbrachten die Wartezeit wieder mal in einem Café mit Bier und deutscher Fußball-Bundesliga im Fernsehen.

Direkt gegenüber des Cafés lag ein riesiger Open-Air-Basketball-platz. In früheren Zeit sicher ein toller Ort, um ein paar Körbe zu werfen. Auf den Tribünen schienen locker 1.000 Fans zusehen zu können. Jetzt kämpfte der Löwenzahn gegen den Beton und es schien, als ob die Natur in die Play-offs einziehen würde. Team Natur schickte zudem seinen besten Mann. Der Anblick ließ uns schnell das Geschehen in der heimischen Liga vergessen. Eine Art riesiger zotteliger und abgemagerter Wolfshund tauchte plötzlich auf dem Basketballfeld auf und lief auch auf das Café, in dem wir saßen, zu. Mit zwei schrillen Pfiffen verscheuchte der Schiedsrichter in dieser Partie, der eigentlich der Wirt war, das Tier schnell wieder. Die Abendplanung für uns stand jedenfalls fest: hinter verschlossenen Türen.

Wir waren also startklar für den Nachmittag und wollten noch etwas von der Umgebung sehen. Team Natur hatte hier nämlich wirklich voll aufgefahren und die Google-Bildersuche sah vielversprechend aus. Touranbieter gab es hier nicht, einen Hop-on-Hop-off-Bus suchte man vergebens und auch das Café-Personal wollte oder konnte nicht weiterhelfen. Inzwischen hatte aber zum Glück das Reisebüro geöffnet. Hinter einem Bildschirm saß eine freundliche junge Albanerin und hieß uns sofort willkommen. Das Problem: Sie sprach kein Deutsch und nur wenig Englisch. So mussten Hände, Füße und der Google-Translator bei ihr auf dem Bildschirm helfen. Abwechselnd wurden Wünsche und Ideen eingetippt, um sie in die jeweilige Sprache übersetzen zu lassen.

Wir wollten in der Region Valbona die Alpen erkunden und zeigten immer wieder auf die Bildersuche, die uns Aussichten wie in Österreich, Kanada oder den Rocky Mountains versprach. Die Natur ist unberührt und ungestört. Die Landschaft ist voller Wälder, klarer Flüsse, malerischer Seen und Berggipfel. Die Bergspitzen ragen bis zu 2.500 Meter hoch in den Himmel und bieten einen atemberaubenden Anblick. Genau da wollten wir hin. Darauf waren sie nicht vorbereitet.

Denn das Reisebüro schickte sonst alle Urlaubssuchenden eher an die Adria. Dass sich mal in ihr Dorf Touristen verirrten, sprengte das Konzept.

Doch die Frau war jetzt Feuer und Flamme, uns zu helfen. Während sie am Telefonhörer klebte und die seltsamen Wünsche durchs Dorf funkte, holten wir vom Café nebenan eine Runde Koffein. Auf so viel Freundlichkeit ihrer Kunden war sie ebenfalls nicht vorbereitet. Schnell griff sie zum Smartphone und machte ein Gruppenfoto, das sie sofort bei Facebook hochlud. Diese ganze Geschichte würde ihr am Abend keiner glauben. Zwei deutsche Jungs, ausgesetzt aus einem Schmuggler-Bus, knapp dem Wolf entkommen, wollten jetzt in die Berge. Hätten wir Clownsnasen getragen und Trompete gespielt, es hätte ihr wohl kaum seltsamer vorkommen können.

Irgendwann regte sich der Telefonhörer und es schien sich jemand gefunden zu haben. »Mein Onkel fährt euch für 25 Euro in die Berge«, sagte sie freudestrahlend. Wir stimmten in die Freude ein und saßen kurze Zeit später im Opel Zafira des Onkels. Auf relativ moderner und neu ausgebauter Straße machten wir uns auf den Weg nach Valbona. Gleich vorab: Die Google Bildersuche hatte nicht gelogen. Es sah wirklich aus wie in den österreichischen Alpen, nur die Wandertouristen fehlten. Dafür gab es eine ganze Menge Kühe auf der Fahrbahn und freundliche Blicke der Bergbauern, wenn der Opel die Herde im Schritttempo überholte. Schilder zur Geschwindigkeitsbegrenzung sind hier überhaupt nicht nötig. Ganz einfach, die Herde gab die Geschwindigkeit vor. Mal ging es nur im Schritttempo vorbei, mal gar nicht. Zeit, den Kopf aus dem Fenster zu hängen und die Landschaft zu genießen.

Die Berge wurden höher, die Straßen schlechter und die Natur um uns herum schöner. Wir sahen blühende Weiden, auf denen vereinzelt kleine Hütten der Bergbauern standen. Vereinzelt stand mal ein Schild mit dem Hinweis auf ein Gasthaus am Rand. Wir wanderten ein wenig auf kaum ausgetretenen Pfaden. Hier oben war bisher wirklich kaum jemand gewesen. Wir versuchten, unserem Fahrer das Konzept der Hüttenwirtschaft zu erklären und wollten auf gut Deutsch an einem anderen Ort einkehren nach der Bergtour. Er grinste und verstand sehr gut, was wir wollten: eine Runde Kaffee für alle. Er brachte uns zu einem alten Bauernhof. Romantischer ging es kaum: Vor den Fenstern blühten die schönsten Blumen. Das Holzhaus stand direkt an einem kristallklaren und eiskalten Bergbach. Im Garten davor waren ein paar Stühle wahllos aufgestellt und warteten auf Gäste. Aus dem Kaffee wurde schnell Bier. Die konnte man schließlich im Bergbach besser kühlen und die Aussicht genießen.

Um die Aussicht mal etwas besser zu beschreiben: Der Fluss war nicht besonders tief, eine kleine Holzbrücke querte ihn vom Haus aus und eine flache Wiese lag davor. Adrian drapierte unsere zwei Bierflaschen gekonnt auf einem Stein inmitten des Wassers. Das Foto lud er bei Instagram hoch und verlinkte die Brauerei. Keine halbe Stunde späte kam die Anfrage, wo er denn dieses fantastische Bild gemacht hätte, und ob man es in hoher Auflösung auch für die eigene Werbetätigkeit nutzen dürfe.

Vor dem Haus lag auch noch ein kleiner, verwaister Volleyballplatz. Die großen Spiele waren auch hier wohl schon ein Weilchen her. Der Platz selbst war von hohem Gras und wildem Gestrüpp überwuchert, das sich um die Pfosten schlängelte. Die Linien waren kaum noch erkennbar und die Markierungen von Sonne, Wind und Regen ausgeblichen. Das Netz hing schlaff herunter und war von Spinnweben und Staub bedeckt. Der Boden war uneben und von Grasbüscheln und kleinen Steinen durchsetzt, was es schwierig machte, auf dem Platz zu laufen oder zu spielen. Eigentlich kein Ort für großen Sport. Wir schlugen uns einen halb platten Ball zu dritt über das Netz. Nach ein paar Minuten tauchten plötzlich aus verschiedenen Ecken Mitspieler auf. Wie auf einer Theaterbühne schienen verschiedene Eingänge und Luken geöffnet worden zu sein und das Stück begann. Es war inzwischen Abend und der große Bühnenscheinwerfer, sprich die Sonne, tauchte die Szene in einen wunderbaren Sommerabend. Das hinderte unsere neuen Mitspieler aber nicht daran, mit vollem Elan am Spiel teilzunehmen. Es wurde um jeden Punkt gefeilscht und landete mal ein Ball auf der nicht vorhandenen Markierung, wurde gestritten. Die Rufe hallten im Tal. Bevor die Sonne aber am Ende ganz hinter den Bergen versank, holten wir für alle noch eine Runde Bier. Unsere Mitspieler kamen nicht aus einem Volleyballverein, sondern waren Bergbauen und Feldarbeiter, die gerade auf dem Weg zum Feierabend waren. Völkerverständigung mit Sport – funktioniert auch im entferntesten Alpendorf in Albanien.

Die Titanic II oder auch Trampen für Trinkgeld

Die Sonne ging langsam unter und wir wollten uns leicht verschwitzt auf den Weg zum nächsten Ort machen. Wir hatten diesmal etwas besser geplant und wussten, dass uns am nächsten Morgen eine Fähre in Richtung Adriaküste bringen könnte. Den Startpunkt hatten wir bei Google Maps bereits ausfindig gemacht, und wie es schien, gab es auch dort kleine Gasthäuser und Restaurants. Unser Fahrer, der inzwischen schon das ganze Dorf mit Fotos vom Volleyballmatch versorgt hatte, machte sich mit uns auf die Abfahrt nach Fierze. Immer wieder fragte er uns, ob wir denn nun wirklich zu diesem Ort wollen und von da aus auch weiterkommen. Wir bejahten, denn wo ein solcher Fähranleger war, wird auch die Infrastruktur für eine Übernachtung nicht weit sein. Schulterzuckend gab er Gas, es war anscheinend sein Heimatdorf, wie wir später feststellen sollten.

Es ging wieder vorbei an vereinzelten Kuhherden, durch Bajram Curr, wo auf dem verlassenen Basketballfeld tatsächlich ein paar Kinder spielten. Anscheinend hatten sie keine Angst vor dem Wolf oder beherrschten ebenfalls den Pfiff vom Wirt gegenüber, um ihn im schlimmsten Fall zu verjagen. Die Straße schlängelte sich rund 20 Kilometer in Richtung Stausee. Immer wieder erblickten wir Hinweisschilder des Fährbetreibers. Wir waren gut im Zeitplan und freuten uns nach all den Anstrengungen auf eine heiße Dusche. Im Tal konnten wir bereits die Ausläufer des Stausees erkennen, doch wo wir eine Stadt vermutet hatten, war einfach gar nichts.

Die versprochenen Gasthäuser und Restaurants waren wohl eher privater Natur und bestanden zum größten Teil aus Bauernhöfen. Hotels suchte man vergebens, und wir schauten erst uns und dann unseren Fahrer ratlos an. Ein richtiger Fähranleger war ebenfalls nicht zu erblicken. Ein Haufen Kies diente als Rampe, eine kleine Metallplatte führte auf eine Fähre, die den Namen wohl kaum verdient hatte. Zusammengehalten nur von Rost, Schweiß und Tränen, lag sie da. Die Beschaffenheit des Dampfers sollte zunächst unser zweites oder gar drittes Problem sein. Denn wir hatten mal wieder keine Herberge, dafür aber eine ganze Menge Hunger. Um dem ganzen noch die Krone aufzusetzen, hatte unser Fahrer plötzlich Zeitdruck. Denn auch er war im Hauptjob Landwirt oder half zumindest auf einer Farm aus. Sein Problem hörte man schon in der Ferne schreien. Seine Kühe wollten am Abend gemolken werden. »Die platzen mir sonst«, sagte er und wollte sich auf den Weg machen. Wir machten ihm allerdings klar, dass wir keine große Lust hatten, hier in der Wildnis stehenzubleiben. Doch er hatte wirklich keine Zeit, um uns die 20 Kilometer zurück nach Bajram Curr zu fahren. Was in vielen Ländern der Erde zu unserem Problem geworden wäre, wurde in Albanien mal wieder mit einem kurzen Telefonanruf geklärt. Unser Fahrer und Mitspieler rief Kumpel und/oder Cousin an und schwor uns ein, uns auf keinen Fall vom Fleck zu bewegen. An dieser Stelle würden wir gleich eingesammelt und zu einem Hotel gebracht. Er verabschiedete sich mit einem kräftigen Händedruck und strich noch schnell die kleine Gebühr für die Tagestour ein. Wie so oft waren uns die Hände gebunden und wir hofften auf ein gutes Ausgehen. Wir setzten uns an den Rand des Sees und flitschten Steine in die einsetzende Dämmerung.

Kurze Zeit später, ein Uber in einer Großstadt wäre nicht viel schneller gewesen, tauchte ein Golf IV mit lauter Musik auf. Der Fahrer sah unserem ersten Guide zum Verwechseln ähnlich – dann war es wohl wirklich der Cousin – und wir stiegen in das nächste Familiengeschäft auf zwei Rädern ein. Sein Englisch war allerdings etwas schlechter und so beschränkten wir uns auf einzelne Wörter wie »Hotel«. Er wusste, was zu tun war und gab zu den besten albanischen Beats Gas.

Wir dachten, wir würden wieder zum Ausgangsort kommen und malten uns schon aus, was wir alles im Café neben dem Basketballplatz verspeisen würden. Doch plötzlich rund zehn Kilometer vor dem Ziel bremste er am Straßenrand, setzte den Blinker links und fuhr auf eine Einfahrt. Wir schauten uns an und dachten, aus diesem Haus müssten wir bestimmt nur etwas abholen. Der Fahrer stellte die Musik leiser, hupte zweimal und gleich danach kam ein Mann in weißem Arbeitshemd ans Tor bei der Einfahrt. »Hotel«, sagte unser Fahrer und deutete auf das Gebäude. Wir stiegen zweifelnd aus. Was wir sahen, stärkte unser Vertrauen nicht unbedingt.

Der Mann hatte offensichtlich Blut auf dem Hemd. So fangen wirklich schlechte Horrorfilme an. Nachdem unser Blutdruck schon in schwindelerregenden Höhen gestiegen war, klärte uns der »Hoteldirektor« diesmal auf Deutsch auf: Er sei hauptberuflich Metzger (er benutzte das Wort »Schlachter« als Berufsbezeichnung), hatte aber auch in seinem Haus ein paar Gästezimmer, die er häufig an Gastarbeiter vermietete.

Wir haben auf unseren Reisen viel mitgemacht. Genächtigt auf Sofas, Teppichen im Flur oder auf Autositzen. Doch an dieser Stelle zogen sogar wir die Reißleine. Ein Haus mit einem »Schlachter« als Hoteldirektor, mitten im Nirgendwo in den Albanischen Alpen? Das war auch für uns zu extrem. Der Preis war gut, rund zehn Euro wollte der Direktor haben. Ob wir allerdings auch unsere Niere in Zahlung geben müssen, konnten und wollten wir aber nicht herausfinden. Wir sagten stotternd ab, mit der Ausrede dringend noch zurück ins nächste Dorf zu müssen.

Zum Glück war unser Fahrer milde gestimmt und machte sich auch die restlichen Kilometer mit uns auf. Wir konnten ein Zimmer im Hotel Eurobushi ergattern (falls jemand diese Tour nachreisen möchte). Klingt jetzt seltsam, doch ein Hörer vom Podcast hatte sich nach unseren Erzählungen auf Teile dieser Tour begeben und am Ende auch in diesem Hotel genächtigt. Er hatte allerdings lange nicht so viel Spaß. Nach seinem Roadtrip schrieb er uns, dass er vor Ort fast überfallen worden wäre und aus Sicherheitsgründen einen Schrank vor die Zimmertür schieben musste – ein probates Mittel, nicht nur in Albanien. Im Kapitel zu Rumänien hatten wir wohl die gleiche Angst und die gleiche Lösung parat. Ein Match mit den Bergbauern blieb ihm ebenfalls verwehrt. Manchmal hilft es im Balkan wohl, zu zweit unterwegs zu sein und das Glück seit dem ersten Tag in der Tasche zu haben. Wir mussten allerdings zugeben, wir waren nicht motiviert, noch einmal vor die Tür zu gehen, und so halfen die restlichen Pflaumen, die wir noch bei uns trugen, über den Hunger am Abend hinweg und führten in tiefe Träume.

Am nächsten Tag sollte es dann aber wirklich wieder zurück zum Stausee gehen. Da kein Bus zu finden war, klappte auch hier die gute alte Version »Trampen für Trinkgeld«. Am Hauptkreisel neben dem Hotel wurde fix der Daumen in die Luft gehalten, Zeit hatten wir ausreichend eingeplant. Denn hier durfte nichts schiefgehen, die Fähre mussten wir unbedingt erwischen. Wieder hielt nach kurzer Wartezeit ein Wagen, der zufällig genau in die Richtung musste und uns mitnahm. Wir passierten das Hotel – oder besser gesagt den Schlachthof, der im hellen Sonnenschein schon gar nicht mehr so gruselig aussah – und kamen wieder am Kieshügel an. Die Titanic II vom Vortag wurde glücklicherweise durch ein neueres Modell ersetzt, doch auch hier hätte der TÜV Rheinland wohl noch besser zweimal hingeschaut. Die Fähre wirkte wie selbst zusammengezimmert. Das Ticket war für einen kleinen Preis zu haben und so machten wir es uns auf dem Oberdeck gemütlich. Im Bauch der Fähre wurden Autos und kleine Lkws verstaut. Beim Ablegen liefen Kinder aus dem Dorf am Rand entlang und begleiteten die Fähre, bis sie nicht mehr weiterlaufen konnten.

Und jetzt begann nach dem ganzen Abenteuer der letzten Tage auch endlich mal so etwas wie ein bisschen Urlaub. Auf dem Oberdeck wurde eine Bar eröffnet. Der Windows Media Player spielte die besten Sommerhits und schnell kamen wir mit den Einheimischen ins Gespräch, vorwiegend über die Schönheit der Natur. Der Stausee von Fierze ist nämlich ein majestätisches Gewässer, das von hohen Berggipfeln umgeben ist und eine atemberaubende Aussicht bietet. Einen Vergleich mit dem Königssee in Bayern oder Fjorden in Norwegen muss er nicht scheuen. Der See erstreckt sich über eine große Fläche und wird vom kristallklaren Wasser des Flusses Drin gespeist. Am Ufer des Sees befinden sich saftige grüne Wiesen und Wälder, die bis an das Wasser reichen. Die Landschaft ist von wilder Schönheit geprägt, und die steilen Hänge der Berge spiegeln sich im Wasser wider, was ein einzigartiges Panorama und ein ständiges Klicken der Fotoapparate erzeugt. Das Wasser des Sees ist von einer tiefblauen Farbe und hatte eine beruhigende Wirkung auf unsere Reiseseelen. So schipperten wir zu Partymusik durch die albanischen Fjorde und hätten wohl noch ewig so weitermachen können. An dieser Stelle lohnt sich wirklich mal ein Blick in die Google Bildersuche. Diese Art von Natur hätten wir niemals in Albanien erwartet, wir schwärmen heute noch davon.

Die Berge rückten enger an die Fähre heran, die Wälder wichen Steilwänden von mehreren hundert Metern Höhe. Immer wieder fuhr der Kapitän in einen Seitenarm und damit eine Sackgasse, so wirkte es zumindest. Kurz bevor wir dachten, das Schiff müsse umkehren, tat sich ein neuer Bereich des Sees auf, die Fahrt ging genüsslich weiter.

Später jedoch bremste die Staumauer von Koman in der Ferne den wunderbaren Trip durch die schönste Natur. Der DJ klappte seinen Laptop zu und auch die Bar wurde schnell eingepackt. Alles wurde verstaut. Bereit machen zum Anlegen. Da außer uns nur wenige »Fußgänger« an Bord waren, hielten wir schon von Deck aus Ausschau nach einem Reisebus, der uns die 50 Kilometer in die Grenzstadt Shkodra bringen sollte. Doch auch hier war der Anlieger eher klein gehalten. Es lagen ein paar Fischer- und Ausflugsboote an der Kaimauer, ein paar Autos standen herum, die anscheinend auf die anderen Fußgänger von der Fähre warteten. Ein Reisebus war aber nirgends zu finden. Wir sollten gleich erfahren, warum.

Es gab nur einen kleinen Minibus, der uns für ein paar Euro einlud. Vorn in der Windschutzscheibe steckte ein Zettel mit dem Zielort »Shkodra«, und so stiegen wir und noch ungefähr fünf andere Personen ein. Platz für einen Reisebus war nicht, denn als erste Amtshandlung raste der Bus durch einen Tunnel, der in das Gestein geschlagen wurde. Ab hier begann das Projekt »Stahlmagen«. Unser Fahrer hatte es eilig. Richtig eilig. Allerdings war die Strecke kurvig. Richtig kurvig. Und während in Deutschland gefährliche Kurven oft eine doppelte Leitplanke besaßen, gab es gelegentlich nur mal einen Holzpfosten ohne Planke. Einen Minibus unserer Größe hätten diese wohl niemals aufgehalten. Zudem war die Straße nicht immer komplett asphaltiert. Zusammen mit dem Fahrstil unseres Fahrers hätte hier ein Fahrfehler die Diagnose Holzkiste bedeutet. Doch wir hatten wieder mal Glück – oder unser Fahrer einfach ein außergewöhnliches Können. Nach einer kurzen Pause an einem Shop am Straßenrand, an dem es Äpfel und verschiedenes anderes Obst zu kaufen gab, waren die letzten Kilometer asphaltiert und unser Fahrer nahm das zum Anlass, wieder wie ein normaler Mensch zu fahren. Wir verließen also die wunderschöne Natur und die wilde Landschaft und kehrten ganz langsam wieder in die touristischen Teile des Landes zurück.

In Shkodra sah es aus wie auf der anderen Seite der Adria in Italien. Die perfekt renovierte Fußgängerzone mit hellen Steinen hätte so eins zu eins auch in Rimini stehen können. Auch, wenn viele Gebäude ihre kommunistisch-sozialistische Herkunft nicht verleugnen können, so erstrahlen die meisten Gebäude in frischen Farben. Hätte man uns mit verbundenen Augen hier herausgelassen, wir hätten lange gebraucht, um nicht zu merken, dass wir nicht in Bella Italia sind. Doch wir hatten zumindest ein Stück das echte Albanien kennen und auch lieben gelernt.

Die schönsten Fährfahrten der Welt WELTTOURNEE-TIPP
Es muss nicht immer unsere Titanic II auf einem Bergsee sein. Es gibt an vielen Orten der Welt oft die Gelegenheit, die Natur mal aus einer ganz anderen Perspektive zu erleben. Ob eine Mini-Fähre für vier Autos oder riesige Kähne. Ab aufs Wasser.

Hamburg, Deutschland: Es beginnt simpel. Auch in der Hansestadt haben die Fähren ihren Reiz. Sie sind an den Nahverkehr angeschlossen und mit einer Fahrkarte spart man sich oft die teure Hafenrundfahrt.

Hongkong: Auch hier gelten Fähren als Nahverkehr. Sie verbinden die zwei Stadtteile und für kleines Geld gibt es eine entspannte Fahrt. Am besten wirkt die Tour bei Nacht, wenn die Lichter vom Häusermeer im Wasser glitzern.

Inisheer, Irland: Die berühmten Cliffs Of Moher sind abgehakt? Dann schnell ins nächste Dorf. Von dort brechen Fähren in verschiedensten Größen zu den vorgelagerten Aran Inseln auf. Inisheer oder Inishmaan sind fast spektakulärer als die Klippen auf dem Festland.

Oslo, Norwegen: Vielleicht die schönste Art, in die norwegische Hauptstadt zu reisen. Rund 100 Kilometer zieht sich der Fjord vorbei an bewaldeten Hügeln, Klippen, Inseln und malerischen kleinen Buchten. Auf der Heckwelle der großen Fähren probieren Jetski-Fahrer ihre coolsten Tricks. Immer wieder entdeckt man kleine Häuser am Rand, in die man am liebsten sofort einziehen würde – wenn die norwegischen Immobilienpreise doch bloß nicht so hoch wären.

Polle, Deutschland: Mit dem Stichwort »Gierseilfähre« gewinnt man beim nächsten Kneipenquiz den Extrapunkt. Es gibt nur noch ganz wenige von dieser Sorte. Sie werden von der Kraft der Strömung angetrieben und laufen an einem Seil, das über den Fluss gespannt ist, von Seite zu Seite. Die Fähre im Weserbergland fährt so seit über 100 Jahren und liegt besonders fotogen an einer alten Burgruine.

»ĆAO« MONTENEGRO

F ür unsere Ohren klingt eine Reise nach Montenegro wie ein richtiger Geheimtipp. Ist er auch. Doch wir führen hier das Zwei-Ohren-Modell von Welttourncc. Denn für Ohren aus Osteuropa ist das Land Montenegro schon lange kein Geheimtipp mehr. Im Sommer ist es an den berühmten Stränden richtig voll. Auch auf den Bergen und in den tollen Restaurants des Landes ist man selten allein. Trotzdem lohnt sich die Tour, vielleicht auch um die Adria im wahrsten Sinne des Wortes von der anderen Seite zu erleben oder sich wie in Norwegen zu fühlen.

Drum prüfe, wer sich stündlich bindet

Wohin sollte es in Montenegro gehen? Wir haben, wie früher in der Schule, einfach den Daumen über der Karte von Montenegro kreisen lassen. Diesmal war es keine Karte aus Papier, sondern eine Karten-App auf dem Smartphone. Ulcinj stand da als Zielort geschrieben. Wir saßen auf einer Bank in der nagelneuen Fußgängerzone von Shkodra in Albanien und übten schon die Aussprache. Wir sahen genügend Hotels, genügend Restaurants und genügend Strand. Klang nach einem Ort, um unsere Tour durch Montenegro zu starten. So richtig bleiben wollten wir in Shkodra nicht und wir machten uns auf zum Busbahnhof, um auch dort unser entdecktes Ziel anzupreisen.

Doch es war schwieriger als gedacht. Wir hätten für die rund 50 Kilometer den Bus wechseln müssen und wären erst spät abends am Ziel angekommen. Viel zu aufwendig, dachten wir uns. Die Lösung fand sich im Golf von Skodrah. Die Stadt liegt zwar an einem Gewässer, doch an dieser Stelle ist tatsächlich mal das Gefährt aus Wolfsburg gemeint. Denn vor dem Busbahnhof standen in einer langen Reihe Taxis, ohne von außen als Taxi erkennbar zu sein. Am Bordstein standen verschiedene Autos gepackt. In manchen saßen schon Fahrgäste. An einer Steinmauer lehnten die jeweiligen Besitzer der Autos und schauten gelangweilt in die Sonne oder diskutierten in Grüppchen. Anscheinend ein lohnendes Geschäft, das sogar gewisse Strukturen hatte. Wir klapperten verschiedene Fahrer ab und wurden so zu einem Golf IV gelotst. Dieser hatte an diesem Mittag wahrscheinlich die Route nach Montenegro erwischt oder fuhr sie immer. Er schaute jedenfalls grimmig drein, hatte aber noch zwei Plätze in seiner Wolfsburger Limousine frei.

Dieses Buch basiert unter anderem auf unseren Eintragungen in unseren Reise-Tagebüchern – gut, dass wir damals mitgeschrieben hatten. Für die Fahrt nach Ulcinj findet sich in der Notiz-App folgender Eintrag: »Mit Golf 4 von Albanien rübergefahren. Mitfahrer war ein Chinese, Ami und wir zwei. CS hat Spotify-Playlist angemacht, AK hat Witze erzählt, niemand im Auto fand auch nur eins von beidem gut.« Was war passiert?

Wir einigten uns auf einen Fahrpreis und begrüßten die schon in der Sonne wartenden Mitfahrer. Es stellte sich ein chinesischer Reisender und ein US-Amerikaner vor. Mit ihnen sollten wir uns in der nächsten Stunde also das Gefährt teilen. Christoph (CS) sicherte sich mit flinkem Fuß schnell den Platz auf der Beifahrerseite und Adrian (AK) setzte sich auf die Rückbank auf einen Platz an der Tür, die er sofort zuzog. Jeder, der schon mal mit mehreren Personen im Auto unterwegs war, weiß, dass zwischen den beiden übrigen Personen jetzt ein Kampf um den ungeliebten Mittelsitz beginnt. Im brühwarmen Golf IV macht das noch viel mehr Spaß, zum Glück sollte die Fahrt nur eine Stunde dauern. Es war auszuhalten. Dem Fahrer war es egal, er wollte möglichst fix hin und im besten Fall schnell wieder zurückfahren. Zeit und Lust auf Gespräche hatte er nicht.

Wir fragten freundlich, ob wir sein neues Bluetooth-Radio, was gar nicht so wirklich in diesen Golf passte, nutzen dürfen, während an uns die albanische Landschaft vorbeizog. Die Erlaubnis wurde gegeben und so hämmerten schnell die heißen Latino-Beats aus Christophs Spotify-Playlist aus den Boxen. Dem Fahrer schien es zu gefallen, denn auch in Albanien klingen die Songs in den Charts oft wie die Reggaeton-Hits aus Südamerika. Den drei anderen Personen im Auto war diese Art von Musik aber augenscheinlich zuwider. Angestrengt wurde abwechselnd aus dem Fenster gestarrt oder auf das Smartphone in der Hand, in der Hoffnung, bald den Zielort zu erreichen. Adrian nutzte die Gelegenheit, um die Stimmung mit eigens übersetzten Witzen aufzuheitern. Auch hier fiel das Echo eher bescheiden aus und am Ende starrten wirklich alle angestrengt aus dem Fenster. Oder um es mit dem Zitat aus unseren Notizen zu sagen: »Niemand im Auto fand auch nur eins von beidem gut.«

Am ersten großen Kreisel in Ulcinj wurden wir freundlich, aber bestimmt aus dem Auto gebeten. Das Ziel sei erreicht, sagte man uns. Auf gut Deutsch: Das Fass war voll und sollte nicht zum Überlaufen gebracht werden. Unsere Mitfahrer blieben sitzen und wurden wahrscheinlich bis vor die Hoteltür gefahren. Drum prüfe, wer sich ewig für eine Stunde Fahrt bindet. Wir standen nun an der Hauptstraße und dachten, wir wären im Ortszentrum angekommen. Und wie so oft musste wieder eine Empfehlung aus einem Café für eine Übernachtung herhalten.

Die Hauptstraße könnte so auch in jedem x-beliebigen Touristenort an der Costa Brava in Spanien sein. An eine Pizzeria reiht sich ein Supermarkt, gefolgt von einer Apotheke und einem Shop für Gummi-Tiere, die es sich im Wasser gemütlich machen. Oberkörperfreie Touristen bestellen Bier und Schinken-Toast und an jeder Ecke lockt ein Reisebüro mit Tagesausflügen. Wir waren also anscheinend im Touristen-Epizentrum von Montenegro angekommen – eine Fehleinschätzung, wie wir später auf der Tour durchs Land noch feststellen sollten.

Wir setzten uns also in die erste Bar, die am ehesten einheimisch aussah und bestellten zwei Kaffee und den Rat des Wirts. In kurzen Sätzen erklärten wir ihm unseren Plan. Wir wollten angesichts der Touristen-Übermacht nur eine Nacht bleiben. Könnte er uns eine Herberger empfehlen? Er konnte! Er reservierte! Alles auf Deutsch. Auch er hielt unser typisches Vorgehen für seltsam, aber lustig. Ohne Zimmerbuchung im Hochsommer in seine Stadt zu kommen, sei schon sehr mutig. Wir berichteten ihm von unseren Touren durch den Kosovo und die Albanischen Alpen. Ehe wir uns versahen, saß auch sein Kumpel mit am Tisch und wir waren von einem schnellen Kaffee und einer Empfehlung zu drei Bier und vielen Geschichten gekommen.

Bierselig machten wir uns auf den Weg zur empfohlenen Pension, in der wir schon vor gut zwei Stunden angekündigt worden waren. Eine Familie führte an der Straße eine Pension mit rund zehn Zimmern. Bis unters Dach waren sie ausgebucht, aber wir hatten Glück und bekamen die stornierte Herberge unter dem Dach, nur weil der Wirt ein Freund der Familie war. Zudem gab es den Tipp, uns doch mal langsam Richtung Strand aufzumachen. Denn Ulcinj bestand zum Glück nicht nur aus der Hauptstraße, an der wir eben rausgeworfen waren und in der Kneipe die Zeit verbracht hatten. Die Altstadt von Ulcinj ist eine der am besten erhaltenen mittelalterlichen Städte an der Adriaküste. Die engen, gepflasterten Straßen und Gassen sind von alten Steinhäusern und Moscheen umgeben. In der Altstadt gibt es zahlreiche Cafés und Restaurants, die eine schönere Aussicht bieten als die Läden an der lauten Straße. Und tatsächlich, kaum bogen wir von der Hauptstraße ab und sahen in der Ferne zwischen Supermärkten und Apotheken das Meer, änderte sich die Stimmung. Ein Strom an Menschen machte sich zum Sonnenuntergang ebenfalls auf den Weg ans Wasser. Über der Altstadt thronte eine Burg, mit direktem Blick auf die Bucht und den Strand. Dort schunkelten ganz siecht, unzählige festgemachte Boote.

Es hätte ein romantischer Ort sein können, wenn sich nicht in zweiter Reihe hinter der Promenade die Bettenburgen in den Himmel streckten. Wir setzten uns nach einem kleinen Rundgang durch die Burg unten am Strand auf eine halbhohe Mauer und beobachteten eine typische Szene, die den ganzen Abend so weitergehen sollte. Denn während in vielen europäischen Ländern die Abendgestaltung sonst mit viel Action und lauter Musik in Discos, Clubs oder Bars startete, wurde hier ganz einfach flaniert.

Die Bucht war rund 500 Meter lang und die Menschenmassen gingen einfach auf und ab. Das Ende der Strecke markierte ein alter Parkplatz aus Kies. Die andere Begrenzung war der Fuß vom Burghügel. Wurde ein Punkt erreicht, wurde einfach auf dem Absatz kehrt gemacht. Ein wahnsinnig beruhigendes Schauspiel. Es wurde einfach spaziert. Natürlich drehten auch wir unsere Runden mit einem Bier in der Hand. Wir saßen stundenlang auf der Mauer und vergaßen die Zeit um uns herum. Inzwischen kannte man gewisse Personen, die zum zehnten oder zwanzigsten Mal die Runde drehten. Laute Musik war ebenfalls Fehlanzeige, genauso wie Konsum. Denn während die Promenade komplett mit Menschen gefüllt war, waren die Restaurants in der zweiten Reihe dahinter bis auf wenige Ausnahmen leer. Wir freundeten uns mit einer Familie an, die den Platz nebenan auf der Mauer innehatte und spielten mit alten Dosen Fußball inmitten der Menschenmassen. Trotz Touristenmassen, ein entspannter Abend.

Wir verzogen uns zu später Stunde zurück in unsere Pension. Der Strom an flanierenden Menschen schien nicht abzureißen. Wir waren nach den ganzen Bieren des Tages aber nicht gewillt, mehr Schritte als nötig zu tun und so fielen wir ins Bett. Der Schock kam wenige Stunden später.

Um 6:30 Uhr am Morgen klopfte die Besitzerin wie wild an unsere Tür und rief immer wieder Check-out. Wir wurden wild geweckt und wussten kaum, wie uns geschah. Völlig zerzaust saßen wir senkrecht im Bett und mussten kurz überlegen, wo wir waren und vor allem, was diesen Sturm der Entrüstung ausgelöst hatte. Knittrig öffnete Adrian die Tür einen Spalt. Die Besitzerin wies ihn immer wieder in allen möglichen Sprachen auf den Check-out hin. Adrian verstand die Welt nicht mehr. In jedem Hotel auf dieser Welt lässt man seine Gäste bis mindestens zehn Uhr gewähren. Ganz besonders böse Wirte bitten um einen Check-out um neun Uhr. Aber um sechs Uhr auf gepackten Koffern zu sitzen, schien uns doch reine Schikane zu sein. Doch die Frau verwies auf die verschiedenen Hinweisschilder im Zimmer und auf den Fluren. In kleinster Schrift stand überall tatsächlich die Check-out-Zeit, gefühlt mitten in der Nacht. Mit viel Geschick konnten wir zumindest noch ein paar Minuten Duschzeit heraushandeln und saßen früh am Morgen wieder auf der Straße, an der man uns zuvor rausgeschmissen hatte.

Katzenjammer 007

Also weiter im Programm durch Montenegro. Wir hatten schon angekündigt, dass Ulcinj vielleicht nicht das Ende der touristischen Fahnenstange war. Wieder ging es zum Busbahnhof. Zu einem anderen Zeitpunkt schreiben wir noch mal einen Reiseführer, über die schönsten (Bus-)Bahnhöfe der Welt. Im Balkan kannten wir die wichtigsten von ihnen inzwischen auswendig. Das System war überall gleich. Im besten Fall gab es eine Anzeigetafel mit den nächsten Abfahrtszeiten (selten). Ansonsten tat es oft auch ein geschriebener Zettel mit groben Zeiten (häufig). Entweder sichert man an einem kleinen Verkaufsgebäude das Ticket für den Ritt oder zahlt oft direkt beim Fahrer seine kleine Gebühr. Die Hauptstrecken in Montenegro werden regelmäßig bedient und so mussten wir nicht wie im Kosovo mit seltsamen Methoden weiterfahren. Der Bus tuckerte auf der Küstenautobahn in Richtung Budva. Wir wollten nach den Strapazen der letzten Nacht noch ein wenig Strandfeeling erleben. Doch schon bei der Anfahrt stand uns der Angstschweiß auf der Stirn. Das lag nicht an den Fahrkünsten unseres Busfahrers, sondern an der Aussicht. Schon lange bevor wir die Stadt erreichten, sahen wir in der Ferne die Liegen, die sich in bunten Farben und in regelmäßigem Muster am Strand aufreihten.

Wir blickten uns an und sahen im Gesicht des jeweils anderen, dass unser Strandausflug möglicherweise ins Wasser fallen würde. Ein kleines Kopfschütteln auf beiden Seiten genügte. So ist es manchmal ganz praktisch, wenn man jahrzehntelang zusammen verreist und die

Wünsche und Vorlieben des Anderen kennt. Denn wie die Sardinen am Strand zu liegen, wollten wir auf keinen Fall. Wir erinnerten uns an einen Moment im Erdkundeunterricht in der Schule. In unserem damaligen Lehrbuch wurde das Thema Massentourismus am Beispiel Benidorm behandelt. Die Beschreibung hätte auch hier perfekt gepasst: Es war voll.

Schon die Fahrt in die Stadt bestätigte unseren Verdacht. Jeder freie Platz war zugeparkt. Gefühlt parkten die Autos mit Kennzeichen aus dem ganzen Balkan auf den staubigen Plätzen, Stoßstange an Stoßstange. Blieb aus unerfindlichen Gründen Platz zwischen den Autos, war dieser meist mit parkenden Rollern aufgefüllt. Hier kam man nur heraus, wenn man ganz besonders gute Fahrkünste hatte oder einfach wartete, bis sich dieser Blechknoten am Abend hoffentlich auflöste.

Ein nicht enden wollender Strom an vollgepackten Strandgängern, ausgestattet mit Luftmatratzen und großen Taschen, watschelte in Richtung der fein aufgereihten Liegen. Wir drückten uns abwechselnd am Busfenster die Nasen platt und suchten im Internet wie wild nach Alternativen. In diese Mischung aus Lloret de Mar und Rimini wollten wir nicht abtauchen. Das Erlebnis am Busbahnhof bestärkte uns darin, schnell weiterzuziehen.

Der Busbahnhof war ein typischer Balkan-Bau, diesmal zwar mit vielen Pflanzen begrünt, aber mit unglaublich vielen Leuten auf kleinstem Raum. Ein Mega-Kiosk, eine Art Spielcasino, eine völlig überlaufene Touristeninformation und ein Mini-Zoo mit echten Tieren. Wieder der Flashback zur Schulzeit. Im Englisch-Buch ging es um den »Melting Pot« – einen Ort, an dem sich die verschiedensten Bewohner trafen. Hier waren sowohl Urlauber unterwegs, aber auch Balkan-Bewohner, die weiter Richtung Albanien oder noch weiter südlich wollten. Alles garniert mit einem Hochsommertag und 30 Grad.

Und jetzt mal ein Vorteil, wenn man nicht direkt eine Unterkunft bucht: Wir konnten einfach weiterziehen. Kotor war das neue ausgesuchte Ziel. Wir mussten zudem den Busbahnhof gar nicht erst verlassen und konnten gleich in das nächste Transportmittel steigen. Denn Montenegro ist nicht nur bekannt für seine Küsten, sondern auch für das spektakuläre Hinterland. Film-Fans werden sich erinnern, dass James Bond für seine Ermittlungen ebenfalls in Montenegro war – so zumindest die Geschichte im Film.

Er trägt in der Szene einen eleganten Anzug und raucht eine Zigarette, während er auf seine Begleitung wartet. Das Umfeld ist luxuriös und geschmackvoll. Im Hintergrund ist das beeindruckende Gebäude des Casinos in Montenegro zu sehen, das mit einer Fassade aus weißem Stein und einem klassischen Säulengang im griechischen Stil versehen ist. Vor dem Eingang stehen zwei majestätische Palmen, die das Bild eines tropischen Paradieses erwecken. Der Platz vor dem Casino ist gepflastert und von Bänken, Pflanzen und Blumen umgeben. Auf den Bänken sitzen elegante Damen und Herren, die ihre Getränke genießen und angeregt miteinander plaudern. In der Ferne hört man das Rauschen der Natur und kann erahnen, wie schön es drumherum gewesen sein kann.

Doch da wir sowohl Nichtraucher sind, Anzüge bei uns im Reisegepäck keinen Platz finden und unsere einzige Waffe oft die Kreditkarte ist, platzte der Traum, dass auch wir solche Szenen in Montenegro erleben sollten. Der Hintergrund ist ganz einfach. Die Szene wurde nicht vor einem Casino in Montenegro gedreht, sondern im Grandhotel Pupp in Karlsbad, Tschechien. Als der Film 2006 herauskam, war Montenegro noch nicht so weit, sich für Luxusreisende wie James Bond zu präsentieren. Das hat sich inzwischen geändert und immer mehr reiche Reisende fluten das Land. Wir wollten trotzdem etwas vom Charme abbekommen und machten uns auf den Weg nach Kotor.

Die Stadt liegt in einem Fjord, der von der Adria weit ins Land hineinreicht. Die Bucht von Kotor ist eine der schönsten Landschaften in Montenegro und bietet eine malerische Kulisse für die Stadt. Die Bucht ist von hohen Bergen umgeben und gilt als einer der tiefsten und längsten Fjorde im südlichen Europa.

Kotor selbst ist von Bergen und einer imposanten Stadtmauer umgeben. Die Altstadt, die von der UNESCO zum Weltkulturerbe erklärt wurde, ist ein Labyrinth aus engen gepflasterten Straßen und kleinen Plätzen, die von prächtigen Kirchen, Palästen und Festungen umgeben sind. Die Architektur ist geprägt von verschiedenen Einflüssen, darunter venezianischen, türkischen und österreichischen, was zu einem einzigartigen Mix aus Stilen führt. Über allem die Festung von San Giovanni, die auf einem Hügel über der Stadt thront und einen atemberaubenden Blick über die Bucht von Kotor bietet. Der Aufstieg zur Festung ist anstrengend, aber lohnend. Kurzum, die Ausblicke hier waren doch deutlich angenehmer, als im Massentourismus-Ort Budva und wir hofften, vielleicht an einigen Ecken wirklich das James-Bond-Feeling zu spüren.

Man kann sich die Stadt ein wenig wie Dubrovnik in winzig und viel weniger mächtig vorstellen. Im Gegensatz zu der kroatischen Hafenstadt freut man sich in Kotor sogar über Touristen. Na ja gut, diese Aussage stammt zumindest von den freundlichen Angestellten in der Touristeninformation, in der wir standen und nach einem Zimmer fragten. Weil man sich hier ebenso über Touristen freute, war abermals kein Zimmer zu haben. Wir sollten doch bitte kurz vor Feierabend wiederkommen und hoffentlich mit besseren Nachrichten die Info verlassen.

Aufmerksame Leser fangen wahrscheinlich jetzt so langsam mit dem Stirnrunzeln an. Warum fliehen die beiden Jungs aus der einen Touristenstadt Budva, um im nächsten Touristenzentrum aufzuschlagen? Die Frage ist berechtigt. Die Erklärung ist denkbar einfach. Kotor wird am Abend von allen guten Geistern, also besser gesagt, von allen guten Touristen verlassen. Viele kommen nur für einen Tagesausflug her. In der Stadt selbst gibt es wenig Übernachtungsmöglichkeiten und so herrscht ab 18 Uhr eine Stimmung wie in Venedig. Auch da verlassen die Besucher die Stadt und zurück bleibt eine andächtige, fast ruhige Stimmung. Da der Fjord bis zum Mittelmeer reicht, entdeckte natürlich auch die Kreuzfahrt-Industrie den kleinen Ort. Fast jeden Tag legten verschiedene Schiffe vor der Stadt an. So sehr die Stadt die Touristen auch mag, später nach unserer Reise bekamen wir mit, dass es ihnen dann doch zu bunt wurde und sie die anlegenden Schiffe auf eine bestimmte Zahl pro Woche begrenzten. Vielleicht der richtige Schritt.

Zudem konnten wir auch hier immer wieder das Ominöse-Seitenstraßen-Prinzip anwenden. Mit einem schnellen Schritt aus der Hauptroute in die Stadt abbiegen. So konnte man sich immerhin etwas wie James Bond fühlen, wenn man plötzlich durch Hinterhöfe und kleine Gassen schlich.

Es war nach unserem frühen Start und trotz der Bus-Tour erst kurz vor Mittag und so machten wir uns es mit unseren Rucksäcken ein wenig abseits vom Trubel an einem Betonpoller etwas außerhalb des Zentrums und der Touristenmassen gemütlich. Ein altes sowjetisches Beach-Resort war schon lange nicht mehr geöffnet. Hier war der Tagestrubel der Stadt nicht zu spüren und so genossen wir den Ausblick auf den Fjord, auch wenn wir noch nicht so ganz wussten, wohin es am Abend gehen sollte. Kleine Info an dieser Stelle, wir hatten mal wieder Glück und die Touristeninformation fand kurz vor dem Feierabend tatsächlich noch eine Bleibe für uns, in die wir uns gleich für drei Tage einquartierten. Und immerhin gab es jetzt hier etwas James-Bond-Feeling. In einer Strandvilla, die direkt am Fjord in einem riesigen Garten lag, war ein Zimmer frei. Wir freuten uns schon auf die schönen Ausblicke, tolle Gespräche im Kaminzimmer und ein opulentes Buffet. Doch als wir in die mit Marmor gefliese Eingangshalle eintreten wollten, gab man uns zu erkennen, dass unser Zimmer nicht durch diesen Eingang zu erreichen war: Wir hatten das Dienstbotenzimmer bekommen. Wir mussten also um die Villa herum. An der Hinterseite des Gebäudes gab es einen kleinen Eingang mit niedrigem Türrahmen. Ein paar Stufen führten in den Keller hinunter. Dort war eine Art Verschlag aufgebaut, der aus einem Bett und einem Bad bestand. Mehr war übernachtungstechnisch nicht zu holen, trotzdem hatten wir eine tolle Zeit. Tagsüber genossen wir weit abseits des Trubels die Aussichten auf den Fjord und abends hatten wir Gassen und Plätze gefühlt für uns – auch wenn wir keinen britischen Geheimagenten entdeckten.

Die eindrucksvollsten 007-Drehorte

Matera, Italien - Keine Zeit zu Sterben (2021): Das kleine Dorf hat eine reiche Geschichte, die bis in die Steinzeit zurückreicht. Kleine historische Höhlenwohnungen, genannt »Sassi«, liegen tief im Felsen. In den vergangenen Jahrzehnten wurden diese historischen Höhlenhäuser liebevoll restauriert und in charmante Hotels, Restaurants, Geschäfte und Wohnungen umgewandelt.

Mürren, Schweiz - Im Geheimdienst ihrer Majestät (1969): Das Piz Gloria ist ein spektakuläres Drehrestaurant, das sich auf dem Gipfel des Schilthorns in den Schweizer Alpen befindet. Es dreht sich langsam um 360 Grad und bietet schönste Ausblicke auf die fast 3.000 Meter hohen Berge.

Cerro Paranal, Chile - Ein Quantum Trost (2008): In der Atacama-Wüste gibt es eigentlich nicht viel zu sehen und genau das macht den Reiz aus. Wenig Leben, viel Wüste. Die Szene wurde in der Residenz der Mitarbeiter der Europäischen Südsternwarte (ESO) gedreht.

»MERHABA« TÜRKEI

F ür viele ist die Türkei das Traumziel schlechthin. Die Türkei bietet eine einzigartige Mischung aus orientalischer Exotik und westlicher Moderne. Von den historischen Wurzeln des alten Byzanz bis hin zum prachtvollen Osmanischen Reich hat das Land eine reiche Geschichte, die an jeder Ecke spürbar ist. Städte wie Istanbul, die sowohl auf europäischem als auch asiatischem Boden liegen, verbinden Vergangenheit und Gegenwart auf faszinierende Weise.

Erstens kommt es anders

Der Reiseplan war festgelegt. Es sollte auf Tour nach Saudi-Arabien gehen. Das Land war erst vor wenigen Jahren touristisch geöffnet worden. Nachdem auch die Reisebeschränkungen durch Corona gefallen waren, hatten wir endlich alles eingetütet. So dachten wir zumindest. Das Visum wurde online beantragt. Im WhatsApp-Chat mit den netten Angestellten des offiziellen Tourismusverbandes wurde noch schnell geprüft, ob wir uns als zwei unverheiratete Männer ein Zimmer teilen dürfen (durften wir) und so wollten wir uns an einem Frühlingstag in Istanbul treffen. Ein wenig die ersten warmen Sonnenstrahlen abbekommen und in den kleinen Gassen der Megacity am Bosporus entlang schlendern. Das war unser Ziel, wenn auch nur für eine Nacht. Denn am nächsten Mittag sollte unser Flieger nach Medina abheben.

Um die Geschichte hier gleich abzubrechen: Es sollte alles ganz anders kommen. Denn nach der Landung auf der asiatischen Seite Istanbuls empfing Christoph ein wüster Schneeregen. Das Flugzeug parkte auf der Landeposition vom Sabiha-Gokcen-Flughafen und fing gleich darauf an, mächtig zu schaukeln. Der Sturm pustete die Schneeflocken und zu allem Überfluss ging es auch per Freiluft-Flugzeugtreppe ins Freie. »Sind wir wirklich in Istanbul?«, fragte Christophs Sitznachbar unbekannterweise in die Runde. So richtig antworten konnte keiner, denn das hatte kaum jemand erwartet. Schneesturm in Istanbul. Mitte März. Nass und durchgefroren, holte sich Christoph seinen kleinen Stempel im Pass.

Auch die Stadt war nicht so wirklich darauf vorbereitet. Die Blechlawine auf der Autobahn, die ins Stadtzentrum fuhr, hatte nicht viel mehr als Schrittgeschwindigkeit zu bieten. Die sonst so rasanten Taxifahrer hatten nur Sommerreifen am Auto und hatten Angst um ihre Mobile. Immerhin, die Schulen hatte man zuvor in weiser Voraussicht geschlossen. Auch Adrian, der über den nagelneuen Flughafen im Norden der Stadt einreiste, bemerkte, dass der Verkehr nicht so einfach wie sonst rollte. Die berühmte Galata-Brücke, auf der Angler sonst im herrlichsten Sonnenschein stehen, war gesperrt. Sie hatte sich durch den Temperatursturz etwas zusammengezogen und in der Mitte klaffte jetzt an den Dehnungsfugen ein Loch. Es gab plötzlich mehr Chaos als ohnehin schon in der Millionen-Metropole. Wir schlitterten wie viele andere in unseren dünnen Sommerschuhen durch die Gassen am Galata-Turm. Dort saßen wir vor vielen Jahren (bei deutlich besserem Wetter) übrigens mal in einem Polizeiwagen und fuhren Richtung Hafen. Was war passiert?

Der Flug von Köln-Bonn nach Istanbul landete mitten in der Nacht. Eine ganze Ladung Fußballfans stand trotzdem morgens um vier Uhr am Ausgang und wartete auf ihre Stars. Ausgestattet mit Trikots, Trommeln und Tröten gaben sie auch gleich allen anderen Fluggästen einen heißen Empfang. Denn Fenerbahçe kehrte ebenfalls von einem Champions-League-Auswärtsspiel (nicht in Köln, diese Zeiten sind lange vorbei) zurück.

Draußen knallten Böller und Raketen. Entweder war es ein hervorragendes oder ein miserables Spiel gewesen. Vom Flughafen in die

Stadt nahmen wir nicht den Team-Bus, sondern ließen uns per Touristen-Transport am Taksim-Platz rauswerfen. Wir hatten uns etwas weiter am Galata-Turm ein Hostel gebucht – nicht zur Nachahmung empfohlen, denn nebenan lag direkt eine Moschee. Die Lautsprecher ragten gefühlt direkt ins Mehrbettzimmer hinein. Es war allerdings zu früh, das unruhige Bett zu beziehen, da sich der Muezzin schon zum Sonnenaufgang meldete. Immerhin konnten wir die Rucksäcke an der Rezeption lassen und so standen wir in der Morgendämmerung sprichwörtlich auf der Straße. Nachtschwärmer, die aus den umliegenden Clubs zur Metro stolperten oder sich den ersten frischen Orangensaft gegen den Kater sicherten. Übermüdet und etwas knittrig wollten wir in die Party-Stimmung aber nicht einsteigen.

Wir wollten lieber den Sonnenaufgang beobachten. Den Galata-Turm konnte man nicht besteigen und so suchten wir uns ein anderes Fleckchen. Und wer könnte die coolen Sonnenaufgangs-Spots besser kennen als: Na klar, die Polizei im Nachtdienst! Zwei junge Polizisten lehnten cool an ihrem Polizeiauto direkt vor dem Turm und beobachteten die friedliche Menschenmasse. Wahrscheinlich waren sie gerade von der Polizeischule entlassen und mussten die ungeliebte Schicht bei den Nachtschwärmern übernehmen. Sie sprachen ein ausgezeichnetes Englisch und versuchten uns zu erklären, dass es am Hafen vom Stadtviertel Karaköy die beste Aussicht auf die Sonne geben sollte. Da sie uns vielleicht ansehen, wie übermüdet und ratlos wir sie anschauten (Google Maps war damals noch nicht der Stand der Dinge), schauten sie sich kurz an. Sie sprachen zwei Sätze auf Türkisch miteinander und deuteten dann auf die Rückbank. Ehe wir uns versahen, saßen wir also in einem türkischen Polizei-Auto. Was in den vergangenen Jahren wohl eher ein Grund gewesen wäre, sich zu fürchten, war damals unsere erste Erfahrung mit der Istanbuler Gastfreundschaft. Wir fuhren ein paar Straßen bergab und ein paar Gassen bergauf, und schon waren wir nach ganz kurzer Fahrt an besagtem Hafen und bedankten uns überschwänglich. Auch das kann Istanbul sein.

Zurück im Schneeschauer, war von der guten Stimmung aus dem Polizeiauto nichts zu spüren. So ziemlich alle Beamten hatten Mühe, den Verkehr in geregelte Bahnen zu lenken. Wir schlitterten weiter durch die Straßen und hätten uns lieber in ein warmes Hamam, also in ein Türkisches Dampfbad gesetzt. Christoph merkte so langsam, dass seine Schuhe wirklich nicht wasserfest waren. Aus Frischhaltefolie bastelte er sich auf einer Seite damit eine Art Socken, damit zumindest ein Fuß trocken bleiben sollte. Fragende Blicke bei den Aufsehern in der Moschee, denn hier war die Devise »Schuhe aus«. Doch wir wollten in den wenigen Stunden, bevor es nach Saudi-Arabien ging, nicht die bekannten Sehenswürdigkeiten abklappern, sondern uns auf einen ganz bestimmten Dachboden in der Nähe vom Großen Basar verziehen.

Als James-Bond-Fans kannten wir natürlich die berühmte Szene, wie der Geheimagent mit einem PS-starken Motorrad über das Dach und durch die Gassen des Großen Basars bretterte. Zu einem anderen Zeitpunkt sollte er auch durch eine Art Dachboden kommen. Wieder einmal waren es die ominösen Internet-Seiten, die uns darauf brachten, den geheimen Spot zu suchen. Direkt neben dem Großen Basar lag ein älteres Einkaufszentrum, in dem die Szenen angeblich gedreht worden waren. Wir schlichen über den großen Innenhof und gelangten über die ersten Treppen in die erste Etage. Es sah ganz schön verfallen aus und Platz für eine Motorrad-Jagd war hier auch nicht. Immerhin trafen wir ein junges deutsches Mädchen, das mit ihrer Mutter ebenfalls auf der Suche nach diesem vielleicht doch nicht so geheimen Platz war. Wirklich weiter kamen wir nicht, und wir standen verloren im Hof, um uns wenigstens noch über ein paar andere Geheimtipps für die Stadt auszutauschen. In dieser Sekunde kam ein älterer Herr, offensichtlich mit guten Deutschkenntnissen, vorbei und verstand sofort, was wir suchten. Er schaute kurz auf die Uhr, schien Zeit zu haben und sagte geheimnisvoll: »Folgt mir.« Im Gänsemarsch ging es zu viert über eine Steintreppe nach oben, die ganz versteckt am Hof lag. Nicht jede Treppenstufe wollte betreten werden, doch unser neuer Freund führte uns zielsicher nach oben. Eine kleine Holzwand musste umgangen werden, und plötzlich standen wir in völliger Dunkelheit auf dem gesuchten Dachboden. Ein endlos langer Gang erschien vor uns und aus der Ferne drangen immer wieder Handwerker-Geräusche. Unter uns musste tatsächlich einer dieser Basar-Gänge liegen, denn hier oben waren in der Dunkelheit kleine Türen zu erkennen, die sich den Gang entlang zogen. Alle packten ihre Handy-Lampen aus und folgten dem Mann zu einer Tür. Es hätte eine Folterkammer dahinter sein können – man hätte uns wohl bis heute nicht entdeckt und das, obwohl wir nur ein paar Meter von einer der größten Touristenattraktionen in Istanbul entfernt waren. Mit einem überraschend modernen Schlüssel öffnete er das nagelneue Schloss. Hinter der Tür verbarg sich sein Kunstatelier, keine Folterkammer. Verschiedene Bilder standen auf dem Boden oder lehnten vor alten Regalen. Schreibtische mit Pinseln und seltsamen Werkzeugen standen mitten im Weg herum und direkt gegenüber der Tür öffnete sich eine Balkontür. Sie gab den Blick auf das schneebedeckte und inzwischen ins Sonnenlicht getauchte Istanbul frei. Diesen Ausblick hatte nicht mal James Bond genossen, er hatte anderes zu tun. Mit einem kleinen Kopfnicken in Richtung einer Art Spardose gab uns unser Guide zu verstehen, warum er den kleinen Umweg mit uns in Kauf genommen hatte. Eine gute Einnahmequelle, abseits von Basar-Verhandlungen.

Wir landeten früh im Bett, denn am nächsten Mittag sollte der Flug nach Saudi-Arabien gehen. Und jetzt passieren wieder die typischen Welttournee-Geschichten, die wir über die Jahre nie abschütteln konnten. Auch Reise-Profis greifen mal ordentlich daneben. Wir wachten früh auf und waren dankbar, dass unser Hotel die Heizung auf Vollgas eingestellt hatte, denn draußen lag immer noch eine kleine Schneeschicht. Aber zum Glück nicht mehr lange, dann wären wir in der Sonne. Adrian lag im Bett und scrollte sich wie so oft noch durch die Seiten des Auswärtigen Amts über Reisen nach Saudi-Arabien. Kurz darauf erschrak er fürchterlich. Winzig und fast unsichtbar stand ein Satz unter dem Bereich »Einreise«. Sinngemäß lautete er: Wenn man in der Türkei war, durfte man die nächsten zwei Wochen nicht nach

Saudi-Arabien einreisen. Wir verstanden die Situation nicht so ganz, denn die politische Lage zwischen den beiden Ländern war entspannt, und bei unserem Visumsantrag hatten wir explizit angegeben, dass wir aus Istanbul einreisen würden. Es wurde alles genehmigt. Die Lösung brachte wieder ein WhatsApp-Chat mit der Tourismus-Vertretung. Da die Corona-Fallzahlen in der Türkei zu der Zeit etwas stiegen, machten die Araber sprichwörtlich die Tür zu. Das galt aber auch nur für Einreisende aus der Türkei. Da wir am Flughafen unseren Reisepass hatten stempeln lassen, waren wir jetzt gebrandmarkt. Es gab keine Chance mehr ins Land zu kommen. Anrufe bei der Fluggesellschaft kamen aufgrund des Wetterchaos nicht durch und so ergaben wir uns unserem Schicksal. 100 Euro Visumgebühr und ein paar weitere hundert Euro flogen soeben aus dem Fenster.

Doch während sich die Scheine aus dem Fenster verabschiedeten, öffnete sich eine andere Tür. Mit zwei Laptops und zwei Smartphones suchten wir fieberhaft nach Alternativen. Auf Hütt'n-Gaudi im Schnee hatten wir keine Lust und so forschten und fahndeten wir nach Alternativen. Eine Flugsuchmaschine spuckte einen günstigen Flug am Nachmittag nach Nordzypern aus. Von der Republik Zypern sollte es weiter nach Kairo gehen. Zumindest ein passendes Land mit Temperaturen für unsere gepackten Rucksäcke. Zähneknirschend buchten wir Flüge und Hotels und sahen unsere Reisekasse schwinden. Denn auch der Transport zum Flughafen sollte nochmal kostspieliger werden als gedacht.

Wir schnappten uns ein Taxi am Taksim-Platz und handelten vorher einen Fixpreis für die Fahrt aus. In der Türkei ist es immer notwendig, beim Betreten eines Taxis vorher zu fragen, was denn der Preis ist. Denn auffällig oft sind Taxameter kaputt oder kleine Umwege werden absichtlich eingebaut. Statt die kostenfreie Route zu nehmen, fuhr er auf eine andere Autobahnauffahrt und bog auf die mautpflichtige Strecke ab. Wir beobachteten das Geschehen von der Rückbank aus auf Google Maps und wussten schon, was uns gleich blühen würde. Richtig, der Preis sollte nachverhandelt werden. Rund 50 % mehr wurden nach der Ankunft vom Taxifahrer gefordert. Wir weigerten uns verständlicherweise, den Aufschlag zu begleichen und zogen so den Zorn des Fahrers auf uns. Fein säuberlich gaben wir ihm den verabredeten Betrag in die Hand und wollten uns auf den Weg in das Flughafengebäude machen.

In Istanbul gibt es vor der eigentlichen Sicherheitskontrolle, direkt vor dem Betreten des Flughafens, noch einen ersten Check mit Gepäckdurchleuchtung. Und so machten wir uns unter lautem Geschrei auf in den sicheren Bereich. Doch unsere Taxifahrer dachte nicht daran, aufzugeben. Er lief schnurstracks auf einen Polizisten hinzu. Das verschlechterte unsere Ausgangslage ungemein. Denn unser Türkisch war nicht das beste und wir hatten keine Beweise, dass wir überhaupt bezahlt hatten. Der Polizist kannte die Masche anscheinend, hielt aber trotzdem zu seinem Landsmann.

»Zahlt ihn einfach aus«, sagte er in ernstem Ton. Wir taten wie geheißen, denn noch einen Flug wollten wir an diesem Tag auf keinen Fall verpassen. Trotz des Durcheinanders ist Istanbul eine der schönsten und aufregendsten Städte dieser Welt. Wir kommen wieder, dann hoffentlich ohne Schnee und Chaos.

Die schönsten Freiluft-Events　　　　WELTTOURNEE-TIPP

Bregenz, Österreich: Wie viel Freiluft-Zauber passt in eine Opernaufführung? Nach unserem Besuch bei den »Bregenzer Festspielen« müssen wir sagen: eine ganze Menge. Auf dem Bodensee ist eine riesige Opernbühne aufgebaut. Am Rand steht eine Art Stadion-Tribüne für 6.000 Zuschauer. Die berühmtesten Arien werden besungen, wenn im Hintergrund langsam die Sonne im See versinkt. Absolut magisch.

Rom, Italien: Auch hier ist das Thema »Oper« der Renner und das im doppelten Sinne. Am nördlichen Ende des Circus Maximus wird in manchen Sommern eine Bühne aufgebaut. Dort werden Opern ganz modern interpretiert. Wo früher Pferde mit Streitwagen rannten, ist heute beste Musik angesagt. Wer zu spät oder zu geizig für ein Ticket ist, macht es wie wir, setzt sich in eines der Cafés auf die Terrasse und lauscht den Klängen.

Salzburg, Österreich: Schon wieder dieses Alpenland. Im Sommer ist an jeder Ecke etwas geboten. Ganz edel wird es bei den »Salzburger Festspielen«. Prominente (die wir nicht kannten) bevölkern in edlen Kleidern die Gassen und ziehen bei Wetterglück vor den Dom. Dort wird der »Jedermann« aufgeführt. In der Stadt schweigen dann für den besonderen Effekt die Kirchenglocken und Flugzeuge dürfen nur sehr eingeschränkt starten und laden.

»AHOJ« SLOWAKEI

W ir haben lange gebraucht, bis wir den Unterschied zwischen Slowenien und der Slowakei verstanden hatten. Es tauchten hier ungewöhnlich oft Verwechslungen auf, fast wie bei Budapest und Bukarest. Gut, dass uns noch keine Reisebuchung versehentlich in eine andere Stadt brachte. Das Land fristet bei den großen Nachbarn ein wenig das Mauerblümchen-Dasein.

Als der ehemalige tschechische Präsident Miloš Zeman vor über zehn Jahren als Premier die Slowakei besucht hatte, wurde ihm in der Hohen Tatra ein einheimisches Bier zum Mittagessen kredenzt. Vor der Presse lästerte er seinerzeit, in diesem slowakischen Bier würde er nicht mal seine dritten Zähne reinigen und löste damit eine mittlere Staatskrise aus. Grund genug für uns, mal hinzudüsen – für unscheinbare Reiseziele haben wir immer ein Herz.

Von Tschechien bis zum Kosovo – immer wieder Bordbistro

In Wien herrscht zu jeder Tages-, Nacht- und Jahreszeit ein Trubel an Touristen. Die Stadt lockt Reisende aus der ganzen Welt an. Vom Prater bis zum Opernhaus – fast jeder kann die schönsten Sehenswürdigkeiten ohne Reiseführer aufzählen. Was die wenigsten wissen, rund 60 Kilometer entfernt liegt eine Hauptstadt, die im wahrsten Sinne oft links liegen gelassen wird. Nach Bratislava verirren sich die Wenigsten und das, obwohl die Verbindungen von Wien fast halbstündlich mit Bus, Zug oder Schiff gegeben sind. Kaum einer steigt am Wiener Flughafen in den Bus, der auf der Autobahnauffahrt nach rechts abbiegt und Kurs auf die Slowakei nimmt. Zeit, sich mal im Land umzuschauen.

Sobald man die Donau überquert und das Stadtzentrum von Bratislava erreicht, wird man von einer beeindruckenden Kulisse aus historischen Gebäuden und moderner Architektur begrüßt. Die berühmte Brücke des slowakischen Nationalaufstands, auch bekannt als UFO-Brücke, ragt majestätisch über den Fluss und bietet eine Plattform mit Panoramablick auf Bratislava. Wir wissen nicht ganz genau, welcher Architekt es verbrochen hat, doch in den 70er-Jahren war es wohl cool auf einer große Brücke ein tellerförmiges Restaurant zu setzen. Das historische Zentrum selbst ist wie ein lebendiges Museum, in dem man durch die engen Gassen schlendert und sich von den prächtigen barocken Palästen und gotischen Kirchen faszinieren lassen kann. Die Altstadt, auch bekannt als Staré Mesto, ist der perfekte Ort, um die Atmosphäre der Stadt einzufangen. Aber auch hier gibt der von uns erfundene Bierpreis-Indikator einen Überblick, wo man sich niederlassen sollte. Denn gibt es an der Hauptstraße den halben Liter Bier für wienerische Preise von vier Euro, kostet die gleiche Flüssigkeit nur ein paar Abbiegungen weiter deutlich weniger. Bis auf zwei Euro kommt man mit dem Preis entgegen.

Die Slowakei eignet sich perfekt für alle, die Interrail testen wollen, aber die hohen Ausgaben scheuen. Für rund 30 Euro kann man im Sommer für eine Woche alle Züge des Landes nutzen. Fast wie das 49-Euro-Ticket, nur mit mehr Urlaub. Und wie so oft, gab es auch hier den Interrail-Trick. Denn für gewisse Züge muss ein separates Ticket gebucht werden. »Schlag den Zuschlag« galt auch hier. Wir wollten von Bratislava in die Hohe Tatra, um zu testen, ob das Bier dort wirklich so schlecht ist, wie vom tschechischen Präsident angekündigt. Am Bahnhof in der Hauptstadt wollten wir gerade einen Fuß auf die metallenen Treppen setzen, die in den Waggon führten, als uns ein Schaffner am Rucksack festhielt. Wir hatten (noch) nichts verbrochen und wussten nicht, was los war. Er schien gerochen zu haben, dass wir keine Reservierung für diesen Zug hatten und kontrollierte uns so auf ungewohnte

Weise. Er schrie uns auf Slowakisch an, als hätten wir versucht, den Zug zu entführen.

Was in Deutschland einen riesigen Aufstand verursacht hätte, nahmen wir hier so hin. Er hatte uns am Schlafittchen und wir mussten fix vor der Abfahrt in die Schalterhalle sprinten, um für rund vier Euro nachzulösen. Es war August, alle wollten in den Urlaub und zusammenhängende Sitzplätze gab es kurz vor der Abfahrt nicht mehr. So lösten wir den Zuschlag und setzten uns direkt ins Bordbistro, in dem wir die nächsten Stunden und eigentlich auch Tage verbringen sollten. Es folgt eine kleine Liebeserklärung an sämtliche Bordbistros östlich von Berlin – oder wie Adrian es seit Jahren gebetsmühlenartig aufsagt: »Von Tschechien bis zum Kosovo - immer wieder Bordbistro.«

Auch wenn wir die kleinen Restaurant-Waggons der Deutschen Bahn mit veganem Chili con Carne und Café Crema über die Jahre schätzen und lieben gelernt haben, die Bordbistros hier sind eine ganz andere Hausnummer. Der Speisewagen im Osten von Europa versprüht ein Gefühl der Nostalgie und des guten Reisens. Die weißen Tischtücher, die bauchigen Weingläser, die kleinen Tischlämpchen zum Anknipsen, die Vorhänge und der Teppichboden machen diesen Ort zu einem Relikt aus einer anderen Zeit. Zudem gibt es hier noch eine richtige Küche. Während in Westeuropa Speisen oft in der Mikrowelle erhitzt werden oder in Japan aus Effizienzgründen das ganze Zugrestaurant wegfällt, kommen die Pommes hier noch aus einer echten Fritteuse und zum Frühstück wird das Spiegelei auf einer heißen Platte gebraten. Neben dem Geratter des Zuges auf den Schienen und dem leichten Geklimper der Gläser konnte man aus der Bordküche noch richtige Kochsounds hören. Da wurde das Schnitzel fest geklopft und für den Nebentisch das slowakische Frühstück serviert. Der Koch ist gleichzeitig auch der Kellner und, wenn wenig los ist, sogar Gesprächspartner und Tipp-Geber, wenn zwei deutsche Reisende mal wieder einen Tisch blockierten und sich lautstark über ihrer nächsten Reiseziele austauschten.

An einer Fensterseite auf der Tour in die Hohe Tatra wurde im Waggon eine Art Theke vor die Fenster gebaut. Auf fest verschraubten Stühlen konnte man beobachten, wie draußen die Landschaft vorbeizog. Sie änderte sich von grünen Wiesen, zu leichten Hügeln bis zu Bergseen. Oder man drehte sich auf den Hockern in den Raum – besser als in jeder Kneipe.

Die Reisezeit flog mit Kaffee-Nachschub nur so dahin. Immer wieder kamen Reisende in dieses kleine Paradies. Mit einem Nicken begrüßte man die sitzenden oder stehenden Reisenden und gab selbst seine Bestellung auf. Im Hintergrund dudelte ein slowakischer Radiosender und alle waren in Urlaubsstimmung. Ein älterer Herr setzte sich zu uns und wir fingen auf Englisch eine gut gelaunte Urlaubsplauderei auf Englisch an. Er präsentierte uns stolz seine Deutschkenntnisse, die sich auf zwei Redewendungen begrenzten. Neben »Guten Abend« konnte er fast akzentfrei »Bitte nicht schießen!« vortragen. Großer Lacher, aber auf der anderen Seite dennoch bezeichnend, welcher Wortschatz in der Generation geblieben ist. Immerhin hatten die Herren gleich noch einen alpinen Tipp für uns: »Bleibt in Poprad und fahrt von da mit der Bergbahn weiter.« Denn die Hohe Tatra ist im Sommer völlig überfüllt und dementsprechend sind auch die Hotels ausgebucht.

Auf der Alm dann das erwartete Bild. Familien mit Kinderwagen, Wandersleute, Trekking-Profis mit Vollausrüstung und Mädels in hohen Stiefeln, die einfach nur ein Foto der spektakulären Bergkulisse machen wollten. Es tummelten sich auf den Wanderwegen Massen an Menschen. In der Natur hingegen versammelten sich trotz des Lärms anscheinend die verschiedensten Wildtiere. Vor Wölfen, Luchsen und Bären hatte uns unsere Speisewagenbegleitung gewarnt. Bei diesem Menschenauflauf bestand aber wohl keine Gefahr und der Bär sollte nur auf dem Kaffeeweißer zu entdecken sein.

Die besten Speisewagen   WELTTOURNEE-TIPP

Frei nach unserem Reisemotto »Von Tschechien bis zum Kosovo – immer wieder Bordbistro« gibt es wirkliche Leckereien auf der Schiene. Im Ruhrgebiet ist der mitgebrachte Döner das Bordbistro, aber gerade in den Osteuropäischen Ländern sind die kleinen Restaurants ein wahrer Genuss. Hier sind unsere Top-Speisewagen.

Glacier- und Bernina Express, Schweiz: Eigentlich kein Ort, in dem man Backpacker erwartet. In den Schweizer Paradezügen ist die (Bahn-)Welt eine andere. Essen gibt es im Glacier Express an jedem Tisch und in der ersten Klasse eine Aussicht wie im Kino. Ein bisschen Erheiterung bringen die Kellner im Bernina Express, die in Kurven und bei voller Fahrt gekonnt Schnaps aus Kopfhöhe einschenken.

Tschechische Bahn, Tschechien: Mit viel Glück erwischt man auch auf der Linie Berlin-Prag einen der Speisewagen-Oldtimer. Die neuen Linien, die im Land selbst verkehren, haben meist eine Stehtheke eingebaut. Dafür gibt es frisch gezapftes Bier, günstig und gut.

Express-Zug Kandy, Sri Lanka: In acht Stunden tuckert der blaue Zug gemütlich durch die grünen Tee Hügel. Das Besondere am Bordbistro hier? Es kommt an den Platz. An jeder Station steigen Einheimische zu, die von gebrannten Nüssen, über Tee bis zu Teigtaschen alles anbieten.

»GRÜEZI« SCHWEIZ

Wenn wir schon von den besten Speisewagen träumen, können wir gleich auch noch die schönsten Berge, die
spektakulärsten Aussichten oder die klarsten Bergseen an-
schließen. Alles das gibt es in der Schweiz, auch wenn sich das Land
die Aussicht anständig bezahlen lässt. Mal eben ein Zugticket kaufen,
sprengt hier die Reisekasse ganz schön. Am Ende aber einer dieser
(Bahn-)Trips, die man wohl mal gemacht haben muss.

Mit viel Tunnels und Geleisen

Jeder hat so seinen Fetisch. Bei uns wird man auf den letzten Seiten
und in den verschiedenen Kapiteln gemerkt haben, dass wir dem Zug-
Fetisch verfallen sind. Wenn es geht, wird eine Tour auf der Bahnstre-
cke immer wieder eingebaut. Sei es in Ägypten am Nil entlang oder
durch Sri Lankas Hochland.

Auf der Insel im Indischen Ozean gab es übrigens auch eine seltsame
Begegnung aus der Kategorie »Glaubt doch kein Mensch«. In Kandy startet die wahrscheinlich schönste Zugroute des Landes. In acht Stunden
bahnt sich der Zug seinen Weg langsam durch Täler und Berge. Vorbei
an grünen Hügeln, auf denen Teebüsche in perfekt angelegten Reihen
wachsen. Die Gleise winden sich entlang der Berghänge und bieten spektakuläre Ausblicke auf tiefe Schluchten und tosende Wasserfälle. Es ist,
als ob die Natur ihre ganze Pracht entfaltet, um die Reisenden zu beeindrucken. Noch beeindruckender war die letzte Minute vor der Abfahrt.
Wir hatten ein Ticket für die dritte Klasse reserviert. Auf gut Deutsch also

die Holzklasse. Bänke mit einem kleinen Überzug aus Stoff und ein paar Decken-Ventilatoren schmückten das Abteil. Normalerweise reservierten Touristen eine der ersten beiden Klassen. Dort sieht es dann eher so aus wie in den Zügen der Deutschen Bahn. Klimaanlage und echte Sitze sind bei einer 8-Stunden-Tour deutlich entspannter. Doch über einen Kontakt eines Tuk-Tuk-Fahrers bekamen wir wenige Tage zuvor noch ein Ticket in besagter Holzklasse. Platz 31 und 32 standen auf dem Ausdruck. Wir machten es uns bequem, bis nach uns und nur Sekunden vor der Abfahrt eine junge Frau einstieg. Sie rannte mit verschwitztem Gesicht an uns vorbei und Christoph erschrak. »Ich glaube, die habe ich bei uns zu Hause schon mal gesehen«, sagte er. Kopftätschelnd wurden seine Hirngespinste abgetan – vielleicht lag es an der Höhenluft oder dem zu scharfen Chili. Während der Zug langsam tuckernd durch die Vororte ratterte, ratterte es in Christophs Kopf. Wo hatte er diese Frau schon mal gesehen? Die Antwort brachte wie so oft Instagram. Er hatte sie auf Fotos einer gemeinsamen Freundin nach kurzer Suche entdeckt. »Bingo!«, rief er und nachdem sich das erste Chaos gelegt hatte, ging er die drei Reihen weiter nach vorn, um ihr Grüße aus der gemeinsamen Heimatstadt auszurichten. Das Erstaunen auf beiden Seiten war groß, denn in Sri Lankas Bergen hätte man wohl niemanden aus der eigenen 20.000-Einwohner-Stadt erwartet.

Aber zurück zum eigentlichen Thema. Die Berge werden höher, die Zugtickets teurer, aber die Fahrzeit bleibt in etwa gleich. Es sollte mit dem Bernina -Express in acht Stunden über die Alpen nach Tirano und zurück gehen. Es war unsere erste Reise nach dem Ende der Coronabeschränkungen. Der Flughafen in Zürich glich einer Geisterstadt und auch die Züge in Richtung Chur, dem Startpunkt des Expresszuges, war fast leer. Ab hier sollte man am besten alles vergessen, was man über Bahnfahren in einem großen mitteleuropäischen Industrieland kennt. Hier ist die Fahrt schon ein Genuss. Egal, ob im Regionalzug oder im Panorama-Zug.

Der Name kommt von der Bauweise der Züge. Alle Waggons haben kein massives Dach, sondern eine riesige, nach oben gebogene Glasscheibe. Die Züge sind sauber und in die Scheiben ist mal nicht eben ein »Mama, I Love You« eingeritzt wie bei vielen Zügen, die im Ruhrgebiet verkehren. Dank dieser Panoramascheibe genießt man atemberaubende Ausblicke auf schneebedeckte Gipfel, glitzernde Gletscher, tiefblaue Seen und idyllische Dörfer. Während der Zug hinter Chur an Höhe gewinnt, wird die Landschaft immer spektakulärer. Die Gipfel der Berninagruppen tauchen auf. Die schneebedeckten Gipfel funkeln in der Sonne und spiegeln sich in den klaren Bergseen wider, die wie funkelnde Juwelen in der Landschaft liegen. Der Zug überquert auf seiner Reise auch einige bemerkenswerte technische Meisterleistungen wie das berühmte Landwasserviadukt und die Brücke bei Brusio, die beide für ihre beeindruckende Bauweise und ihre malerische Lage bekannt sind. Fast noch spektakulärer als die Tour durch Sri Lankas Hochland.

Während in Sri Lanka oft Einheimische kleine Snacks und Getränke verkaufen, bewirtschaftet die Schweizer Bahn die Züge gleich selbst. Der großer Vorteil bei allen Angestellten ist: Die meisten von ihnen teilten unseren Zug-Fetisch. Oft haben sie sich Zeit genommen, um besondere Brücken oder Viadukte zu erklären. Ein ganz besonderer Kellner zieht in den Abteilen noch mehr Blicke auf sich als die Berge. Wir tauften ihn liebevoll: Grappa-Günni. Er lächelte uns schon vor der Fahrt von Plakaten und Flyern an. Er hatte nicht nur eine besondere Fähigkeit von seinen Reisen zu erzählen, sondern auch eine gewisse Technik beim Einschenken. Auf dem Weg zum Zielort in Italien geht es auch vorbei an einer berühmten Grappa-Brennerei. Logisch, dass der Schnaps auch im Zug gereicht wurde. Eine Reihe vor uns saß eine Viergruppe älterer Schweizer, die gut gelaunt kurz nach der Abfahrt Jacke und Hut ablegten und Grappa-Günni zu sich baten.

Während der Zug also kurvig und wackelig über die Schienen glitt, stellte sich der Kellner breitbeinig in den Mittelgang. In der linken Hand hielt er, etwa auf Knie-Höhe, ein Schnapsglas. In der rechten Hand hielt er die Grappaflasche, aus der ein feiner Strahl der kostbaren Flüssigkeit kam. Jetzt zog er die Hand mit der Flasche weit nach oben über seinen Kopf, ohne das Einschenken zu vergessen. Atemloses Staunen, denn kein Tropfen ging verloren. Auch Grappa-Günni musste nach der langen Corona-Pause dieses Einschenken erst wieder über und so erklärten sich die fröhlichen vier Schweizer und die zwei deutschen Zugfans morgens um neun Uhr bereit, dem Mann diesen Wunsch zu erfüllen. Oder um es frei nach dem Wirt unserer Stammkneipe in der Heimat zu sagen: »Ein guter Gast, ist niemals Last.« Die Vierergruppe gesellte sich im fast leeren Zug zu uns, um uns später auch während der Pause auf der Alp Grüm einen Grappa-Trick zu zeigen. Auf über 2.000 Metern macht der Express meist einen kleinen Halt, um neue Passagiere aufzunehmen und Waren abzuladen. In einem kleinen Café führte man uns in das Geheimnis des »Caffè Corretto« ein: Der berühmte Grappa aus dem Nachbartal wird in einen Espresso gekippt, und so ging es nicht nur wegen der vielen Kurven schon morgens um kurz nach elf Uhr auf und ab durch die Alpen.

Auch der andere Panoramazug, der Glacier-Express, oder von Adrian liebevoll und unbewusst oft als Gletscher-Express bezeichnet wird, machte sich in diesen Tagen wieder auf die Schiene. Durch Zufall erlebten wir die Jungfernfahrt der renovierten Züge, die mit viel Prominenz vom Bürgermeister bis zum Landrat zelebriert wurde. Die Renovierung war hier – nicht so wie in den Gesichtern vieler Gäste in St. Moritz – tatsächlich gelungen.

Und auch hier braucht es wieder einen Call-Back nach Sri Lanka. Denn auch hier dauert die längste Etappe acht Stunden. Die Marketing-Verantwortlichen vom Express ändern nicht die Reisegeschwindigkeit, sie werben schlau mit dem Slogan »Der langsamste Schnellzug der Welt«. Dabei überquert er 291 Brücken und durchfährt 91 Tunnel, bis am Ende das Ziel Zermatt am Fuße des spektakulären Matterhorns erreicht wird. Während unten in Zermatt, bei bestem Frühlingswetter, noch T-Shirt und kurze Hose angesagt waren, gab es oben auf dem Matterhorn noch die Möglichkeit, sich Skier zu leihen. Wahrscheinlich waren wir die ersten Gäste, die in kurzer Hose den Sportlern ein »Gut-Ski« zugerufen haben.

**Unterschiede Panorama-Zug Sri Lanka –
Panorama-Zug Schweiz**

	Sri Lanka	Schweiz
Essen	ab 30 Cent für eine Samosa	42 Euro für ein 2-Gänge-Menü
Fahrtzeit	Acht Stunden	Acht Stunden
Ticketpreis	ab drei Euro	ab 60 Euro
Ausblicke	Offene Fenster, offene Türen	Panoramafenster
Tiere	Affen, wilde Hunde, Elefanten	Steinbock, Rothirsch, Gämse

»HEJ« NORWEGEN

Wie viele prominente Norweger bekommt man ohne Googles Hilfe zusammen? So richtig viele sind es nicht, oder? Dafür gibt es prominente Natur. »Sofort die Lofoten hoch«, ist ein beliebter Ausruf bei Überfällen auf der Inselgruppe. Mit seiner spektakulären Natur, von majestätischen Fjorden über schneebedeckte Gipfel bis zu malerischen Küstenlinien ist Norwegen ein Paradies für Naturliebhaber und Abenteurer gleichermaßen. Wieder einmal spielt das Thema Hereinkommen eine große Rolle.

Norwegen dir

Wir wollten mal wieder richtig in die Natur abtauchen. Und das geht in Norwegen an jeder Ecke. Majestätische Fjorde ziehen sich tief ins Land, während sich hohe, steile Klippen zu beiden Seiten erheben. Das smaragdgrüne Wasser schimmert im Sonnenlicht, während imposante Wasserfälle von den Klippen herabstürzen und einen feinen Nebel in der Luft hinterlassen. Wir waren mit dem Auto unterwegs, mussten es aber an jeder Ecke stoppen. Es gab keine Panne, sondern einfach so viel zu sehen.

Die Fjorde schaffen ein spektakuläres Mosaik aus tiefen Schluchten und ruhigen Gewässern. Die norwegische Küste ist eine weitere Perle der Landschaft Norwegens. Hier treffen das azurblaue Meer und die schroffen Klippen aufeinander und bilden eine spektakuläre Kulisse. Entlang der Küste erstrecken sich zahlreiche Inseln und Schären, die mit ihren malerischen Fischerdörfern und einsamen Stränden zum Erkunden einladen.

Im Kontrast zu den majestätischen Küsten stehen die sanften Hügel und weiten Ebenen Norwegens. Hier erstrecken sich endlose grüne Wiesen, bedeckt mit wilden Blumen und kleinen Bächen, die sich ihren Weg durch das Land bahnen. Mit so viel Schönheit gesegnet, geht Norwegen dazu auch relativ locker mit den Übernachtungen um. Es gibt hier das sogenannte »Jedermannsrecht«.

Damit kann man sich frei in der Natur bewegen, solange man sich respektvoll und verantwortungsbewusst verhält. Man kann Wege und Pfade nutzen, auch wenn sie über private Grundstücke führen, oder wandern, campen, angeln, Beeren und Pilze sammeln, Skifahren und viele andere Aktivitäten in der Natur ausüben, ohne dass man dafür eine spezielle Erlaubnis benötigt. Andere Länder würden sich diese Möglichkeiten teuer bezahlen lassen. Wir schlugen uns tags zuvor also bis in den Norden von Dänemark. Von dort sollte früh am Morgen die Fähre nach Oslo gehen. Wir schlugen unser Camping-Material also wie viele andere neben uns auf einem Schotterparkplatz auf. Unser Auto war vollgestopft mit Zelten, Isomatten, Stühlen, Fertiggerichten und eine ganze Menge Bier. Adrian arbeitete damals schon bei einer großen Brauerei. Sein Deputat wollten wir in diesem Urlaub nutzen, denn in Norwegen bewegen sich die Bierpreise jenseits von Gut und Böse. Während wir in Deutschland im Supermarkt grob 70 Cent für einen halben Liter Bier bezahlten, musste man in Norwegen an gleicher Stelle vier bis fünf Euro bezahlen. Auch wenn es die Naturschönheiten umsonst gibt, das tägliche Leben dort ist schweineteuer.

Diese Erfahrung vom teuren Alkohol merkten wir in verschiedenen Nachbarländern auch auf anderen Touren. In Aalborg im Norden von Dänemark trafen wir an einem Freitagabend viele Gruppen Norweger, die für ein Wochenende in den »Süden« kamen. Nicht die Hygge-Architektur oder die Museen der Stadt waren ihr Ziel: Sie wollten einfach mal günstiges Bier trinken und die Nacht zum Tag machen. Auch Tallinn in Estland lebt von den Party-Touristen. Diesmal aber aus Finnland. In rund zwei Stunden bringen die Fähren durstige Finnen aus Helsinki herüber. Freitag und Samstag bevölkern sie die kleinen Gassen. Am

Sonntag wird vor der Rückfahrt im Duty-free-Shop im Hafen noch ordentlich Nachschub für zu Hause geordert.

Auch auf der Fähre von Dänemark nach Oslo war Partystimmung angesagt. Kurz nach dem Ablegen öffnete die Bar an Deck und zog früh morgens die bierseligen Norweger an. Zudem baute eine Live-Band ihre Instrumente auf und begann die besten nordischen Hits zu spielen: Schützenfeststimmung in Norwegen sozusagen.

Wir hatten noch ein paar Kilometer auf der Straße vor uns und beobachteten das ganze aus sicherer Entfernung. So langsam tauchte am Rand die norwegische Landschaft auf. Bewaldete Hügel, Klippen, Inseln und malerische kleine Buchten säumten den Oslo-Fjord. Da wir schon ungefähr wussten, wie viel teurer Bier und Lebensmittel sind, verzichteten wir gleich darauf, nach Immobilienpreisen in Norwegen zu suchen.

Während die Party-Fähre bei bestem Sommerwetter durch den Oslo-Fjord glitt, zeigten auf der Heckwelle Jet-Ski-Fahrer ihre coolsten Tricks. Sie wurden lautstark von der Kneipenrunde auf dem Oberdeck angefeuert und wagten so immer verrücktere Sprünge. In der Ferne tauchte Oslo auf und auf ein geheimes Zeichen verschwand erst die Band und auch die Bar schloss. Die Norweger schwankten von Bord und wir setzten uns in unser vollgepacktes Auto. Dazu muss man wissen: Norwegen ist nicht in der EU und hatte damals strenge Zollvorschriften. Man durfte gefühlt nur den Alkohol mit ins Land bringen, den die Partymeute auf dem Oberdeck eben während der Fährfahrt vernichtet hatte. Das waren etwa zwei Liter Bier und 1,5 Liter Wein pro Person. Wir wussten von einem Kumpel, dass alle weiteren Getränke, die dieser Menge überstiegen, konfisziert und zudem noch mit einer saftigen Geldstrafe belegt werden. Ihn hatte es ein paar Wochen vorher erwischt und seine Urlaubskasse war gesprengt, bevor das Abenteuer Norwegen für ihn überhaupt erst begann.

Wir wollten eine Woche in der Natur verschwinden und hatten uns dementsprechend optimistisch mit Bier versorgt. Die Strafe hätte also als kleine Anzahlung für die Immobilie am Oslofjord gereicht. Wir bewegten uns mit unserer Ladung also in einem Risiko-Korridor. Die hinteren Radkästen schliffen schon auf den Rädern, und bevor wir unser Zelt an einem See aufschlagen konnten, wartete noch die Zollkontrolle auf uns.

Die Blechlawine bewegte sich langsam von Bord und folgte einem bestimmten Schema, was wir aus dem Auto heraus beobachten konnten. Jedes zweite Auto, Wohnmobil oder Motorrad wurde angehalten. Der junge Zöllner saß gelangweilt auf einem Barhocker vor seiner kleinen Hütte. Bei jedem zweiten Auto senkte er die Hand. Das bedeutete, der Fahrer musste das Fenster öffnen und erklären, was denn alles so im Kofferraum ist. Denn natürlich kannten auch die Zöllner das Bier-Paradies Dänemark. Vor uns fuhr ein riesiges Wohnmobil und war geradezu prädestiniert, kontrolliert zu werden. Und so kam es auch: Das Mobil vor uns wurde per Handzeichen auf eine separate Spur gebeten und wir jubelten. Denn dem Prinzip, nur jedes zweite Gefährt anzuhalten, war der Zöllner in den letzten Minuten treu geblieben. Wir sahen uns schon mit den Dosen am See sitzen und uns zuprosten. Diesen Gesichtsausdruck sah allerdings auch der Zöllner.

Vielleicht zum ersten Mal in seiner Karriere wich er vom Zweier-Prinzip ab und hielt auch uns an. »Na Jungs, wo soll's denn hingehen?«, fragte er in einen schweigsamen Wagen mit schleifenden Hinterrädern. Wir stammelten vor uns hin, dass wir ein Wochenende in einem Hostel in Oslo verbringen wollten. Dass auf dem Rücksitz eine Angelausrüstung sichtbar lag, wurde uns erst hinterher klar. »Habt ihr denn Alkohol geladen?« Diese Frage hätte nun wirklich nicht kommen dürfen. Doch Adrian arbeitete bei der Brauerei, die uns den Kofferraum füllte, seit Jahren im Vertrieb und war ungewöhnliche Fragen gewohnt. Er rettete uns mit einem »Noch nicht, gibt es hier einen Supermarkt?« Der Zöllner verstand diese Misch-Antwort wohl oder hatte einfach einen guten Tag bei bestem Sonnenschein. Denn anstatt unseren Kofferraum zu überprüfen, zwinkerte er Adrian am Lenkrad zu und wünschte viel Spaß im Hostel.

Am nächsten Kreisel jubelten wir im Auto, als hätten wir gerade den norwegischen Lotto-Jackpot gewonnen. Unser Roadtrip durchs Land konnte beginnen. Allerdings langsam und bedächtig. Wir wollten nach Bergen an der Westküste. Auf dem Papier sind das etwas über 450 Kilometer, was auf deutschen Autobahnen schnell zu machen ist. Doch in Norwegen ging es über Gebirgspässe und kurvige Straßen. Rund sieben bis acht Stunden sollte die Tour dauern. An einer Tankstelle verriet uns ein Norweger, der anscheinend mal bei einer Fluggesellschaft gearbeitet hatte, dass diese Strecke eine der meistgeflogenen in Europa ist. Denn ein Flug dauert nur rund 50 Minuten.

Im Flugzeug verpasst man allerdings die Hochebene Hardangervidda. Abkürzen oder Überholen war kaum möglich, denn die Strecke war kurvig, oft nur einspurig und die Kosten für einen Strafzettel für Geschwindigkeitsübertretung noch teurer als eine Dose Bier im Supermarkt. Auf der stundenlangen Fahrt durchquerten wir verschiedene Vegetationszonen. Waren in Richtung Oslo noch saftige grüne Felder das Hauptbild, lag hier oben teilweise im Schatten noch Schnee. Ein riesiger Wasserfall sprühte seine Gischt direkt auf die Straße. Kurzum, der ganze Aufwand der langen Fahrt lohnte sich. Und natürlich nutzen wir das Jedermannsrecht voll aus. In der Nähe von Lillehammer fanden wir unsere Trauminsel. Wir suchten vorher mit Google Maps die kleinen und großen Seen ab. Auf Campingplätze wollten wir verzichten und auch das nächste Dorf sollte ruhig ein paar Kilometer entfernt liegen. Wir fanden ganz versteckt einen Platz an einem See. Unter Bäumen schlugen wir unser Lager auf und trafen in den nächsten Tagen nur ein paar Schafe, die jeden Morgen auf Kontrollgang um den See gingen. Unter Bäumen fanden wir ein altes Boot, das wir relativ schnell wieder seetauglich bekamen. Mit zwei abgesägten Ästen paddelten wir auf dem Wasser entlang. Auch diese Nutzung war hoffentlich im Jedermannsrecht inklusive.

Die schönsten Wasserfälle der Welt WELTTOURNEE-TIPP

Adrian ist leidenschaftlicher Wasserfall-Fan. Eine Reise ist nicht komplett, ohne dass er einmal vor den fallenden Massen stehen kann. Manchmal waren die Wasserfälle Zufallsfunde, manchmal auch absolute Touristen-Highlights. Natürlich können (und müssen) wir hier die großen Superstars der Wasserfall-Szene aufzählen. Die Victoria-Fälle oder die Iguazu-Wasserfälle sind einfach ein Hingucker. Hier aber unsere Tipps.

Bad Gastein, Österreich: Viele Künstler wurden von diesem Bild inspiriert. Bad Gastein ist ein Kurort, 100 Kilometer südlich von Salzburg. Mitten durch den Ort raucht ein riesiger Wasserfall. Die zerstäubte Luft ist gut für das Heilklima und am Fuße liegt ein Café, in dem es sich bei Sommerhitze ganz wunderbar aushalten lässt.

Paraty, Brasilien: Rund 250 Kilometer von Rio de Janeiro liegt Paraty, eine ganz entspannte Ecke von Brasilien. Der Cachoeira do Tobogã ist kein Wasserfall im eigentlichen Sinne. Über einen riesigen, flachen Felsen sprudelt hier das Wasser in die Tiefe. Die Oberfläche vom Felsen ist glatt abgeschliffen. Das verleitet Einheimische und Touristen so zu den wildesten Sprüngen und Rutschpartien mitten über den Wasserfall.

Semuc-Champey, Guatemala: In einem engen Tal mitten im Dschungel hat die Natur ein tropisches Badeparadies geschaffen. Verschiedene Pools mit tiefgrünem Wasser laden zum Baden ein. Das Frischwasser wird am oberen Ende über einen ganz breiten Wasserfall geliefert und sorgt neben den typischen Dschungelgeräuschen für eine tolle Atmosphäre, die nur vom Geschrei unterbrochen wird, wenn man wieder jemand in den Pool gesprungen ist.

MITTEL
AMERIKA

Eine ebenfalls traumhafte Reiseerfahrung lockt in Mittel- und Südamerika. Wer gut im Spanischunterricht aufgepasst hat, kommt entspannt durch das Gewusel. Es ist weniger auf und ab als in der Asien-Achterbahn, da sich die Kultur und Sprache der einzelnen Länder oft sehr ähnlich sind. Von tiefen Dschungel-Wasserfällen in Guatemala bis zu Großstädten in Argentinien, die wie eine Mischung aus Paris oder London wirken. Auch mit wenigen Urlaubstagen lässt sich viel bereisen. Nachbarländer schlau kombinieren, spart zudem Zeit, und ein Sonnenuntergang am Pazifik brennt sich für alle Zeiten ins Gedächtnis. Auf zu einer kleinen Runde am anderen Ende der Welt.

»HOLA« GUATEMALA

Wenn man nur ein Land in Mittelamerika sehen kann oder sehen möchte, lohnt sich Guatemala auf jeden Fall. Es gibt alles, was das Reiseherz begehrt. Vulkane, Meere und eine absolut spektakuläre Natur. Busreisen über Buckelpisten und tropische Regenstürme runden das Bild ab. Ach ja, Spanisch lernen kann man hier auch bestens.

Guate Mala - schlechte Mala

Gleich der erste Tipp, den wir vor unserer Tour immer wieder sahen, senkte die Stimmung ein wenig. In fast jedem Reiseführer wurde empfohlen, bestimmte Busse in Guatemala-Stadt bloß nicht zu betreten. Man würde mit ziemlicher Sicherheit mit weniger Wertsachen wieder aussteigen. Dieser Tipp gilt übrigens für alle großen Hauptstädte in Mittelamerika. Der Charme und der Zauber dieses Teils der Erde zeigt sich oft in den kleineren Städten, auch wenn es etwas schwieriger ist, dorthin zukommen.

Folglich machten wir besser gleich einen ganz großen Bogen um die Hauptstadt. Kurz nachdem unser Flieger aus El Salvador kommend aufgesetzt hatte, saßen wir in einem Minibus, der uns nach Antigua bringen sollte, denn diese Stadt wurde überall empfohlen und ist schon lange kein Geheimtipp mehr. Heute ist Antigua eine UNESCO-Weltkulturerbestätte und eine der beliebtesten touristischen Destinationen in Mittelamerika. Die Architektur der Stadt ist ein faszinierender Mix aus spanischen Kolonial- und barocken Stilelementen.

Die gepflasterten Straßen sind von bunt gestrichenen Gebäuden und prächtigen Kirchen gesäumt. Mit hohen Schuhen sollte man hier beim Stadtbummel also ordentlich Probleme bekommen. Die kolonialen Fassaden und die kunstvollen Details der Gebäude verleihen Antigua eine einzigartige und nostalgische Atmosphäre. Nicht nur das wissbegierige Publikum weiß diese Atmosphäre zu schätzen. Hier soll zudem das reinste Spanisch gesprochen werden. Neben klarer Aussprache gibt es auch klare Luft in atemberaubender Umgebung. Die umliegende Landschaft mit ihren majestätischen Vulkanen lohnt sich schon, auch wenn man nicht hochklettert und wie wir einen kleinen Vulkanausbruch von der Frühstücks-Terrasse unseres Hostels (Zum Nachreisen: ehemals »Hostal Holistico Antigua«) beobachteten.

Zwischen dem Flughafen und Antigua lagen auf der Straße nur 40 Kilometer, aber eine ganze Menge Höhenmeter. Es ging auf der Autobahn steil bergab. In den Kurven gab es Bremshügel – fast wie in den Alpen. Das waren Strecken aus tiefem Kies, die im Falle von einem Brems- und/oder Kontrollverlust die Geschwindigkeit reduzieren sollten. Während bei uns diese Kiesstrecken meist ebenerdig und damit ungenutzt waren (Danke TÜV-Rheinland!), sahen wir in Guatemala fast an jedem Hügel deutliche Gebrauchsspuren. Adrian, der auf dem Beifahrersitz Platz nahm, erfuhr vom Busfahrer ganz nebenbei, dass auch er schon mal diese Hügel genutzt hatte. Während Adrian sämtliche Urlaubsbräune auf der Fahrt verlor und vielleicht auch der Türgriff, in den er sich klammerte, repariert werden musste, ging am Ende alles gut. Eine wilde Fahrt hinab ins Tal.

Und auch in Guatemala zeigt sich der Zauber des (sicheren) Busfahrens, fast wie in den Balkan-Ländern. In jedem kleinen Ort gab es eine Verbindung, oft mehrmals am Tag. Mal sorgten Privatleute mit ihren Minibussen für den Transfer oder große »Chicken-Busse« brachten die Massen von einem Punkt zum anderen. Diese alten Schulbusse wurden in den USA ausgemustert und zum günstigen Preis nach Mittelamerika gebracht. Die Busse sind kunstvoll mit leuchtenden Farben, aufwendigen Mustern, Bildern von Heiligen, politischen Botschaften und anderen Verzierungen verziert. Jeder Bus ist ein einzigartiges Kunstwerk und spiegelt die Kreativität und den Stolz der guatemaltekischen Kultur wider. Das Einsteigen in einen Chicken-Bus kann manchmal etwas chaotisch sein, da es keine festen Fahrpläne gibt. Die Busse fahren erst los, wenn sie voll besetzt sind, und machen häufig Stopps entlang der Strecke, um weitere Passagiere aufzunehmen oder Waren zu laden. Der Name kommt übrigens wirklich daher, dass diese Waren früher oft lebende Tiere wie Hühner waren.

Wir hatten also gehofft, aus Antigua ins Landesinnere zu kommen. Doch etwas Unbekanntes sollte uns den Start verzögern. In einem Reisebüro sprach jemand von einem Streik, die anderen sagten etwas von Baustelle. Dann halt »*mañana*« – also morgen. Statt Chicken-Bus schickte man uns in einen Minibus, in dem wir es uns auf der Rückbank gemütlich machten – fast wie in der Schule. Doch während ein Schulausflug oft nach der sechsten Stunde zu Ende ist, sollte unsere Tour diesmal zehn Stunden dauern. Wir wollten unbedingt die berühmten Wasserfälle von Semuc Champey sehen und nahmen die Tour auf uns.

Das Gewackel im Bus wurde im Laufe der Reise immer stärker. Die Straßen wurden schlechter, Asphalt-Belag sah man nur noch sporadisch. Der Fahrer unseres 9er-Busses hielt an, fuhr auf einen abgesperrten Hotel-Parkplatz und deute uns an: »Austeigen«. Wir dachten mal wieder an eine schon so oft erlebte Reifenpanne, was bei diesen Straßenverhältnissen auch verständlich gewesen wäre. Doch alle mussten ihren Sachen packen und in einen viel kleineren Bus umsteigen. Rucksäcke und Gepäck wurden oben auf dem Dach verschnallt und so mancher nahm bereits Abschied von seinen Habseligkeiten. Der neue, kleinere Bus, war nicht nur wendiger, sondern hatte auch einen 4x4-Antrieb, der uns die letzten zwei Stunden zum Ziel bringen sollte. Ein Chicken-Bus hätte hier schon lange aufgegeben.

Während das Gepäck also auf dem Hotelparkplatz unter den strengen Augen des bewaffneten Sicherheitspersonals an der Einfahrt verstaut wurde, strömten die anderen sieben Mitreisenden nebst Busfahrer ins angeschlossene Restaurant. Auch ein guter Trick der Busfahrer, nochmal eine kleine Provision zu bekommen. Meist liefern sie ihre Gäste ab und dürfen dafür gratis speisen oder bekommen sogar ein paar Geldscheine zugesteckt. Wir hatten aber keine Lust auf Pommes und Burger und schmuggelten uns vorbei am Türsteher. So richtig wusste er nicht, ob er uns aufhalten sollte, weil seinem Chef dann die Geldscheine davon liefen oder er uns vor den Gefahren vor der Tür bewahren wollte. Es hatte anscheinend noch kein Tourist von Übersee versucht, die geschützte Anlage zu verlassen und sich auf der Hauptstraße eine Portion Pepian (eine Art Hühnereintopf) einzuverleiben. So saßen wir ähnlich wie in Asien an der Straße auf kleinen Stühlen und beobachteten das bunte Treiben an der Hauptstraße. Roller rauschten vorbei, auf großen Handkarren wurde buntes Obst und Gemüse transportiert und immer wieder kamen Kinder vom Schulweg vorbei, die große Augen machten und freundlich winkten. Kein Grund also, die Welt hier draußen von den Bus-Gästen zu trennen. Frisch gestärkt ging es weiter ins Land.

Semuc Champey liegt im Herzen des guatemaltekischen Hochlands, umgeben von dichtem Dschungel und grünen Hügeln. Es ist ein Naturwunder, das aus einer Kombination von türkisfarbenen Pools und einer natürlichen Brücke besteht, die sich über den reißenden Cahabón-Fluss erstreckt. Die Hauptattraktion, die uns die zehn Stunden Fahrt sinnvoll vorkommen ließen, sind die terrassenförmigen Pools, die von kaskadenartigen Wasserfällen gespeist werden. Das türkisfarbene Wasser schimmert in der Sonne und bildet einen malerischen Kontrast zur umliegenden, üppigen Vegetation.

Während wir Freunde und Verwandten zu Hause oft mit Bildern versorgten, vergaßen wir auf der letzten Etappe doch glatt, mitzuteilen, wie wir den letzten Teil der Reise verbrachten. Nachdem wir unsere Rucksäcke in einem Hostel an einem rauschenden Bergbach abgestellt hatten, ging die Reise auf der Ladefläche eines klapprigen Trucks weiter. Auch für die meisten Touristen ist diese Art der Fortbewegung zum Wasserfall wohl die erste Wahl. Wir erwischten durch Pech (oder Glück) eins der Mobile, die wirklich die letzten Kilometer vor sich hatten. Die Haltestangen auf der Ladefläche waren durchgerostet und wurden nur mit allergrößten Widerstand angefasst. Die Fläche selbst hatte mehr Löcher als Boden und man konnte die staubige Straße unten vorbeifliegen sehen. Ein falscher Schritt und man hätte mit einem Bein im Loch gesteckt. Garniert mit einem Fahrer, der anscheinend schnell in den Feierabend wollte, wurde es tatsächlich ein wilder Ritt. Sein Angebot: »Ich warte auf euch für die Rückfahrt«, lehnten wir am Ziel allerdings dankend ab.

Die wildesten Busse der Welt WELTTOURNEE-TIPP
Chicken-Busse, Guatemala: Ausrangierte Schulbusse aus den USA bekommen in Guatemala einen knallbunten Anstrich verliehen. Zudem werden riesige Musikboxen eingebaut und die Fahrt ähnelt eher einer Disco-Tour. Der Name kommt übrigens wirklich daher, dass früher oft Einheimische ihre Tiere transportierten.

Yellow Busses, Malta: Auch wenn es sie kaum noch gibt, eine Zeit lang waren die verchromten und gelbleuchtenden Busse auf der Insel der Hingucker. Im Fahrerbereich wurden verschiedene Heiligenfiguren aufgestellt, zu denen man als Fahrgast beten konnte. Wenn es mal schneller ging als gedacht, gab es auch eine kleine Trinkgeld-Box für Fahrer und Figuren.

Greyhound-Bus, USA: Ein Symbol der Freiheit. Gerade auf dem Land sorgen die einst mit Wellblech verzierten Busse für gute Verbindungen – auch wenn die Busstationen oft in den finsteren Ecken der Städte lagen. Während der langen Trips herrschte an Bord oft eine Stimmung wie in einer WG. Es wurde geteilt und geholfen.

Stadt-Bus, Argentinien: Nach all den spektakulären Ausgaben jetzt noch ein wunderbar einfacher Bus. Wenn man in der Megacity Buenos Aires den öffentlichen Nahverkehr nutzen will, kommt man mit diesen Bussen in Kontakt. Keine bunten Aufkleber, keine laute Musik. Einfach ein Bus. Wenn ein Spielzeughersteller einen Bus modellieren müsste, würde er hier die perfekte Vorlage finden. Er würde global als Bus erkannt.

Despacito – des passiert scho'

Wir kehrten mit einem deutlich angenehmeren Fahrer zurück in unser Hostel am Wildwasser-Bergbach und stiegen mit einem Grinsen aus (Zum Nachreisen: »El Retiro Lodge« in Lanquin). Nach den Strapazen der letzten Tage war wirklich mal Erholung angesagt. Das Hostel sollte für Aussteiger perfekt geeignet sein. Wir hatten zwei Betten in einer Bambushütte gebucht. 14 Hochbetten standen da im Kreis aufgereiht. Da sich die Tür nicht richtig verschließen ließ und auch die Wände nicht ganz bis zum Boden reichten, schnarchte in einem von den Betten schon ein nasser Straßen-Hund. Auf dieses Bett fiel unsere Wahl beim Bezug knapp nicht. Wie wir später in der Nacht allerdings merkten, musste jemand dieses Los ziehen, denn das Hostel war komplett ausgebucht. Die Alternative wäre gewesen, in einer Hängematte zu schlafen, doch auch die wurden vom findigen Hostel-Besitzer für einen kleinen Euro vermietet. Adrian wusste, was uns in der Nacht sonst noch drohen konnte. Er sicherte uns die zwei letzten obersten Betten. Mit seinem Gürtel band er zudem seinen Rucksack an die Dachstreben, die er stehend auf der wackeligen Konstruktion erreichen konnte. So sollten keine ungebetenen tierischen Gäste in seinen Sachen wühlen. Am nächsten Tag war Erholung am Fluss angesagt. Wir benötigten einfach mal eine Pause von fahrenden Gefährten.

Wir lümmelten fast allein am wilden Bergbach, oft nur beobachtet von ein paar bunten Vögeln, die auf unsere Chips aus waren. Denn die meisten Gäste waren unterwegs zu den Wasserfällen oder machten eine Trekkingtour durch den Dschungel. Und wieder inspizierten wir ein Gewässer vor dem Betreten. Der Bach hatte ordentliche Strömung. Man konnte sich von einem Holzplateau der Hostel-Bar in die Fluten stürzen. Manche taten es auf einem Gummiring, und manche ließen sich einfach so treiben. Ein paar Meter weiter hing ein Seil auf Kopfhöhe im Wasser. Man musste es nur greifen und konnte sich dann so an den Rand hangeln. So konnte man sich den halben Tag beschäftigen.

Reinspringen, treiben lassen, rauskraxeln. Rutschte man allerdings vom Seil ab oder erwischte es nicht richtig, trieb man entweder einige hundert Meter weiter zum nächsten Ausstieg oder musste mit großem Aufwand barfuß zurück zum Hostel laufen. Ein paar Jugendliche machten sich den großen Spaß, immer das Seil anzuheben, wenn wieder neue Schwimmer vorbeitrieben und es erst in der allerletzten Sekunde zu senken. Der Schrecken in den Augen der paddelnden Gäste war wohl ihre größte Freude an dem Tag, denn der Fluss hatte nicht nur eine hohe Geschwindigkeit, sondern war auch ordentlich tief.

Auf unserem Grundstück befand sich zudem eine Art gemauerte Ausbuchtung, die zum Fluss hin offen war. So entstand ein riesiger Pool, der ständig mit frischem Flusswasser versorgt war. Mit einer Liane konnte man sich in die Mitte schwingen lassen und sich am Ende in den Naturpool stürzen. Auch ein selbst zusammengezimmertes 2-Meter-Brett war aufgebaut. Adrian stand schon zum Anlauf bereit und wollte seine oft gezeigten Sprungkünste (siehe Dubrovnik-Kapitel, Seite 157) zum Besten geben. Es war wahrscheinlich das erste und auch einzige Mal, dass er vor so einem Sprung das Gewässer nicht vorab inspizierte. Seine logische Folgerung: Der Schwung mit der Liane wurde von einigen Gästen ausgeführt, also wird auch der Sprungturm gefahrlos nutzbar sein. Er war schon dabei, Anlauf zu nehmen, als Christoph unten im Wasser feststellte, dass es hier vielleicht gar nicht so tief war wie in der Mitte. Die verschiedensten Strömungen vom Fluss hatten genau unter dem Sprungbrett eine Sandablagerung aufgebaut. Mit einem beherzten »Stopp!« bewahrte er Adrian wahrscheinlich vor dem Sprung in die Querschnittslähmung. Drum prüfe, wer gerne springet!

Ob hier im Urwald ein Krankenhaus vorhanden gewesen wäre, war mehr als fraglich. Wir feierten die Rettungsaktion lange und feucht-fröhlich am Abend, wohl wissend, dass wir am nächsten Morgen um 6 Uhr unsere Acht-Stunden-Bustour zum Rio Dulce im Norden abfahren sollte. Christoph erwischte den Absprung der Party noch einigermaßen. Adrian diskutierte aber die typischen Hostel-Gespräche bis früh in den Morgen, bis es beinahe zu spät war – oder besser gesagt zu früh. Oder wahrscheinlich beides. Er konnte noch seinen Rucksack von der Dachkonstruktion fischen und setzte sich in den wartenden Bus. Wir hatten gehofft, wieder einen dieser typischen 9er-Busse mit viel Platz und offenen Fenstern zu haben. Doch diesmal hatten wir Pech: Es war wieder ein 4×4-Gefährt. Der Bus mit neun Plätzen war komplett ausgebucht und so mussten im Gang die Notsitze ausgeklappt werden. Auch im ausgeschlafenen Zustand keine schöne Reiseposition, übernächtigt noch viel weniger.

Um noch ein gewisses Salz in diese guatemaltekische Suppe zu kippen: Die Höchstgeschwindigkeit auf den ersten fünf Stunden lag schätzungsweise bei zehn Kilometern pro Stunde, denn in die nördliche Richtung des Landes war überhaupt kein Asphalt verbaut worden. Es ging über die schlimmste Buckelpiste des Landes. Die Bandscheibe meldete sich genauso schnell wie der eintretende Kater. Doch wie so oft: Für schönste Orte muss man manchmal eine schlimme An- und Abreise in Kauf nehmen.

Gerädert auf Rädern kamen wir schließlich in Rio Dulce an. Es sollte an die karibische Küste nach Livingstone gehen. Wir hatten anfangs erwähnt, dass Guatemala das perfekte Ziel ist, wenn man viele verschiedene Regionen auf einmal besichtigen will. Das kleine Dorf hat eine faszinierende Geschichte, die von den afrikanischen Sklaven geprägt ist, die im 19. Jahrhundert hierher gebracht wurden. Es ist berühmt für die entspannte Atmosphäre und den karibischen Charme. Die Straßen sind mit bunten Häusern, kleinen Geschäften und lokalen Restaurants gesäumt. Der Klang von Reggae-Musik liegt in der Luft und die Einheimischen leben noch die Garifuna-Kultur. Die Garifuna sind eine ethnische Gruppe afrikanischer Abstammung, die ihre eigene einzigartige Sprache, Musik und Tänze bewahrt haben.

Doch Livingstone hat einen Nachteil, welcher sich für unsere lädierten Bandscheiben allerdings als Vorteil auszeichnen sollte: Der Küstenort ist nur über den Dschungel-Fluss erreichbar. So setzten wir uns also in ein flaches Boot und starteten durch die allerschönsten Mangroven-Wälder. Während der Fahrt auf dem Fluss offenbarte sich eine Fülle an natürlicher Schönheit. Die majestätischen Felswände ragten hoch über dem Wasser auf und bilden eine beeindruckende Schlucht. Die Wände sind mit dichtem Grün bewachsen, während kleine Wasserfälle sanft herabstürzen und den Fluss mit erfrischendem Wasser versorgen. Verschiedene Vögel kreisten über uns oder trockneten auf den Bäumen ihr Gefieder. Nach all der Anstrengung eine willkommene Ablenkung. Ein Höhepunkt der Reise auf dem Rio Dulce war die Durchfahrt am beeindruckenden El Golfete, einem großen See. Der See erstreckt sich in die Ferne und bietet eine atemberaubende Kulisse aus dem ruhigen Wasser und den umliegenden Bergen. Die sanfte Brise trägt den Duft des Sees und sorgt für eine angenehme Erfrischung – oder auch für einen Lachanfall der einzigen Passagierin, neben uns an Bord. Wir saßen beide auf der linken Seite im Boot. Adrian saß eine Reihe vor Christoph, neben dem die ältere Dame saß. Christoph deutete ihr mit einem Fingerzeig an, genau aufzupassen, was jetzt passieren würde.

Der Fahrer drosselte kurz vorher etwas das Tempo, um uns ungestörte Ausblicke zu gönnen. Christoph tauchte seine Hand ins Wasser. Er imitierte ein grässliches Niesen und spritzte das Wasser von der Hand in Adrians Nacken. Dieser drehte sich mit wilder Wut in den Augen und geballter Faust um und war bereit, Christoph von Bord zu schubsen, bis er sah, dass er und die andere Passagierin vor Lachen auf den Holzbalken lagen. So ganz langsam wurde er wieder der Alte und langsam erwachten die Lebensgeister.

Am Steg von Livingstone ließen wir uns ausnahmsweise mal von den typischen Neppern, Schleppern und Bauernfängern ansprechen, denn wir hatten kein Zimmer. Das Internet im Dschungel war kaum vorhanden und auf der Fahrt hierhin hatten wir andere Sorgen in der Magengegend. Wir ließen uns nicht auf die erstbesten Anpreisungen ein, sondern kamen mit einem älteren Herrn ins Gespräch, der im Hintergrund stand und das Geschehen am Steg aus der zweiten Reihe beobachtete. Auch er hatte ein Gästezimmer in seinem Haus und uns mit seiner ruhigen und freundlichen Art gleich überzeugt. Ein Glücksgriff.

Zusammen mit seiner Frau vermietete er nicht nur das besagte Zimmer, sondern auch gleich ihr Wohnzimmer mit. Man wurde sofort herzlich eingeladen, mit ihnen auf ein Bier zu bleiben. So erzählten sie viel aus der Geschichte von Livingstone und der Region. Später kam auch ihr großes Hobby zur Sprache. Die beiden waren wahrscheinlich die größten Karaoke-Fans, die Guatemala zu bieten hatte. In einer Ecke ihres Wohnzimmers hatten sie eine Art Bühne aufgebaut. Zwei Stehhocker, ein Notenständer und der beste Blick auf das iPad, über das per YouTube die Karaoke-Videos aus nah und fern liefen. Auch wenn wir beide nicht die besten Singstimmen hatten, gab es gemischte Duette, Einzelsong und umjubelte Gruppen-Songs. Ob Udo Jürgens vorher oder später schon einmal Einzug ins guatemaltekische Wohnzimmer gehalten hatte, konnte an dieser Stelle nicht geklärt werden. Zum großen Finale durften wir sogar das Lieblingslied des Herbergsvaters singen. Leider war »Bohemian Rhapsody« wahrscheinlich das am schwersten zu singende Karaoke-Lied. Am Ende gab es trotzdem Applaus der zwei und eine Umarmung für die Nachtruhe.

Am nächsten Tag bekamen wir die Karibik-Wetter-Extreme hautnah zu spüren. Wenn auf diesem Teil der Erde Regen angesagt ist, dann regnet es richtig. Zehn Minuten Starkregen, sodass man keine drei Meter weit aufs Meer blicken konnte, wechselten sich mit sonnigen Phasen ab. Wir verzogen uns in eine Fischerkneipe am Hafen (zum Nachreisen: »Bar La Primavera«). Als wir durch den Eingang kamen, fühlte es sich wie in einem Western an. Gespräche verstummten und wurden nur leise fortgesetzt. Unzählige Augenpaare beobachteten uns. Fischer und viele Garifuna saßen hier im Halbdunkel und tratschten. Wo waren wir denn hier gelandet? Wahrscheinlich waren wir die ersten

Touristen, die hier etwas trinken wollten und vor dem Regen draußen flüchteten. Es trommelte wie wild auf dem Dach und wir hielten uns an unseren Bierflaschen fest. Es gab eine ganz einfache Lösung, wie aus dem bedrohlichen Western plötzlich eine Art Disney-Film wurde.

Neben der Eingangstür hing eine Art Jukebox. Nicht diese altmodischen, auf denen CDs aufgelegt wurden, sondern jene, die mit einem großen Streaming-Anbieter und den Weiten des Internets verbunden waren. Christoph sammelte von Adrian ein paar Münzen ein und nahm allen Mut zusammen. »Räche meinen Tod, wenn sie mich gleich lynchen«, waren wohl seine letzten Worte, bevor er an den Bildschirm trat. Wir waren im Jahr 2017 in Guatemala, einem der Jahre, in dem die Latino-Hits-Welle mit voller Wucht auch nach Europa schwappte (mehr dazu im El Salvador-Kapitel).

Christoph hatte aus den verschiedenen Latino-Discotheken in seiner damaligen Heimat Barcelona also schon die besten Hits mitgekommen und wählte jetzt einen nach dem anderen auf der Jukebox aus. Der Nachteil: Die Musik fing sofort auf voller Lautstärke an zu spielen. Adrian war bereit, mit Christoph die Flucht anzutreten. Doch der Vorteil war: Die Musik fing sofort an, mit voller Lautstärke zu spielen. Schon bei den ersten Zeilen schreckten die Köpfe hoch und spätestens nach dem zweiten Song war die Stimmung ausgelassen fröhlich. So was hatte man hier wirklich noch nicht erlebt. Zwei weiße Typen, die sich trauen, in die abgerockteste Kneipe des Dorfs zu marschieren und dann mit so einer Playlist um die Ecke zu kommen. Uns wurde aus allen Ecken zugeprostet und so verbrachten wir den halben Nachmittag entspannt mit Latino-Beats.

Die Finca am Rande der Welt

Auf dem Rückweg zu unserer Karaoke-Familie fielen uns oft kleine Schilder auf, die einfach nur den Namen »Finca Tatin« oft in Kombination mit »Boat Transfer« zeigten. Wir fragten unsere Herbergseltern, was es damit auf sich hatte.

»Habt ihr noch ein paar Tage Zeit? Dann müsst ihr da unbedingt hin.« Diese Aussage duldete eigentlich keine Nachfrage. Im selben Moment wurde der Telefonhörer von einem echten Telefon mit Wahlfeld aufgenommen und ein kurzes Telefonat geführt. »Ihr müsst zwei Tage bleiben, sonst klappt es nicht«, so die Ansage. Wir schoben kurz unsere Reisepläne im Kopf zurecht und nickten. Am nächsten Morgen sollte uns ein Boot abholen und uns zur besagten »Finca Tatin« bringen.

So kam es dann auch. Ein kleines Motorboot legte am vereinbarten Treffpunkt an: »Seid ihr Adrian und Christoph?«, fragte der Steuermann. Wir nickten und sprangen ins Boot. Wieder fuhren wir durch den Canyon mit Mangroven-Wäldern am Rand. Diesmal war es aber umso mystischer, denn in den Hängen verfing sich der Frühnebel und viele Pelikane folgten dem kleinen Boot aus sicherer Entfernung oder machten es sich auf kleinen Holzpfählen am Rand gemütlich. Erneut kündigte sich ein tropischer Regenschauer an. Da auf dem Boot kein Dach vorhanden war, wickelten wir drei uns in verschiedene Planen und glitten auf dem Rio Dulce dahin. Nach einiger Zeit bremste unser Kapitän und verließ die Route. Er bog rechts in einen kleinen Seitenarm des Flusses ein. Hier waren die Mangroven noch dichter und das Tuckern vom Boot wurde schnell vom Urwald geschluckt. So muss es sich anfühlen, wenn man die Welt ein Stück verlässt. Nach ein paar hundert Metern zeigte sich auf der rechten Seite dann eine Anlegestelle. Dort wartete man bereits mit einem Seil auf uns. Das Boot wurde angebunden und wir waren angekommen in der »Finca am Rande der Welt«. Die Finca bestand damals aus verschiedensten kleinen Häusern, die in den Dschungel gebaut wurden.

Strom gab es nur von morgens um neun bis abends um sechs. Das Internet wurde mit einem Hotspot beliefert, der öfter mal schlappmachte. In der zentralen Hütte waren die Rezeption (ein Schreibtisch), der Versammlungsort (eine lange Tafel) und ein Wellnessbereich (drei Hängematten) untergebracht. Ein Traum für alle Aussteiger! Der Tagesplan lief oft gleich ab. Man konnte sich Boote leihen und ein wenig auf dem Seitenarm schippern oder man wagte sich mit Sportkleidung tiefer in den Dschungel hinein. In eine der letzten Hütten war ein Fitnessstudio gebaut. Mit »Fitness« meinte man damals einfach ein paar Gewichte, die auf dem Boden lagen und ein Spinning-Rad, mit dem man keine zwei Pedal-Tritte machen konnte. Am Fluss selbst lag eine Steinsauna. Wer in der tropischen Hitze noch mehr Wärme wollte, meldete sich morgens an der Rezeption, und so wurde die kleine Hütte mit einem Feuer aufgewärmt.

In einer Ecke saß ein junger Mann, der Schmuckstücke fertigte. Wir kamen mit ihm ins Gespräch. Er stellte sich als Chris aus Koblenz vor. Er war der Welt draußen entflohen und hatte das Aussteiger-Spiel auf dem Level »schwer« durchgespielt. Wir berichteten ihm von Nachrichten aus der Welt, die er mit Verwunderung entgegennahm.

Sein einziger Kontakt zur Außenwelt war ein altes Nokia-Handy, mit dem er sich alle paar Wochen mal bei seiner Familie meldete. Ansonsten bestand sein Tag daraus, Schmuck herzustellen, den er auf einem Tisch in der Ecke präsentierte und verkaufte. Wir erzählten diese Geschichte auch in unserem Podcast. Ganz frisch im Jahr 2023 machte sich eine Hörerin auf nach Guatemala und folgte unserer beschriebenen Route. »Chris ist noch da«, schrieb sie uns auf Instagram. Er war weiterhin den ganzen Tag damit beschäftigt, Armbänder und Schmuck herzustellen. Wir ließen ihn über die Entfernung grüßen und bestellten zwei Armbänder bei ihm, natürlich kannte er uns nicht mehr. Er fragte unsere Hörerin verwundert, was denn ein Podcast sei. »Er versteht auch gar nicht, warum die Touristen hier immer was unternehmen wollen. Er entspannt doch auch den ganzen Tag in der Finca«, schrieb uns die Hörerin nach ihrer Begegnung mit dem Aussteiger-König. Wir waren selten auf unseren Reisen so entspannt und konnten so abschalten wie auf diesem Fleckchen Erde.

Am Abend trafen sich meist alle Reisenden an der großen Tafel zum gemeinsamen Essen. Logisch, Supermärkte und Restaurants waren viele Kilometer entfernt und nur auf Umwegen zu erreichen und so gab es jeden Abend ein großes Treffen. Jeder berichtete, was am Tag so erlebt wurde. Aus Kleinigkeiten wurden große Geschichten und es herrschte eine angenehme Atmosphäre, die wir sonst wohl in keiner anderen Unterkunft so erlebten. Unsere Hörerin schrieb allerdings auch, dass die Räumlichkeiten inzwischen modernisiert wurden. Das Fitnessstudio ist als solches erkennbar, die Duschen sind jetzt mehr als ein Rinnsal, der aus der Wand kommt und auch der Strom ist länger und öfter da. Doch solange es Aussteiger Chris dort gefällt, ist es wahrscheinlich wirklich ein Ort, um einfach mal die Welt draußen zu vergessen und sei es auch nur für ein paar Tage.

Die verrücktesten Hostels der Welt   WELTTOURNEE-KURZGESCHICHTEN

Stockholm, Schweden: Der Norden Europas ist ein teures Pflaster, das merkten wir, als wir zu Studentenzeiten in der Stadt waren. Wir fanden das günstigste Hostel-Bett für rund 25 Euro. Was uns nicht klar war: Hier wurde das Wort Schlafsaal noch wörtlich genommen. Handgezählte 30 Betten standen im Raum. Zu jeder Tages- und Nachtzeit herrschte hier ein reges Kommen und Gehen. Der Schlafsaal war nämlich mit einer dicken Tür gesichert, die jeden Gast mit einem lauten Knall begrüßte und verabschiedete.

London, England: In der Hauptstadt gab es aufgrund von wenig Geld und teurem Bier ebenfalls ein großes Mehrbettzimmer direkt über einem Pub, in dem sich abends noch auf gute alte englische Art geprügelt wurde. Die Betten waren aus billigstem Ikea-Stahl und anscheinend provisorisch in drei Etagen übereinander geschraubt. Der TÜV würde Alpträume bekommen. Das Erreichen des obersten Bettes kam einer Einlage im Cirque du Soleil gleich. Den Vogel schoss dabei ein Paar ab, dass ihre Zuneigung nicht länger zurückhalten konnte oder wollte. Im Mittelbett brachten sie das ganze Provisorium der Bettentürme durch rhythmische Bewegungen fast zum Einsturz und die Mitbewohner auf die Palme.

Bagan, Myanmar: In Bagan stehen die schönsten Tempel des Landes. Um alle Touristenmassen unterbringen zu können, wird jede Ecke in ein Hostel umgewandelt. Wir hatten etwas Pech und erwischten eine Art alte Bundeswehrkaserne. Ein Ventilator unter der Decke, der geräuschvoll gegen die 30 Grad warme Nachtluft umkämpfte und eine kratzige graue Decke, unter der schon mindestens 300 Rekruten geschlafen hatten.

Ljubljana, Slowenien: Im Celica saßen früher Häftlinge im Militärgefängnis ihre Strafe ab. Inzwischen entspannen die Reisenden hier in ihren Hostel-Betten. In den 20 ehemaligen Zellen sind Stockbetten eingezogen. Verschiedene Künstler vertrieben mit ihren Installationen dafür den Schrecken der Vergangenheit.

»HOLA« NICARAGUA

Wieder eins von diesen Ländern, die man vielleicht nicht unbedingt als Erstes als Reiseziel auf dem Radar hat. Die meisten Reisenden verbringen ihre Zeit lieber im touristisch deutlich erschlosseneren Nachbarland Costa Rica. Also alles Gründe für uns, mal vorbeizuschauen. Am Ende sollten die Bananen im Mittelpunkt stehen.

Von Bananen und anderen Wurfgegenständen

Mit der richtigen Antwort auf die Frage nach der Hauptstadt von Nicaragua, gibt es im nächsten Kneipenquiz oder bei »Stadt, Land, Fluss« viele Extra-Punkte. Managua hat nicht nur den einzigen internationalen Flughafen, sondern auch eine schöne Einreise-Tradition. Während sich viele Länder über ein Visum ihre kleine und große Gebühr sicherten, spielte Managua mit offenen Karten. Direkt nach dem Aussteigen im Flieger verkaufte man uns eine Touristen-Eintrittskarte nebst Einreisegebühr für rund zwölf Dollar. Unser Reisepass wurde weniger kritisch beachtet als die Echtheit der Dollar-Scheine. Wie so oft in Mittelamerika gab es nach dem Verlassen des klimatisierten Gebäudes gleich zwei gefühlte Schläge ins Gesicht: Die feucht-drückende Hitze gab den ersten Kinnhaken ab, die Preisvorstellung der Taxifahrer in Richtung Granada gleich den zweiten hinterher. Rund 50 Dollar wollte man von uns beiden für die 40 Kilometer lange Fahrt haben. Wir fragten also die umstehenden Reisenden, die ebenfalls mit unserem Flieger ankamen und mit dem doppelten Kinnhaken zu kämpfen hatten, ob wir uns denn nicht ein Taxi teilen wollten – ein guter Tipp auf touristisch stark frequentierten Routen. Der Taxifahrer fand diese Version des Geldsparens nicht sonderlich witzig, willigte trotzdem ein und hörte auf der Fahrt dafür auf voller Lautstärke eine Übertragung von einem Baseball-Spiel.

Wie bereits in Guatemala machten wir um die Hauptstadt einen großen Bogen. Viel zu sehen gab es hier nicht. Es sollte für uns nach Granada am Nicaraguasee gehen, eine der ältesten Städte in Mittelamerika.

Die Straßen von Granada sind wie ein lebendiges Gemälde, das von leuchtenden Farben und lebhaften Bewegungen geprägt ist. Pastellfarbene Häuser erstrecken sich entlang der Straßen. Die Fassaden strahlen in leuchtendem Gelb, Rosa, Blau und Grün und verliehen der Stadt eine fröhliche und einladende Atmosphäre. Die gepflasterten Straßen sind von historischen Gebäuden flankiert, deren koloniale Architektur an vergangene Zeiten erinnert. Die Balkone aus schmiedeeisernem Geländer ragen über die Gehwege und luden uns zum Verweilen ein. Das Straßenbild war von alten Pferdekutschen geprägt. Das Klappern der Hufe auf dem Pflaster vermischte sich mit den fröhlichen Stimmen der Einheimischen und den Geräuschen des Alltags. Unser Pick-up schmiss uns mitten auf dem Hauptplatz heraus, womit wir sofort im Getümmel waren. Menschen strömten zur leuchtenden gelben Kathedrale, und in den Seitenstraßen hatten Einheimische ihre kleinen Stände aufgebaut. Kulinarischer Höhepunkt: ein halbes Hähnchen, serviert mit Bananen-Chips auf einem großen Bananen-Blatt.

Hier war die Reisewelt noch in Ordnung oder etwa nicht? Denn wir hatten zuvor beim Auswärtigen Amt von verschiedenen Reisewarnungen gelesen. Ein paar Ausschnitte gefällig?

»Die Kleidung sollte sich der Umgebung anpassen sowie unauffällig sein.« – klingt wie ein Termin bei der Bank. Des Weiteren wurde von »Spaziergängen nach Einbruch der Dunkelheit« abgeraten. Zudem wurde vor dem Transport mit Bussen und Taxis gewarnt, da es oft zu Überfällen kommen kann. Puh, ein hartes Brett. Auch wenn man die Warnungen des Auswärtigen Amtes immer mit ein wenig Vorsicht lesen sollte, hier klangen sie schon extrem wild. Ein Drittel der Warnungen hatten wir jedenfalls gut überstanden. Die Taxifahrt war zwar teuer, brachte uns aber sicher ans Ziel. Nun zu den anderen zwei Dritteln.

Am Abend saßen wir mit vielen anderen auf der Hauptstraße in einem kleinen Imbiss. Auf den Teller gab es »Gallo Pinto«, also Reis mit Bohnen. Am Nebentisch rätselten zwei junge Frauen in bunten Kleidern und mit lauter amerikanischer Stimme, wie sie denn wieder zu ihrem Hostel kommen sollten.

Während die Haupt-Fußgängerzone in Granada hell erleuchtet war, wirken die Nebenstraßen wie ein dunkles schwarzes Loch, in das man nicht unbedingt geraten wollte. Wir sagten unser aufgesaugtes Wissen auf. Unauffällige Kleidung und keine Spaziergänge am Abend. Doch so richtig wollten die Frauen die Warnungen nicht hören. »Es sind doch nur 500 Meter bis zum Hostel«, sagten sie und waren schon kurz davor, den hell erleuchteten Ort in Richtung der Dunkelheit zu verlassen. Als sie den ersten Schritt auf den Bürgersteig getan hatten, rannte der Türsteher zu ihnen. Auch er schien ihre Pläne mitbekommen zu haben.

»Mädels, nehmt euch ein Taxi«, sagte er mit Nachdruck. »Auch wenn es nur 500 Meter sind, euer Smartphone seht ihr nicht wieder.« Wahrscheinlich hatte er die Reisewarnung mit der Gefahr in den Taxis dann doch noch mitbekommen. Am Ende brachte er die zwei Frauen ein Stück die Straße hinunter.

Auch wir kehrten in unser Hostel (zum Nachreisen: »Boutique Hotel Maharaja«) zurück, das zum Glück auf der anderen Straßenseite lag. In unserem Zimmer waren die Wände voller Bilder der absurdesten Kamasutra-Stellungen und im Innenhof sollten wir ein unmoralisches Angebot bekommen. Ein älterer Herr saß dort in einem Korbsessel, rauchte am kleinen Pool eine Art Pfeife und bat uns mit Handzeichen zum Sitzen. Er berichtete aus seinem Leben. Er hatte eine Weile auf Mallorca gelebt und dort als Handwerker und Farmer überall seine Finger im Spiel gehabt. Jetzt hatte es ihn des Geldes wegen nach Nicaragua verschlagen. Er berichtete von seinem unglaublichen Reichtum, den er mit dem Verkauf von Bananen erwirtschaftete. Sein unmoralisches Angebot war: Er wollte uns eine Bananen-Farm in Nicaragua verkaufen. Wir hatten zu viele Fragen und mussten aufpassen, vor Lachen nicht aus unseren Stühlen zu rutschen. Den Export würde er regeln, er hatte da schon die besten Verbindungen. Warum es für ihn denn trotz großen Reichtums in eine billige Absteige mit Kamasutra-Bildern an den Wänden ging, konnte er ebenso wenig beantworten wie die Frage nach der rechtlichen Situation. Wir sparten unsere Reisekasse lieber und lehnten dankbar ab.

Die Bananen sollten uns trotzdem noch weiter verfolgen. Wir hatten sie jetzt als Beilage, als Chips, als Teller-Ersatz beim Street-Food-Stand und als Kaufangebot auf der Plantage. Fehlte noch der gefährliche Part – nein, nicht auf dem Bordstein als rutschige Angelegenheit. Zum ersten Mal hatten auch wir ein wenig Ärger mit den Einheimischen. Am »Malecón« traf sich am Wochenende die halbe Stadt zum Sonnenbaden. Der Park war direkt am Nicaraguasee gelegen. Eine Seebrücke führte wie am Timmendorfer Strand weit ins Wasser hinein. Die Einheimischen grillten, saßen auf ihren Decken oder mixten sich ihre ganz eigenen Cocktails. Dazu balancierten sie eine Flasche Rum auf einer etwa gleich großen Flasche Bier. Es gehörte eine ganze Menge Geschick dazu. Am Ende floss der Schnaps in die Bierflasche.

In allen Teilen der Welt wäre diese Stimmung dafür da gewesen, sich niederzulassen. Doch in Granada hatte man etwas gegen unsere Anwesenheit. Als wir uns im Park auf eine Bank setzten, flogen erst kleine Steine in unsere Richtung und als wir eine neue Sitzgelegenheit aufsuchten, wurden wir mit Bananen beworfen. Ein eindeutiges Zeichen, die Wochenend-Party nicht weiter zu stören und vielleicht noch eine Notiz in den Reisewarnungen wert.

Die seltsamsten Mitfahrgelegenheiten

WELTTOURNEE-KURZGESCHICHTEN

Lloret de Mar, Spanien: Nach einer langen Nacht in Lloret de Mar mussten wir zurück nach Blanes, wo unser Hotel lag. Zu dieser späten oder besser gesagt frühen Stunde war kein öffentliches Verkehrsmittel mehr zu finden. So schmuggelten wir uns in einen Bus, der Party-Gruppen, die gerade ihr Abitur bestanden hatten, zurückbringen sollte. Wir setzen uns in die vorletzte Reihe und hofften, dass wir nicht auffallen würden. Doch schnell merkten wir, dass der Betreuer die Sitze durchzählte. Bei uns hinten angekommen murmelte er: »Hier sind zwei zu viel drin.« Wir sahen uns schon bis zum nächsten Morgen am Strand sitzen. Denn der Betreuer fing an, die Armbändchen zu überprüfen. Wir hatten Schweißperlen auf der Stirn, denn er kam immer näher in den hinteren Bereich und würde gleich merken, dass wir keine Bändchen besaßen. Doch genau in der Reihe vor uns hatten sich zwei Abiturienten von einem anderen Anbieter versehentlich in den falschen Bus gesetzt. Sie wurden herausgebeten und die Fahrt ins Bett konnte beginnen.

Santorini, Griechenland: Zu später Stunde legte unsere Fähre im Hafen der griechischen Trauminsel Santorini an. Eine ganze Horde an Touristen strömte an Land. Wir hatten ein wenig Pech mit unseren Sitzen und kamen erst als Allerletzte von Bord. An Land dann der Schock: Der versprochene Linienbus nach Perissa fuhr nicht. Die Taxifahrer waren bereits mit Kundschaft abgedüst und so standen wir ziemlich verloren im Hafen. Mit der Verzweiflung in den Augen fragten wir einen Reisebus-Fahrer, der Pauschalreisende fahren sollte, ob denn noch ein Platz frei wäre. »Eigentlich darf ich euch nicht mitnehmen«, sagte er. Doch in Griechenland sind die Vorgaben vom Chef etwas dehnbar. »Sagt bloß nichts Falsches beim Aussteigen«, mahnte uns der Fahrer und brachte uns dankenswert ins Touristenzentrum nach Perissa.

Vaduz, Liechtenstein: Von unserem Ausgangspunkt Chur in der Schweiz wollten wir das kleine Fürstentum besuchen. Die Hinfahrt dauerte rund eine Stunde und war eine Kombination aus Zug nach Sargans und Busfahrt nach Vaduz. Am Abend wollten wir auf der gleichen Route wieder zurückfahren. Wir merkten aber verdutzt, dass die Busse zurück zum Bahnhof eher selten fuhren. »Dann trampen wir halt«, sagte Christoph und hielt den Daumen raus. »Das klappt eh niemals«, beschwor Adrian. Keine fünf Minuten später hielt ein getunter Golf an und raste mit uns über die Autobahn zurück in die Schweiz. Trampen ist immer noch möglich, auch in Zeiten von BlaBlaCar und Co.

»HOLA« EL SALVADOR

Das kleinste Land in Mittelamerika ist in etwa so groß wie Hessen. Welches Land gefährlicher ist, kann jeder für sich selbst entscheiden. Zu uns in die Nachrichten schaffen es oft nur die »MS-13« und »Barrio 18«. Jugendgangs, die bestimmte Stadtteile in der Hauptstadt San Salvador unter Kontrolle haben. 2021 sorgte das Land für Aufmerksamkeit, als es den Bitcoin als offizielles Zahlungsmittel im Alltag einführte. Von der anfänglichen Euphorie ist nichts übrig geblieben, da ein Jahr später kaum jemand noch mit Bitcoin bezahlt. Immerhin sind die freundlichen Menschen und die schöne Natur geblieben.

Der Unterhosen-Wichtel und Dreifach-Bestrafung

Wieder mal tuckerte unser Minibus auf eine Grenze zu. Wir hatten Glück und saßen ganz allein im Bus. Beine ausstrecken und die Landschaft genießen war angesagt. An der »Anguiatu«-Grenze zu Guatemala reichten wir unsere Reisepässe vorn durchs Fenster zum Grenzer, einem volltätowierten Salvadorianer, mit blendend weißen Zähnen, die Uniform spannte sich über seinen muskulösen Körper. Er hätte locker auch als Model arbeiten können. Er sollte an dieser Stelle nur einen Stempel in den Pass hauen und die Fahrt sollte weitergehen. Doch er blätterte auffällig lange in beiden Pässen. Sein strahlendes Lächeln verschwand plötzlich und er setzte die Sonnenbrille ab. Er wies unseren Fahrer an, die Tür zu entriegeln und die hintere Schiebetür zu öffnen. Eben noch halb lungernd auf den Bänken, saßen wir plötzlich kerzengerade im Bus. »Ist alles in Ordnung?«, fragten wir auf Spanisch. Denn auch unser Fahrer beobachtete uns im Rückspiegel sehr genau. Wen hatte er sich da nur an Bord geholt? Unser Blutdruck schoss nach oben. Hatten wir etwas falsch gemacht? War bei der Ausreise aus Guatemala eben etwas schief gelaufen. Wir mussten unbedingt ins Land einreisen, weil in ein paar Tagen unser Flieger zurück in die Heimat starten sollte.

Der Grenzer fragte in perfektem Englisch. »Wart ihr echt schon in all diesen Ländern hier?« Wir stießen deutlich hörbar eine Erleichterung aus. Der Mann war einfach nur neugierig. »Ja, die haben wir alle schon bereist«, antworteten wir. Er strich mit dem Finger über die bunten eingeklebten Visa-Karten aus Afrika oder Asien. »Dann wird es Zeit, dass ihr El Salvador kennenlernt. *Bienvenidos chicos.*« Er erklärte noch unserem Fahrer, dass da hinten zwei volle Reisepässe saßen, aber sonst keine Gefahr bestand und beugte sich auf den Schlagbaum, um die Einfahrt nach El Salvador freizugeben.

Wir wollten an den Strand. Dazu mussten wir aber das kleine Land erst mal durchqueren und in der Hauptstadt San Salvador umsteigen. Normalerweise ist das Umsteigen kein Problem und funktioniert wie an Bahnhöfen. Minibusse haben oft einen bestimmten Halteplatz entweder im Bus-Terminal oder nebenan. Damit kann man unkompliziert umsteigen und muss sich auch nicht groß orientieren. Die Bus-Stationen in Mittelamerika sind nicht unbedingt eine Schönheit und eigentlich kein Platz, an dem man sich nicht länger aufhalten möchte. Ein wenig Wellblech hier, ein paar rauchende Gestalten da, garniert mit den schönsten Kiosken.

Nun zu unserem Problem, das uns direkt vor den Lauf einer Maschinenpistole bringen sollte. Unser Minibus war entweder kein offizieller Minibus (weil er aus Guatemala kam) oder die Einfahrt zum Mini-Bus-Parkplatz in der Hauptstadt San Salvador war gerade von einer Baustelle belegt. Eine von diesen Geschichten erzählte uns unser Fahrer, die andere kombinierten wir selbst. Wie auch immer. Er ließ uns jedenfalls an einer wenig belebten Seitenstraße der Busstation heraus und gab uns noch eine grobe Beschreibung, wie wir zu der anderen Busstation kommen sollten. So ganz richtig war diese Beschreibung wohl nicht, denn an der nächsten Ecke stand ein etwa 15-jähriger Junge – mit einer Maschinenpistole in der Hand. Er bewachte anscheinend direkt die Route, die wir eigentlich gehen sollten, und stellte sich uns in den Weg. »Wohin wollt ihr?«, fragte er uns.

An uns lief das halbe Leben im Geiste vorbei. Auf eine solche Situation waren wir überhaupt nicht vorbereitet gewesen. Sämtliche Spanisch-Vokabeln waren aus dem Kopf gelöscht. Und wir stammelten unvollständig etwas von »Busstation« vor uns hin. Eine Flucht wäre unmöglich gewesen, wohin hätten uns unsere weichen Knie auch tragen sollen? Im Nachhinein kam uns diese Szene wie in einem Film vor. Wir fühlten uns, als hätten wir minutenlang dort mit dem Jungen gestanden und diskutiert. In Wirklichkeit waren es vielleicht 20 Sekunden gewesen. Denn er wies uns mit dem Kopf auf eine andere Querstraße hin.

»Hier geht es nicht durch«, sagte er und wir stolperten zitternd weiter. Durch Zufall schlugen wir die richtige Richtung zum Busbahnhof ein. Erst als sich die zischenden Türen schlossen und wir in Richtung El Tunco an den Strand aufbrachen, konnten wir so richtig durchatmen.

Das war eine gefährliche Situation, die in unseren Köpfen wahrscheinlich noch etwas schlimmer gemacht wurde, als sie am Ende war. Denn selbst wenn man die Schreckensmeldungen von Morden und Überfällen aus El Salvador liest: Oft betreffen sie wirklich »nur« die Gangs. Touristen werden meist verschont, denn das Land lebt zu einem kleinen Teil auch von den Einnahmen, die ausländische Gäste bringen. Sollte es also wirklich mal einen kaltblütigen Mord an einer Straßenecke in San Salvador geben, würde das Land ziemlich schnell von der Reise-Landkarte verschwinden. Da während unseres Besuches der US-Dollar noch das Hauptzahlungsmittel war, kamen viele US-Amerika ins Land und wollten die besten Surfstrände für kleines Geld ausprobieren.

Nach Todesangst kommt zum Glück oft das genaue Gegenteil: die große Liebe. Christoph verliebte sich unsterblich. Das Aufeinandertreffen passierte in einem kleinen Kiosk. El Tunco ist ein malerisches Küstendorf am Pazifischen Ozean, vorwiegend bei Surfern und Strandliebhabern beliebt. Ein wenig wie Kuta-Beach auf Bali, nur mit einer Schranke davor. Hier kam nicht jeder rein. Der Ort hat seinen Namen von einem großen Felsen erhalten, der wie ein Schwein (Spanisch: *»el tunco«*) geformt ist und sich in der Nähe der Küste befindet. Perfekt, um den Sonnenuntergang anzusehen und sicher einer unser Top-3-Spots für Sonnenuntergänge auf der Welt (siehe Welttournee-Tipps weiter unten).

Eine lockere und entspannte Atmosphäre zog sich durch das Dorf. Kombiniert mit wunderschönen Stränden, spektakulären Sonnenuntergängen und hübschen Jungs und Mädels, die das Surfbrett unter dem Arm trugen, war es der perfekte Platz, um die Liebe zu finden. Am Kiosk bestellten wir uns nach dem Schock des Mittags ein Bier. Der Laden war eine kleine *»Tienda«*, wie es sie in El Salvador zu Tausenden gab. Vor der Ausgabetheke, die zur Straße mit großen Eisengittern geschützt war, standen alte Cola-Kisten. Draußen war Werbung für die besten Mobilfunkanbieter des Landes angeschlagen. Ein klappriges Fahrrad lehnte an der Wand und im Verkaufsraum lief ein kleiner Röhrenfernseher. Wer jetzt denkt, Christoph hätte sich in die gelockte Schönheit hinter den Gittern verliebt, täuscht sich. Auf dem kleinen Fernseher lief der Song »Despacito«. »Was ist das denn für ein cooler Hit?«, fragte Christoph die Kiosk-Dame, die er wiederum keines Blickes würdigte.

Im Fernseher tanzten in bunten Klamotten zu eingängigen Melodien die Latino-Stars. »Ach, das ist der neue Hit von Daddy Yankee«, verriet die Kiosk-Dame gelangweilt. Auch sie interessierte sich nicht für Christoph und war an ihrem Handy beschäftigt. »Der hat schon eine Million Views bei YouTube«, sagte sie und drehte zum Beweis das Smartphone zu uns. Nun muss man dazu sagen, dass solche eingängigen Latino-Hits der großen Stars oft in kurzer Zeit viele Millionen Aufrufe generieren. »Despacito« war aber eine ganz andere Hausnummer. Wir hören ihn in den nächsten Tagen aus jedem Restaurant, von Handys am Straßenrand oder am Strand. Christophs große Liebe war geboren. Er wusste allerdings nicht, dass diese Liebe zu einem Stalker werden sollte. Er bekam die »Despacito«-Welle wie kaum ein Zweiter mit – die sogenannte »Despacito«-Dreifach-Bestrafung stand an.

Nachdem er in Mittelamerika das Lied im Februar täglich mehrfach gehört und gefeiert hatte, war es nach seiner Rückkehr in Barcelona ebenfalls der große Hit. Ein normales Vorgehen. Viele Hits kommen aus Puerto Rico, erobern dann Mittel- und Südamerika und schließlich schwappen sie im Frühling nach Spanien und Portugal. Der April und Mai in Barcelona war also ebenfalls erfüllt mit den cremig süßen Beats. Teil zwei der Strafe, und so langsam hing er ihm schon aus den Ohren, da auch Straßenmusiker mit Trompeten am Strand ihn zum Besten gaben. Die dritte Bestrafung erfolgte im Sommer in Deutschland. Auf sämtlichen Festivals und Partys wurde der Hit als der ganz neue »Knaller« vorgestellt. Jeder Radio-DJ wollte mit seinen Spanisch-Kenntnissen angeben und die Platte lief auf Dauerschleife. Es wurde schließlich in ganz Europa zum Sommerhit. Christophs Augenlider zuckten bei jedem neuen Stream aber inzwischen unkontrolliert nervös und er konnte die Frage, ob er denn den neuen Sommerhit schon gehört hatte, kaum noch klar beantworten. Was waren das für schöne Zeiten, als Christoph noch ganz allein mit seiner neuen Liebe in El Tunco am Strand lag und die seichten Beats genießen konnte. Inzwischen kamen rund acht Milliarden neue Streams seit dem Tag am Kiosk dazu.

Stichwort Liebe. Wir hatten aufgrund der Sicherheitslage und der etwas schwierigen Situation im Podcast mal gesagt: »Wer seine Flitterwochen in El Salvador verbringt, hat unseren größten Respekt und soll sich bitte melden.« Über die Jahre kam immer mal wieder Post per Instagram von Pärchen, die sich tatsächlich durchs Land schlugen und auch glücklich und zufrieden zurückkehrten.

Irgendwann mussten wir zurück zum Flughafen. Auf mehr oder weniger offizielle Mini-Bus-Fahrten hatten wir keine Lust mehr. So lagen wir rätselnd am Pool unsere keinen Familiengeführten Gasthauses.

Nach einer Weile gesellte sich der Neffe, Cousin oder Sohn zu uns (wir hatten es nie genau herausgefunden, in welchem Verwandtschaftsgrad er zu den Besitzern stand). Er setzte sich an das Fußende von Adrians Liege und begann mit ihm zu quatschen. Adrian gab fröhlich Auskunft über das Leben in Europa, seinen Job und seine Hobbys. Nach ein paar Minuten wechselte der Junge aber das Thema und fragte, ob er seine Unterhose bekommen könne. Adrian ist in keiner Situation dieser Welt um eine Antwort verlegen, doch in dieser Situation war auch er mal sprachlos. Stammelnd lehnte er ab und der Junge zog schulterzuckend von dannen. »Was war das denn für eine Aktion?«, fragte sich Adrian immer wieder über die Frage vom Unterhosen-Wichtel. Als kleine Entschädigung fuhr uns die Frau des Hauses zum Flughafen, der immerhin rund eine Stunde entfernt war. Sie lud am Ortsausgang von El Tunco noch eine Freundin oder ihre Schwester ein. So ganz genau klärten sich auch hier die Familienverhältnisse nicht. Auch sie war beeindruckt von Adrians nordischem Aussehen und fragte mehrfach, ob es denn eine Freundin oder einen Freund in der Heimat gäbe. Der arme Kerl war von so viel Zuneigung an diesem Tag wohl überwältigt und hätte sich am liebsten wohl auch einfach Kopfhörer aufgesetzt und »Despacito« gehört.

Die besten Sonnenuntergänge der Welt   WELTTOURNEE-TIPP

Am Abend zaubern die Sonnenuntergänge die schönsten Farben ins Land. Oft wird gejubelt und applaudiert, wenn die Sonne im Meer versinkt. An anderer Stelle wird es einfach Schulterzuckend hingenommen. Es ist hier schon Tausendmal so passiert, es passiert auch morgen wieder. Hier ein Überblick über die besten Orte, die wir erlebt haben. Es muss gar nicht so weit weg gehen, wie vermutet.

El Tunco, El Salvador: Vor der Küste liegt ein Felsen, der ein Schwein darstellen soll. Mit viel Fantasie kann man ihn erkennen. Was es auch ohne Fantasie gibt, ist ein dunkler Strand, an dem sich die Wellen perfekt für eine abendliche Surf-Session brechen. Während sich das Tageslicht schnell in dunkles Orange verwandelt, wandern »Minutas« Verkäufer auf und ab. Das National-Dessert von El Salvador ist Crushed Ice mit Geschmack.

Zingst, Deutschland: Es muss doch gar nicht so weit weg gehen. Auch im eigenen Land verschwindet die Sonne oft spektakulär. In Zingst an der Ostsee tut sie das mit einer bestimmten Perspektive hinter der endlos langen Seebrücke. Am Strand stellen kleine Kaffees ihre Bänke und Stühle in den Strand. Urlaub vor der Haustür war noch nie so cool.

Taipei, Taiwan: Nicht nur am Strand versinkt die Sonne spektakulär. Wenn die Sonne denn mal in der oft verregneten Hauptstadt am Abend scheint, gibt sie in einem wilden Farbenspiel wirklich alles. Die riesigen Wolkenkratzer der Stadt zeichnen sich vor dem orangefarbenen Himmel ab und ganz langsam werden in den Straßen die grell bunten Neon-Lichter angeschaltet. Eine Art Sonnenaufgang nach dem Untergang.

»HOLA« ARGENTINIEN

Von den majestätischen Gipfeln der Anden bis zu den weiten Ebenen der Pampa. Von den charmanten kolonialen Dörfern bis hin zu den aufregenden Metropolen bietet Argentinien eine Vielzahl von Erlebnissen. Wir saßen in Frankfurt am Flughafen und lauschten einem Geschäftsmann, der mit uns am Sonntagabend in der Maschine nach Buenos Aires saß, um schon am nächsten Tag zurückzufliegen. Er hatte geschäftlich zu tun. Ein wenig länger wollten wir schon bleiben, denn von Bariloche über Mendoza bis zu den Iguazu-Wasserfällen gibt es eine Menge zu erleben. Und es gibt da noch diese eine Hauptstadt, die jedes Fan-Herz höher schlagen lässt.

Ein Kopf – ein Kilo

Wir hatten unser Herz schnell an diese riesige Stadt verloren. »Buenos Dias Buenos Aires« sagten wir leise in Erinnerung an Udo Jürgens und seinen Fußball-Männerchor aus den späten 70er-Jahren. Wir saßen gerade in einem Uber-Taxi, das uns vom Flughafen in die Millionenstadt bringen sollte. Der Taxifahrer war redselig und bei ihm sollte das Thema Fußball ganz oben stehen. Wir sollten später noch lernen, dass das bei vielen Argentinien der Fall ist. »Hier trainiert die Nationalmannschaft«, sagte er und zeigte bei voller Fahrt auf eine Art Hotel-Anlage, die am Flughafen lag. Die Stadt selbst tauchte langsam am Horizont auf und präsentierte sich als faszinierendes Zusammenspiel aus europäischem Flair und lateinamerikanischer Leidenschaft.

»Eine Mischung aus Paris und Madrid erwartet uns hier«, las Christoph aus seinem Reiseführer vor. Prächtige Gebäude im neoklassizistischen, neugotischen und Art-déco-Stil schmückten die Hauptstadt genauso wie gepflasterte Straßen, historische Gebäude und romantische Plätze. Im La Boca, einem lebhaften und ebenfalls völlig fußballverrückten Arbeiterviertel, wurden wir von den leuchtend bunten Häusern in der berühmten Straße Caminito begrüßt. Tango-Tänzer hier, hippe Cafés da, Designer-Läden an jeder Ecke – wir fühlten uns wie in einem alten Film und schlenderten zu unserem Hotel.

Adrian wusste, was ihm blühte: Viele Fotos sollten gemacht werden, die Stadt war im Frühling einfach zu ansehnlich. Er wusste allerdings auch, dass nach dem Einchecken im Hotel auf unseren Reisen eigentlich wenig Zeit bleibt. Meist wurde da nur der Rucksack ins Zimmer geworfen – die Reise sollte möglichst schnell beginnen. Sein Handyakku benötigte nach dem Flug noch ein paar Prozent mehr Ladung und so kramte er wild in seiner Tasche, um den Steckdosen-Adapter im halbdunklen Zimmer herauszusuchen. Christoph scharrte buchstäblich schon mit den Hufen und wollte am liebsten gleich wieder los: »Nur fünf Minuten Strom«, flehte Adrian und bugsierte umständlich und unter Zeitdruck den Adapter in die Steckdose. Mit einem kleinen Schlag auf die Oberfläche schien die Vorrichtung in der Steckdose verankert und der kostbare Strom sollte fließen. Was Adrian in der Hektik nicht mitbekam: so ganz funktionstüchtig war sein Adapter nicht mehr. Zudem hatte er den falschen Stecker für die Steckdose genommen. Zwei dünne Metallstecker ragten aus der Oberfläche heraus. Er wollte sie einfach wieder reindrücken und bekam den Stromschlag seines Lebens. Es knallte kurz, das Zimmer lag im Dunkeln und Adrian stieß einen spitzen Schrei aus. Der Strom hatte auf direkte Weise den Weg über die zwei Metall-Enden in seinen Körper gefunden. Doch er hatte wohl den Papst in der Tasche. (Papst Franziskus ist in Buenos Aires geboren). Bis auf einen seltsamen Geschmack nach Eisen auf der Zunge, der sich ein paar Tage hielt, geschah ihm nichts.

Damit war für ihn die nächsten Tage der kulinarische Genuss eher eingeschränkt. Und wenn man von Kulinarik in Argentinien redet, ist natürlich Fleisch das Thema. Kaum ein Land ist so stolz auf seine Gerichte vom Grill. Ob als Steak, Entrecôte oder in den Empanadas – den kleinen Teigtaschen – fast in jedem Gericht gibt es Fleisch. Als Vegetarier muss man hier ganz stark sein. Wenn man die Chance hat, zu einem Grillfest eingeladen zu sein, gab es vorab mit ziemlicher Sicherheit eine Regel beim Einkauf: Ein Kopf – ein Kilo. Denn so wird der Fleischbedarf für das *»Asado«* berechnet. Während bei uns das Essen oft nur da ist, um satt zu werden, ist hier der soziale Aspekt ein essenzieller.

Das *»Asado«* hat seine Wurzeln in den Pampas, den weiten Grassteppen Argentiniens, wo Rinder in Hülle und Fülle grasen. Die Gauchos, argentinische Viehhirten, entwickelten die Tradition des *»Asados«* im 19. Jahrhundert als eine Möglichkeit, das Fleisch über offener Flamme zuzubereiten. Heutzutage ist das *»Asado«* in Argentinien ein fester Bestandteil des sozialen Lebens und wird bei zahlreichen Anlässen gefeiert, von Familienfeiern bis zu Fußballspielen oder in Grill-Restaurants.

Dabei kommt es nicht darauf an, welche Art von Fleisch auf den Rost über dem offenen Feuer kommt, Hauptsache es gibt viel davon. Zum *»Asado«* gehören auch eine Vielzahl von Beilagen und Soßen, die das Geschmackserlebnis vervollständigen. *»Chimichurri«,* eine würzige Kräutersauce, ist ein unverzichtbarer Bestandteil des argentinischen *»Asados«* und verleiht dem Fleisch eine besondere Note. Zudem werden oft *»Provoleta«* (gegrillter Käse), Salate, gegrilltes Gemüse und verschiedene Brotvariationen serviert. Oft dauern solche Grillfeste den ganzen Tag. Immer wieder werden die verschiedensten Teile vom Tier nachgelegt und die Wartezeit mit starkem argentinischen Rotwein aus der Region Mendoza verkürzt. In der gleichnamigen Stadt, rund 1.000 Kilometer entfernt, nahmen wir in einem Restaurant an so einem *»Asado«* teil. Christoph stand an der Theke und starrte in die Flammen.

Neben ihm tauchte ein junger Mann auf. Man nickte sich freundlich zu, wie man es bei einem *»Asado«* nun mal macht. Doch aus einem unbekannten Grund kam Christoph der Mann bekannt vor – andersherum wäre es sehr seltsam gewesen. Während das Fleisch also auf dem Grill brutzelte, überlegte Christoph fieberhaft, wo er diesen Typen schon mal gesehen hatte. »Na klar, auf dem Berg!«, rief er später. Neben ihm stand Nirmal Purja, ein nepalesischer Ex-Soldat, der angeblich alle vierzehn 8.000-Meter-Gipfel dieser Welt in nur sieben Monaten erklommen hat und kurz vorher in sämtlichen Medien dieser Welt auftauchte, nebst Netflix-Doku, die Christoph auf dem Hinflug geschaut hatte. Ein Blick in seinen Instagram-Kanal zeigte, dass er kurz vor dem »Asado« noch auf dem Aconcagua stand, ein fast 7.000 Meter hoher Berg in Argentinien, der höchste Berg außerhalb Asiens. Jeder normale Mensch hätte wahrscheinlich unter einem Sauerstoffzelt gelegen. Doch die Gruppe orderte feuchtfröhlich weitere Spezialitäten aus den Trauben der Region. Lieber einen echten Kater, statt Muskelkater kassieren.

Aber jetzt zurück in die Hauptstadt. Wir hatten in Buenos Aires nämlich noch einen ganz anderen Leckerbissen vor uns. Es geht jetzt nicht um einen Tango-Tanzkurs, aber auch davon gibt es irgendwo noch Fotos.

Nicht erst seit dem Gewinn der Weltmeisterschaft weiß die Welt, wie fußballverrückt das Land ist. Über ein Dutzend Erstligisten sind im Großraum der Hauptstadt angesiedelt, über 50 Stadien gibt es. Teilweise liegen sie direkt gegenüber. Sogar der Papst hat sein Lieblingsteam (San Lorenzo), welches er aus dem Vatikan unterstützt. In europäischen Medien schafft es oft das ganz große Derby. Wenn River Plate gegen Boca Juniors spielt, sitzt ein ganzes Land vor dem Fernseher. Aber auch abseits der großen Spiele ist Fußball das Herzensthema.

Es gibt eine reiche Tradition von Stadtteilvereinen, die eng mit den lokalen Gemeinschaften verbunden sind. Diese Vereine sind oft das Herzstück der Nachbarschaft und dienen als soziale Treffpunkte für die Bewohner. Unter der Stadtautobahn befinden sich an vielen Stellen kleine Plätze. Da wird in der Mittagspause dann mal schnell eine Runde gekickt. Von der Managerin bis zum Straßenarbeiter schnüren hier alle von klein auf die Fußballschuhe. Fußball in Buenos Aires ist auch mit der sozialen und politischen Geschichte des Landes verbunden. In den 70er- und 80er-Jahren spielten die Fußballvereine eine wichtige Rolle als Ventil für politische Frustrationen und als Plattform für soziale Mobilisierung. Die Stadien waren oft Schauplätze für politische Demonstrationen und Ausdruck des Widerstands gegen die herrschende Regierung.

In keiner anderen Stadt der Welt erlebten wir auf so kleinem Raum, so viel Fußball. Doch mal eben ins Stadion gehen wie in Europa ist hier kaum möglich.

Die Freude am Fußball in Argentinien wird heute allerdings überschattet von Gewalt und Korruption. In den sogenannten »Barra Bravas« finden sich die fanatischen, aber auch gewaltbereiten Fans zusammen. Aus Sicherheitsgründen verwehrt man daher seit einiger Zeit Gästefans den Zutritt zu den Stadien. Der Gebrauch von Schusswaffen und Messern in und ums Stadion blieb dennoch an der Tagesordnung. Die Heimmannschaften spielten zu der Zeit oft nur vor den eigenen Fans. Auch als Ausländer war es eigentlich unmöglich, in eine dieser Traum-Arenen zu gelangen. Oft gab es nur den Umweg über Agenturen, die sich das Gänsehautspektakel anständig bezahlen ließen. Gut, wenn man jemanden in Argentinien kennt. Wir machten uns also mit dem Taxi auf zu Chappa, einem jungen, fußballverrückten Argentinier, der vor einigen Jahren mit Adrian im Trainee-Programm seine Ausbildung absolvierte. Er wusste um unsere Fußball-Liebe und so war es für ihn eine Kleinigkeit, uns Tickets zu besorgen – das war zumindest seine Aussage, bevor wir uns in das Stadtviertel machten, in dem River Plate an diesem Tag sein Heimspiel hatte. Schon Stunden vor dem Anpfiff sah man auf den Straßen Fans in weiß und rot gekleidet. Unzählige Polizisten regelten den Verkehr und sperrten Bürgersteige und Straßen.

Unser Taxifahrer hatte einen kleinen blau-gelben Wimpel am Rückspiegel hängen. Er war Anhänger des größten Rivalen Boca Juniors. »Willst du das Ding nicht lieber abhängen?«, fragten wir ihn vorsichtig. Wir fürchteten um die Seitenscheiben des klapprigen Taxis und sahen schon Steine der River-Fans fliegen. Seiner Antwort nach zu urteilen klang es, als hätten wir gefragt, ob er seinen Hund einschläfern lassen möchte. Er begann einen flammenden Monolog, den man bei vielen argentinischen Fußball-Fans beobachten konnte, wenn es um ihren Herzensverein ging. Niemals würde er auch nur eine Sekunde seinen Verein verleugnen. Ob wir denn heute zum Spiel wollten? Kleinlaut verneinten wir besser.

Wir trafen Chappa in einer der vielen typischen Bars, in der sich die Fans auf den Abend einstimmten oder ihre Choreos vorbereiteten. Auch hier kam wieder Fleisch auf den Tisch und wir konnten uns schon mal anhören, wie die Fangesänge klangen. Damit wir sie auch im Stadion hören konnten, nahm uns Chappa zur Seite. »Jungs, passt mal auf. Eigentlich dürft ihr nicht ins Stadion. Es sind keine Ausländer zugelassen.« Wir sahen unseren Fußball-Traum schon dahinschwinden. Doch der glühende River-Fan präsentierte eine Lösung. Zwei seiner Kumpels gaben ihre rot-weißen Trainingsjacken ab. Sie sollten sich nur im Trikot auf den Weg ins Stadion machen. Für Adrian gab es noch schnell einen Spanisch-Kurs. Seit diesem Abend kann er fast akzentfrei sagen: »Ich komme aus Buenos Aires.« Hätte jemand im Stadion gefragt, wäre er wohl kaum aufgefallen.

»Benehmt euch so argentinisch wie möglich«, sagte Chappa, bevor wir uns gut zwei Stunden vor Anpfiff in den Strom der Fans zum Stadion reihten. Das Stadion liegt mitten in einem Wohngebiet und wurde an dem Tag von verschiedenen Sicherheitszonen umgeben. Wellenbrecher auf der Straße lenkten die Besucherströme und schwer bewaffnete Polizisten sahen sich jeden Fan genauestens an. Dreimal mussten wir »unsere« Dauerkarten zeigen, bevor wir endlich vor der Betonschüssel »El Monumental« standen. Von den 70.000 Fans, die reinpassen, waren rund 50.000 schon da und sorgten für eine absolut begeisternde Atmosphäre. Es hätten auf dem Rasen wahrscheinlich elf grüne Elefanten gegen elf pinkfarbene Mäuse spielen können, wir bekamen nicht viel vom sportlichen Teil mit. Das vereinte uns mit den anderen Fans, die unter Bannern, Girlanden und Fahnen ebenfalls nicht viel vom Spiel verfolgen konnten.

Die schönsten Friedhöfe der Welt

Buenos Aires, Argentinien – La Recoleta: Dicht an dicht stehen hier die Mausoleen aus Beton. Staatspräsidenten, Geschäftsleuten, Unternehmern, Künstlern und Kriegshelden liegen hier in Holzsärgen und Metallbehältern. Durch enge Seitengänge mit uriger Stille schlendert man vorbei an den Landesgrößen. An Marmor, Gold und wertvollen Steinmetzarbeiten wurde hier nicht gespart und ganz automatisch folgt man der Menschenschlange, die sich zum berühmtesten Grad des Landes aufmacht. Evita Perón zieht auch nach ihrem Tod noch Fans und Verehrer an.

Hamburg, Deutschland – Friedhof Ohlsdorf: Eine Oase des Lebens: In Adrians Wahlheimat liegt der größte Parkfriedhof der Welt. Während der Coronazeit entdecke Adrian, wie viele andere, das Stadtwandern für sich. In den schattigen Alleen mit 450 Laub- und Nadelholzarten sowie an den vielen Teichen und Bächen klappt das wunderbar. In schönster Natur stehen hier repräsentative Grabstätten und Mausoleen reicher Hamburger Reeder, Kaufleute und Architekten. Riesige Gräberfelder erinnern an die Gefallenen zweier Weltkriege.

Rom, Italien – Campo Santo Teutonico: Dieser Friedhof ist in verschiedener Art etwas Besonderes. Er liegt mitten auf dem Gelände des Vatikans. Während Touristen oft durch das Museum und den Petersdom geschleust werden, kann man den Friedhof nur als Deutscher besuchen. Wir standen vor dem Schweizer Gardist und baten auf Deutsch um Einlass. Tatsächlich, nach einem kurzen Blick auf unseren Personalausweis öffnete sich das Tor und wir standen in der ummauerten grünen Oase hinter dem Petersdom.

»HOLA« MEXIKO

Passt auf, wenn ihr nach Mexiko fahrt. Die Polizei ist dort ziemlich bestechlich.« So oder so ähnlich klang es, als wir von unseren Reiseplänen berichteten. Doch wir waren uns sicher, mit dem Gesetz sollten wir auf dieser Tour nach Mittelamerika nicht in Konflikt kommen. Wir wollten nur ein paar Stunden in Mexiko-City bleiben. Was sollte da schon schief gehen?

Ein Mariachi-Layover im Knast

Ein Zwischenstopp in Mexikos Megacity? Dazu noch am Wochenende? »Was sollte schon schiefgehen?«, fragten wir uns. Wir basteln gerade mal wieder mit verschiedenen Flugsuchmaschinen herum. Normalerweise wollen Reisende ohne großen Aufwand und vor allem ohne großen Aufenthalt zum Ziel kommen. Die Fluggesellschaften kommen einem oft mit dem Preis entgegen, wenn man sich auf einen längeren Layover einlässt. Mal so ganz nebenbei: Es gibt sogar Flugsuchmaschinen, die sich auf solche Fälle spezialisiert hatten.

Wir fanden also unseren günstigen Flug nach Mittelamerika mit besagter längerer Pause in Mexiko-Stadt. Die Ausgangslage: Wir sollten Freitagnacht um ein Uhr in Mexiko ankommen und etwa gegen elf Uhr am nächsten Morgen weiterfliegen. Wir waren jung und statt uns ein Hotel am Flughafen zu nehmen, schmiedeten wir einen seltsamen Plan. Wir wollten all unsere Wertsachen mit den Rucksäcken im Flughafen einschließen. Es sollte nach ein wenig Recherche sogar eine Gepäckaufbewahrung geben, die 24 Stunden geöffnet hatte. Wir sagten uns: »Das ist ziemlich anstrengend.« Aber trotzdem hatten wir die Flugbestätigung in der Hand und durch den Aufenthalt noch einen Euro gespart. Von Amsterdam aus dünsten wir über den großen Teich. Es klappte alles wie geplant. Der Flieger kam pünktlich in Mexiko an und wir standen vor dem recherchierten Gepäckaufbewahrungsservice.

Von asiatischen Flughäfen kannten wir es als hochmodernes System, wo mit Barcodes und Online-Tickets gearbeitet wurde, um die Koffer sicher zu verstauen. In Mexiko gab es: eine Glastür. Dahinter standen ein paar Lagerregale und vereinzelt lagen Gepäckstücke im Raum. So ganz vertrauenswürdig war es nicht, zumal wir die Glastür öffnen konnten und schon mitten im Raum standen. Koffer-Selbstbedienung wäre angesagt gewesen. Ganz unauffällig am Rand fanden wir den Hinweis, doch bitte im Nachbarzimmer Bescheid zu geben. Dort sollte der »Nachtwächter« alles regeln. Der Nachtwächter hatte einen tiefen mexikanischen Schlaf und wachte erst auf, als wir ihn an der Schulter berührten. Nach kurzer Verhandlung ließ er sich auf das späte Geschäft ein und verstaute unsere Rucksäcke im Hochsicherheitsbereich hinter der offenen Glastür. Wir legten alles ab, was wir am Abend nicht benötigen würden. Den Reisepass schlossen wir ebenso ein wie Kreditkarte und alle weitere Wertgegenstände. Wir rechneten grob unseren Bargeld-Bedarf aus.

Wir wussten, was ein Taxi in etwa kostet, und wir wussten, dass wir noch zwei bis drei Bier in einer Cantina-Bar trinken wollten. Das ist eine traditionelle mexikanische Bar, die eine einzigartige Atmosphäre und Kultur bietet. Sie ist bis spät in die Nacht geöffnet und bietet ein lebhaftes Ambiente mit Live-Musik, Tanz und einer breiten Auswahl an Getränken. Diese Beschreibung gaben wir dann mit fast leeren Taschen auch einem Taxifahrer. Bitte fahr uns doch dahin, wo jetzt (Stand zwei Uhr morgens) noch was los ist. Wir wollten den mexikanischen Bands lauschen und zum Sonnenaufgang am Hauptplatz sein. »Jung, ich weiß genau, wo ihr hin müsst«, sagte er und schoss mit uns doch die leeren Straßen vom Flughafen in die Stadt.

Die erste Sache, die uns in Mexiko-Stadt auffiel, war die beeindruckende Größe. Mit einer Fläche von über 1.400 Quadratkilometern und einer Bevölkerung von mehr als 21 Millionen Menschen ist sie eine wahre Megastadt. Zum Glück am Morgen ohne den Verkehr. Unser Taxifahrer sah rote Ampeln nur als Richter an und bretterte mit voller Geschwindigkeit ins Zentrum. Nach etwa acht Kilometern bremste er plötzlich an einer großen Straße, deute auf ein großes Gebäude »Tequila Museum« stand darauf geschrieben. Er lachte nur und erklärte, dass sich dahinter die »Plaza Garibaldi« befindet. Kaum öffneten wir die Tür des Fahrzeugs, klangen uns schon die herrlich verrückten Partysounds der Nacht entgegen.

Mariachis sind traditionelle mexikanische Musiker, die für ihre lebhaften Darbietungen von Mariachi-Musik bekannt sind. Die Mariachi-Bands bestehen in der Regel aus einer Vielzahl an Musikern, darunter Gitarristen, Trompeter, Violinisten, Harfenisten und manchmal auch Akkordeonspieler. Die Musiker tragen oft charakteristische traditionelle Kleidung, zu der eine enge, bestickte Jacke, breite Hosen, ein breitkrempiger Sombrero und Stiefel gehören. Sie zogen an der Plaza von Bar zu Bar. Immer im Uhrzeigersinn boten sie den Kunden ein schönes Schauspiel. Das war genau das, was wir für den Abend gesucht hatten. Wir ließen uns gleich in der ersten Bar nieder (zum Nachreisen: »Cantina San Luis«) und beobachteten das bunte Treiben. Auf dem Platz und in den Bars drumherum floss das Corona-Bier in Strömen. Hier wird es übrigens mit Limetten und grobkörnigem Salz getrunken.

Wir fielen schnell auf, denn normalerweise waren Gringos, also Ausländer, hier zu dieser Zeit eher selten. Doch man empfing uns freundlich, und viele der Jugendlichen kamen auf ein Schwätzchen auf Spanisch oder Englisch vorbei. Ein absolut gelungener Abend, auch dank der Kenntnisse unseres Taxifahrers bis hierhin, denn nicht nur dem Morgen dämmerte es. Auch uns fiel auf, dass so ganz langsam die Sonne herauskam. Unser Ziel war ja noch der Zócalo. Offiziell »Plaza de la Constitución« genannt, ist er der Hauptplatz von Mexiko-Stadt und einer der größten Stadtplätze der Welt. Er liegt im historischen Zentrum, rund zwei Kilometer von unserer Cantina-Bar entfernt. Der Platz erstreckt sich über eine riesige Fläche und wird von imposanten

Gebäuden umgeben. Auf der einen Seite steht die majestätische Kathedrale von Mexiko-Stadt, eine der größten Kirchen in Lateinamerika. Auf der gegenüberliegenden Seite des Platzes befindet sich der Nationalpalast, der Regierungssitz Mexikos. Genau dazwischen steht ein riesiger Fahnenmast, auf dem jeden Morgen gegen acht Uhr eine noch größere Landesfahne von Soldaten gehisst wird.

Wir berichteten also von unseren Plänen und verabschiedeten uns von der Gruppe Jugendlicher, die die letzten Stunden mit bei uns am Tisch saß. Christoph hatte noch ein ganzes Glas von seinem Limetten-Salz-Bier. Er schnappte sich von der Theke drinnen von einem großen Stapel einen Plastik-Becher. Zum Mitnehmen stand da auf einem kleinen Zettel und er füllte seine Reste um. Unter herzlichem Winken traten wir hinaus auf den Platz, auf dem die Mariachis langsam Feierabend machten. Wer jedoch noch lange nicht im Feierabend war, waren zwei Polizisten, die schnellen Schrittes auf uns zueilten.

In einem wilden Spanisch prasselten in ernstem Ton die Fragen auf uns ein. Woher wir denn kämen, wohin wir denn wollten und was wir in Mexiko machten. Freundlich erklärten wir ihnen unsere Pläne und dass wir gerade aus Europa ankamen, gleich aber wieder zum Flughafen müssten. Die Polizisten schauten sich kurz an und im noch strengeren Ton wurde Christoph darauf hingewiesen, dass in seinem Plastik-Becher Alkohol zu finden sei. Christoph schaute verdutzt in seine Hand, schaute sich verdutzt um, denn hier tragen fast alle noch ein letztes Bier auf dem Heimweg. »Das ist kein Alkohol, das ist Limonade. Schaut hier, sind sogar Limetten drin«, versuchte er die Lage zu entschärfen, denn er ahnte bereits, worauf die beiden Polizisten hinaus wollten.

Was wäre in so einer Situation in Deutschland passiert? Es wären Proben genommen worden, eine Laboranalyse hätte klären müssen, ob in dem Getränk wirklich Alkohol steckt. Nach drei Wochen wäre das Verfahren wohl eingestellt worden. Was passiert in so einer Situation in Mexiko? Der eine Polizist nimmt Christoph den Becher aus der Hand, nimmt einen tiefen Schluck und sagt: »Das ist keine Limonade, das ist Bier.« Es wäre zum Schreien komisch gewesen, wenn Christoph in diesem Moment nicht offiziell verhaftet worden wäre. Inzwischen hatten sich unsere Bekanntschaften aus der Bar dazu gesellt. Sie kannten das Prozedere und flüsterten immer wieder: »Geht bloß nicht mit denen ins Auto, dann habt ihr ein richtiges Problem.« Doch es half nichts, Christoph wurde wie bei einer echten Verhaftung unsanft auf die Rückbank gedrückt. Ein Gitter trennte den Fahrerbereich von der harten Plastikbank und den vergitterten Eisenstäben vor dem Fenster.

Und Adrian? Der hatte mit seinen geringen Spanisch-Kenntnissen daneben gestanden und konnte nicht viel helfen. Er war sich seiner misslichen Lage allerdings bewusst und setzte sich so freundlicherweise mit ins Auto auf die Rückbank. Er nutzte die Gelegenheit schamlos aus, um den verzweifelten Christoph heimlich zu filmen. Denn die Probleme waren vielfältig. Wir hatten so langsam Zeitdruck. Die Polizisten fuhren mit uns kreuz und quer durch die Gassen, wahrscheinlich um uns zu verwirren. Zudem hatten wir nicht viel mehr Bargeld in der Tasche, wie das Taxi zum Flughafen benötigte. All diese Fakten besprach Christoph mit den Personen im Fahrerraum. So richtig glaubten sie uns aber noch nicht. Um ihre Drohungen etwas ernster zu machen, hielten wir plötzlich vor einer Art Polizeiwache an. Wir malten uns bereits die schlimmsten Horror-Märchen aus. Eingesackt im Knast. Damit wäre der Anschlussflug futsch. Da wir auch den Rückflug direkt in der Buchung mitgebucht hätten, wäre wohl auch dieser futsch gewesen. Denn wenn eine Teilstrecke nicht angetreten wird, verfällt oft das ganze weitere Transport-System.

Doch statt in die Wache begleitet zu werden, kam der Fahrer mit einem dicken Buch wieder heraus und holte uns aus dem Auto. Dort schrieb er die Zahl 300 in die erste Zeile und sagte immer wieder auf Englisch »Dollar«. Sie wollten also von uns eine Mahngebühr von 300 Dollar haben. Wir hatten schon vorher von anderen Reisenden gehört, dass die Korruption bei den mexikanischen Polizisten zum Alltag gehört und sie damit ihren Lebensunterhalt aufbessern würden.

Normalerweise wäre das Spiel an dieser Stelle jetzt zu Ende. Dabei hat man Pech gehabt und bezahlt einfach die Kohle (oder verhandelt noch etwas wie im Kapitel über Bali nachzulesen). Doch wir hatten überhaupt keine Verhandlungsposition. Wir hatten weder Bargeld noch eine Kreditkarte zum Geld abheben und einen Pass schon gar nicht. Das predigten wir den beiden Polizisten seit gut 45 Minuten. Sie fassten uns in die Hosentaschen und merkten wohl langsam, dass unsere seltsame Geschichte vielleicht doch stimmen könnte. Doch mit den rund 20 Dollar, die wir noch in der Tasche hatten, konnten oder wollten sie sich nicht zufriedengeben. Die Lage war festgefahren. Und so setzten wir zum ersten Mal in unserem Leben unseren alten Welttournee-Trick ein.

Jeder von uns hat unter dem rechten Schuh immer noch einen Notgroschen von rund 50 Dollar unter der Sohle versteckt. Wir hatten das System so auf all unseren Reisen. Egal, ob es nach Indien, Kuwait oder eben Mexiko geht. Zum ersten Mal sollte uns dieser Trick etwas nutzen. Zum Glück sagten wir ihnen nur, dass Christoph die Kohle im Schuh hatte. Adrian konnte seinen Notgroschen behalten. Wir wollten ihnen also die 50 Euro plus die 20 Euro Taxigeld in die Hand drücken. Da wichen sie wie von der Tarantel gestochen zur Seite. Das dürften wir auf keinen Fall. Zunächst mussten wir im Buch die 300 durchstreichen und eine 70 darunter setzen. Dann unsere (ausgedachten) Namen drunter schreiben und dann sollten wir das Geld unter eine Pylone vor der Wache legen. Wir sind treue Micky-Maus-Heft-Leser und wussten wir so ein toter Briefkasten funktioniert. Und tatsächlich: Sie schienen sich mit den 70 Euro zufriedengeben. Wir waren frei und durften gehen. Nur Adrian hätte es beinahe noch versaut. Auf Englisch fragte er, ob uns die beiden jetzt noch zum Flughafen bringen würden, da wir offiziell blank waren. Da stampfte der eine wütend mit seinem Stiefel auf den Boden und wir rannten um die nächste Ecke in die Freiheit und in den Sonnenaufgang von Mexiko-Stadt.

Die besten Orte für Kaffeegenuss

Wir dachten, es wäre schlau, Kaffee da zu probieren, wo er herkommt. In El Salvador setzten wir uns in eine Art Farm-Café und wollten das koffeinhaltige Getränk frisch vom Feld probieren. Wir merkten aber ziemlich schnell, dass der Geschmack hier ein ganz anderer ist. Gleicher Fall in Kolumbien. In der Region Salento gibt es an vielen Ecken kleine Farmen, die aber wirklich nur zu Show-Zwecken den Kaffee aufbereiten. Während in Europa die Röstereien den Bohnen den letzten Schliff gaben, wurde in Südamerika ein wenig anders geröstet. Zudem erklärte man uns, dass die wirklich guten Bohnen direkt nach Übersee exportiert werden. Wer also in Brasilien oder Kolumbien auf 1A-Kaffee hofft, muss genau hinschauen. Oft wird Pulverkaffee angeboten. Dass es in Berlin oder London die coolsten Kaffeehäuser gibt, ist keine große Neuigkeit. Hier die Tipps aus der zweiten Reihe:

Dänemark: Das hätten wir so nicht erwartet, doch bei all unseren Reisen nach Dänemark haben wir nie auch nur einen schlechten Kaffee bekommen. Während auf deutschen Raststätten oft nur Wasser mit Farbe ausgeschenkt wird, gibt es in Dänemark an jeder Ecke die allerbesten Getränke. Auch die Cafés selbst sind durchgehend hübsch anzusehen. *»Hygge«* ist hier das Zauberwort. Denn in der dunklen Jahreszeit nutzen die Dänen ihre Cafés als zweites Wohnzimmer. Zum Probieren: Stillers Coffee, Aarhus.

Kapstadt, Südafrika: Die Megacity am Kap ist bei Reisenden vorwiegend für ihre spektakuläre Natur bekannt. Doch in den vergangenen Jahren hat sich hier eine spektakuläre Kaffeekultur breit gemacht. Barista sind hier hoch angesehen und auf der Long-Street reiht sich ein Café ans nächste. Oft werden Bohnen vom eigenen Kontinent geröstet. Schade, wenn man nur mit Handgepäck unterwegs ist. Man würde gerne mehr von ihnen mit nach Hause nehmen. Zum Probieren: Rosetta Roastery, Kapstadt.

Koh Phangan, Thailand: Eigentlich zieht es hier alle hin, wenn die Full-Moon-Party stattfindet. Wer schlau ist, kommt in der Zeit dazwischen. Dann gibt es eine fast ruhige Insel zu entdecken. Mit unseren Rollern waren wir auf endlosen Strecken durch dichten Urwald unterwegs. Doch wir hatten immer ein Ziel. Ganz verstreut auf der Insel lagen kleine, ultramoderne Kaffeehäuser, die wir so nicht erwartet hätten. Die Bohnen kamen teilweise aus Thailand und die stolze Erklärung über die Zubereitung war inklusive. Zum Probieren: Balance Specialty Coffee, Koh Panangh.

FAIRREISEN
MIT WELTTOURNEE

Fairreisen sieht nach einem Rechtschreibfehler aus, ist aber eine Welttournee-typische Art, mit dem Thema CO_2-Belastung beim Reisen umzugehen. Denn im ersten Moment klingt es so: Die zwei Jungs aus dem Podcast haben schon über 100 Länder gesehen, der CO_2-Abdruck kann ja nicht der Beste sein. Diesem Problem sind wir uns bewusst und gehen das auch ganz konkret an.

Ein Flug nach Asien haut im CO_2-Fußabdruck ziemlich rein. Das Thema Klimaschutz ist heute allgegenwärtig. Wer trotz seiner grünen Einstellung nicht auf die Erkundung unserer wunderschönen Erde verzichten will, sollte zumindest sein Bestes geben, fair zu reisen – also zu »fairreisen«. Bei nur 30 Tagen Urlaub, kommt man manchmal um das Flugzeug als Haupttransportmittel nicht drumherum. Die Welt hat einfach zu viele schöne Ecken, um mit ihr so fahrlässig umzugehen. Was kann man also tun? Zum Beispiel auf Fleisch verzichten.

Wir sind keine militanten Vegetarier. Wir sind allerdings schon lange dem Lager der Flexitarier beigetreten. Irgendwann vermisst man das Fleisch überhaupt nicht mehr. Klappt inzwischen übrigens auch auf Reisen immer besser. Nur in Balkanländern wie Albanien oder Kosovo ist es tatsächlich schwer. Da ist der Gastgeber oder Wirt persönlich beleidigt, wenn man den großen Fleisch-Teller ablehnt. Die alte Geschichte, die eher nach einem Comedy-Bit klingt, ist auch uns im Balkan passiert. Auf der Fleischkarte fanden sich die üblichen Gerichte von Cevapcici (kleine Fleischröllchen) bis zum Gulaschtopf. Im Veggie-Bereich der Karte stand ungelogen: das halbe Hähnchen.

Vegetarische Alternativen für Fleisch wie Seitan (Weizeneiweiß/Gluten) oder Tofu (Soja) kann man ganz einfach ausprobieren. Auch im Büro in der Kantine kann man ansprechen, ob mehr vegetarisches Essen angeboten werden kann. Und auf Reisen hilft ein wenig Recherche, wie man möglichst fleischlos durchkommt. Denn sogar die typischen Fleischgerichte wie das koreanische BBQ gibt es inzwischen ohne Fleisch.

Kann denn Fliegen Sünde sein?

Ja, ist es. Das wissen wir auch. Unser CO_2-Abdruck ist aufgrund der vielen Reisen in den vergangenen Jahren nicht der Beste. Viele Geschichten aus diesem Buch haben auch etwas mit Fliegen zu tun. Wir haben dennoch versucht, so oft es geht, auch alternative Transportmittel zu nutzen. Denn wir wissen auch: Mit so wenig Tagen Urlaub unterwegs zu sein erlaubt es einem nicht, mal eben mit dem Fahrrad in die Mongolei zu fahren – auch wenn wir es gerne möchten.

Fair vor Ort.

Es lohnt sich vor Ort lokale Produzenten und Händler zu unterstützen, statt im großen Supermarkt oder Kaufhaus nach Mitbringseln und Schnäppchen zu suchen. Wenn überhaupt, dann kaufen wir lokal. Nichts gegen Shopping an sich, aber Hand aufs Herz: Meistens braucht man die Sachen gar nicht. Zuhause angekommen weiß man oft schon gar nicht mehr, warum man den winkenden Buddha oder den scheußlichen Kühlschrankmagneten eigentlich gekauft hat. Wenn man trotzdem nicht auf eine Runde Shopping verzichten möchte, kann man im Stil von Robin Hood zumindest den kleinen Geschäften und Boutiquen den Vorzug geben. Oftmals erwarten einen hier spannende Gespräche und aufrichtige Dankbarkeit, denn als Reisende ist man für die Einheimischen eine sehr wichtige Kundschaft.

Man kann ein kleines Trinkgeld geben, auch wenn einen der Service nicht vom Hocker gerissen hat. Insbesondere in Asien wird jeder Reisende mit so viel Herzlichkeit und Gastfreundschaft empfangen, dass es schon die guten Manieren gebieten, ebenfalls freundlich und fair zu sein.

Begeisterte Foodies lieben es, auf Reisen immer neue Geschmäcker und Gerichte kennenzulernen. Wer auf einem wuseligen asiatischen Nachtmarkt oder in einer kleinen Kneipe im tiefsten Kosovo sitzt, die Szenerie in sich aufnimmt und alle Gedanken an Zuhause loslässt, der sollte sich auch kulinarisch auf das Land einlassen. Also Finger weg vom altbekannten Budweiser oder Becks und stattdessen unbedingt ein regionales Bier geordert. Selbst wenn man mal daneben greift mit einer Speise oder einem Getränk, so hat man doch mehr erlebt als der Reisende mit McDonalds-Tüte oder dem Starbucks-Kaffee nebenan.

Homeoffice

Unabhängig vom Büroplatz an einem frei wählbaren Ort zu arbeiten: Immer mehr Unternehmen setzen auf diesen Arbeitstrend und schicken ihre Arbeitnehmer wortwörtlich nach Hause. Wo sie dann am Ende sitzen, ist dem Arbeitgeber oft egal. Alles ist genehm, solange es einen funktionierenden WLAN- und gegebenenfalls Telefonanschluss gibt.

Es gibt immer mehr »Digital Nomads«, die auf der ganzen Welt unterwegs sind. Meistens sind es Freelancer, die gerade das nächste ganz große Ding am Start haben. In den vergangenen Jahren trafen wir auf Reisen aber auch immer mehr Angestellte, die von ihren Firmen die Erlaubnis bekommen haben, von unterwegs zu arbeiten. Oft ballt sich diese Szene an bestimmten Orten auf der Welt. Meistens dort, wo das Internet gut ist, die Lebenshaltungskosten niedrig sind und die Sonne scheint.

Inzwischen gibt es sogar Anbieter, die Homeoffice-Freunden bei der Planung unter die Arme greifen. So kann man sich in ein Haus einmieten, in dem tagsüber gearbeitet, in der Mittagspause gemeinsam in den Pool gesprungen und abends beim Bier genetzwerkt wird. Man bezahlt eine Pauschale, bekommt Kost, Logis und Internet. So ein bisschen wie früher auf Kinderferienfreizeit, nur mit Internet und ohne feste Schlafenszeiten.

Wer es etwas günstiger mag, kann sich in Co-Working-Spaces einquartieren. Das sind große, stylische Büros, bei denen man sich einfach einen Schreibtisch zwischen vielen anderen mietet. Das geht tageweise, zum Beispiel, wenn man einen Montag oder Freitag nicht als Urlaubstag verschwenden will. Auch wochen- oder monatsweise kann man sich seinen Schreibtisch sichern. Der übliche Tagespreis liegt im

Schnitt bei rund zehn Euro. Für einen Monat werden (je nach Region, Lage und Ausstattung) meist 100 bis 200 Euro fällig. Ob man Spaß an dieser neuen Art der Arbeit hat, muss jeder selbst herausfinden. Man trifft viele gleichgesinnte Menschen und kann sein Netzwerk erweitern. Wer gut und gerne auf stylische Großraumbüros und andere Menschen verzichten kann, kann die Tagespauschale natürlich auch ganz einfach in seine eigene Unterkunft investieren und etwas mehr ausgeben, sodass vielleicht noch ein Schreibtisch mit im Zimmer steht.

Die besten Orte für Homeoffice auf Reisen WELTTOURNEE-TIPP

Mal eben raus und von woanders arbeiten, geht in vielen europäischen Städten ganz wunderbar. Viele Ratgeber empfehlen oft Bali oder die Städte in Thailands Norden als perfekte Ziele. Sie mögen Recht haben, doch fürs smarte Reisen sind die Entfernungen etwas zu groß, zudem liegen sie in einer anderen Zeitzone. Für Meetings mit den Kollegen also nicht gerade geeignet.

Barcelona, Spanien: Wahrscheinlich einer der Homeoffice-Hotspots in Europa. Eine aufregende Stadt, gute Verbindungen nach Hause und schnelles Internet. Zudem gibt es hier endlich mal die Möglichkeit Spanisch zu lernen.

Lissabon, Portugal: Seit einigen Jahren ist die digitale Szene auf dem Vormarsch. Auch wenn viele Touristen kommen, sind die Kosten noch etwas geringer als in Barcelona. Viele englischsprachige Kontakte finden sich in der Stadt. Und ganz wichtig: Ein Espresso kostet im Café oft weniger als einen Euro. Ganz zu schweigen von den verboten leckeren Pasteis de Nata.

Gran Canaria, Spanien: Der Platz mit Sonnengarantie. Gerade in Las Palmas findet man unzählige Co-Working Spaces. Surfen kann man dann nicht nur im Internet. Auch wenn es in den letzten Jahren etwas teurer geworden ist, ist das Preis/Sonnen-Verhältnis ist immer noch gut.

Prag, Tschechien: Wer die Touristenmassen und die fremde Sprache nicht scheut, kann im Sommer aus Tschechien arbeiten. Abseits der Altstadt kommt man zudem super günstig durch.

Ob man diese Art des verlängerten Urlaubs nutzt, bleibt jedem selbst überlassen. Wir machen es tatsächlich (viel zu) selten. Denn natürlich kann es mal sein, dass im Urlaub die Wertsachen entwendet werden. Diebe freuen sich dabei auch über einen Laptop. Je nachdem, wie der Job aussieht, können empfindliche Daten gestohlen werden. Als minimale Hilfestellung eignen sich natürlich immer Unterkünfte, die einen halbwegs sicheren Eindruck machen und im besten Fall noch einen Safe im Zimmer haben. Die Extrakosten sind es am Ende wert. Bei uns im Reisegepäck ist oft eine Bluetooth-Tastatur. In Kombination mit dem neuesten Smartphone oder Tablet ersetzt sie schon fast einen Rechner und auch einige Seiten von diesem Buch wurden damit getippt.

Homeoffice in Namibia   WELTTOURNEE-KURZGESCHICHTEN

Wir wollten dem Winter in Europa entfliehen und ein paar Wochen in Kapstadt verbringen. Vorher legten wir noch einen Zwischenstopp in Namibia ein. Unser Hostel in Windhuk war mit einem überdimensionierten Zaun und Security-Mitarbeitern gesichert. In der Lobby stand ein großes Schild mit dem Hinweis, bloß keine Art von Wertsachen mit in die Stadt zu nehmen. Das hatten wir eigentlich nicht vor, da wir entspannt vom gesicherten Hostel aus arbeiten wollten. Es kam, wie es kommen musste – das Internet fiel aus. Zum Glück hatten wir vorher unsere eigenen Tipps berücksichtigt und wussten so von einem Café ganz in der Nähe, das für gutes WLAN bekannt war. Das mulmige Gefühl, mit Smartphone und MacBook durch Windhuk zu laufen, verflog spätestens bei der Ankunft im Café. Viele Digitale Nomaden starrten dort angestrengt in ihre Geräte und hießen uns als ihresgleichen willkommen.

Alleine Reisen - Ja oder Nein?

Die Geschichten in diesem Buch und im Podcast erzählen von unseren gemeinsamen Reisen über die Jahre. Nicht jeder hat das Glück, über so lange Zeit mit seinem Schulkumpel unterwegs zu sein. Vielleicht will man auf Reisen auch einfach mal ganz bewusst alleine bleiben. Auch wir haben schon die ein oder andere Tour völlig alleine gemacht.

»Was sollen bloß die Leute denken?«, sind meist die ersten Probleme, an die man denkt. Wir sahen diese Argumente bereits kommen und konnten sie direkt entkräften. Sie werden gar nichts sagen, wenn man alleine unterwegs ist. Still und heimlich werden sie sogar neidisch auf einen sein.

Man kann seine wenige Zeit auf Reisen nämlich perfekt nutzen und macht nur das, worauf man selbst Lust hat. Natürlich kostet es oft Überwindung, alleine zu starten. Und ein weiterer kleiner Nachteil kommt auf: Der große Teil der Planung bleibt an einem allein hängen. Auch vor Ort muss man alles selbst regeln und kann sich nicht auf seinen Reisepartner verlassen, der im besten Fall den Plan mit ausgearbeitet hat und sich ebenfalls Gedanken machen konnte. Es ist etwas aufwendiger, den ganzen Kram vorab zu planen. Aus eigener Erfahrung können wir aber versichern: Der Luxus, einmal sein ganz eigener Reise-Chef zu sein, ist es allemal wert.

Wenn man sich ohne Begleitung auf große Tour begibt, reist man zwar alleine, man ist dabei aber selten einsam - zumindest nur dann, wenn man es will. Denn sobald man die Wohnungstür hinter sich geschlossen hat, beginnt die Reise in ein fernes Land und auch ein wenig zu sich selbst. Wir wollen jetzt an dieser Stelle natürlich nicht spirituell werden, keine Panik – wir sind ja immer noch ein Reisepodcast.

Man kommt am Ziel an, weiß nicht weiter und muss nach dem Weg fragen. Statt dem Reisepartner gibt es jetzt die Alternative, Mitreisende oder Einheimische zu fragen. Im besten Fall entstehen daraus die ersten Bekanntschaften. Gleiches gilt für die Herberge. Statt im Hotel im Doppelzimmer rumzuhängen und sich den halben Tag lang alte Witze zu erzählen, geht man als Solo-Reisender in die Bar oder den Aufenthaltsraum vom Hostel. Dort findet man mit ziemlicher Sicherheit andere Reisende, die ebenfalls Lust haben, ein wenig zu quatschen oder sich über die neuesten Geheimtipps auszutauschen. Schnell kann man sich für den nächsten Tag ein Taxi teilen oder zieht noch weiter durch Restaurants und Bars. Besteht keine weitere Lust auf Smalltalk à la »Und, was machst du so?«, kann man sich schnell mit der Ausrede »Müdigkeit« auf sein Zimmer oder ins Hostelbett verziehen. Wir wollen direkt vorab sagen, dass die erste Soloreise sicher nicht ganz einfach wird. Wenn man unterwegs mal zur Ruhe kommt, begrüßt einen schnell die Melancholie. Wie schön es jetzt doch wäre, diesen Sonnenuntergang mit jemandem teilen zu können und so weiter und so fort. Das Gefühl verfliegt aber bald und macht den Weg frei für tolle Erfahrungen.

Natürlich sollte man nicht gleich die große Südamerika-Runde oder eine Tour in abgelegene Wüstenstädte alleine angehen, wenn man es vorher nie gemacht hat. Zum Testen, ob man für eine Solo-Reise geeignet ist, reicht es oft schon, ein Wochenende in eine andere Stadt zu fahren. Es gibt dort viel zu entdecken, so viel ist sicher. Der Tag ist ausgefüllt mit Programmpunkten von Kultur über Food-Hotspots bis zu sportlichen Aktivitäten. Man erfährt nicht nur von sich selbst, ob man in der Lage ist, im Voraus zu planen und vor Ort dann mit diesem Plan klarzukommen. Man bekommt auch ein Gefühl dafür, wie es ist, zwischen Menschenmassen alleine zu stehen. Nicht jeder kann dieses Gefühl aushalten, wieder andere freuen sich darauf. Ausprobieren hilft. Im schlimmsten Fall ist das Abenteuer nach dem Wochenende wieder beendet.

Eine erste Reise alleine in ein Land, dessen Sprache man nicht versteht, ist vor allem eines: unangenehm. Der erste Schritt wäre also ein Wochenendtrip in eine Stadt in Deutschland oder Österreich. Im nächsten Schritt könnte es dann in ein englischsprachiges Land gehen und als finale Probe reist man in ein Land, in dem man einen gar nicht versteht. Auf den touristischen Routen kommt man mit dem Schulenglisch immer weiter und niemand wird verhungern.

Beim ersten Versuch einer Soloreise sollte man einmal testen, ob die Art etwas für einen ist und nicht den Fokus darauf legen, das extremste Reiseerlebnis aller Zeiten zu haben. Man sollte die Tage etwas durchplanen. Am besten notiert man sich, wann man wo sein möchte und wie man dahin kommt. Somit spart man vor Ort nicht nur Zeit, sondern auch Nerven.

So ängstlich wie man möglicherweise vor der ersten Tour ist, so ängstlich sind auch die Daheimgebliebenen (die nicht mitkommen wollten oder konnten). Regelmäßige Kontaktaufnahme ist daher absolut zu empfehlen, damit bei keinem die Nerven durchbrennen.

Es gibt bestimmte Länder, die man sogar alleine bereisen sollte. Man ist dabei ganz für sich, unbelastet und bekommt die Eindrücke ungefiltert und unkommentiert. Länder, die sich wunderbar für eine Soloreise unter diesen Umständen eignen, sind zum Beispiel Israel oder Japan. Viel Geschichte und viel Kultur, die es zu entdecken gibt.

Natürlich kann es jetzt auch den Einwand geben in puncto »Sicherheit«. Gerade Frauen wird mulmig bei dem Gedanken, alleine nach Indien zu reisen. Fairer Punkt. Natürlich sind auch Reisen in den Orient nicht immer ganz einfach, da dort das Frauenbild noch völlig veraltet ist. Komplett empfehlen kann man so eine Alleinreise jedenfalls nicht. Trotzdem haben wir auf der Welt schon in so ziemlich jedem Land, in dem wir bis jetzt waren, Frauen getroffen, die alleine unterwegs waren. Horrorgeschichten hatten nur die allerwenigsten zu berichten.

Checkliste: Bin ich geeignet für einen Solo-Trip?

☐ Ich kann eine mehrtägige oder mehrwöchige Reise alleine planen.

☐ Ich möchte gerne mal aus meinem Alltag ausbrechen.

☐ Mir macht es nichts aus, mit anderen Menschen zu reden und sie nach Hilfe zu fragen.

☐ Ich habe für verschiedene Situationen (Notfall, Unfalls, etc.) einen Plan zur Hand und kann diesen umsetzen.

☐ Mir ist es nicht peinlich, alleine im Restaurant oder an der Bar zu sitzen.

☐ Ich kann schnell auf neue und unerwartete Situationen reagieren.

OUTRO

Zwangsläufig ist man nicht nur bei den letzten Seiten vom Buch angekommen, sondern auch bei den letzten Urlaubstagen, ob es nun 30 waren oder weniger. Ob es Fernreisen gab oder ebenfalls einen tollen Urlaub vor der Haustür. Zu erzählen gibt es eigentlich immer was. Es muss nicht immer ein Reisepodcast wie der unsere daraus entstehen. Einer unserer Freunde hörte die Geschichten von unseren Reisen zum vierten oder fünften Mal, wenn wir bei Treffen oder auf Partys bei einem Bier davon berichteten. Irgendwann sprach er leicht genervt: »Nehmt die Geschichten doch auf Band auf und ladet sie hoch, dann kann ich sie auch zu Hause noch mal anhören.« Gesagt, getan. Welttournee – der Reisepodcast entstand. Uns ging es nie um die Hochglanz-Orte dieser Welt, sonst wären die vorherigen Kapitel wohl auch ganz anders aufgebaut gewesen. Uns trieb immer die Neugier an, wie es in den besagten ominösen Seitenstraßen aussieht und wie die Menschen an anderen Orten leben. Das ist eine ganz andere Art von Urlaub, gibt aber Kraft für das alltägliche Leben. Denn so schön wir das Reisen finden, unseren Hauptberuf dafür aufgeben wollen wir niemals. Es soll immer eine Flucht aus dem Alltag sein. Und so ist auch bei uns nach den wildesten Touren einmal wieder der Alltag da. Uns rettet der Gang vors Mikrofon vor der nächsten Fernweh-Attacke oder kleine Rituale, die den Urlaub zurückbringen. Klar schmeckt das Pad-Thai vom Thai-Imbiss um die Ecke nicht so wie damals am Straßenimbiss. Trotzdem hilft es, wenn Geschmäcker und Gerüche wieder in die Erinnerung kommen. Auch Kleinigkeiten können dabei helfen. Kommt man gerade aus einem Kolumbien-Trip wieder und hat Sehnsucht nach dem wirklich guten Kaffee, dann bestellt man ihn einfach für zu

Hause oder packt ihn schon vor Ort ein. So gibt es statt dem Standard-Espresso aus dem Supermarkt ein paar Erinnerungen an den Urlaub. Viele Bäckereien und Supermärkte in Deutschland haben zudem die Pasteis de Nata für sich entdeckt. Dank der kleinen Blätterteigtörtchen mit Vanillecreme aus Portugal fühlt man sich direkt wieder zurück an den Atlantik versetzt, wenn draußen der Regen an die Scheibe prasselt. Und wenn das Fernweh doch zu hoch ist: die letzten Kapitel einfach nochmal lesen, Podcast hören oder in Urlaubsfotos stöbern. Hier sind unsere besten aus 10 Jahren gemeinsamen Touren durch die Welt. Viel Spaß beim Wegträumen und bis bald mal irgendwo, vielleicht für ein Bier auf Welttournee.

Die Abenteuer des mehrfachen Highline-Weltrekordhalters erstmals in Buchform

Friedi Kühne
Über dem Abgrund
Slacklinen am Limit

ⓘ Paperback mit 16-seitigem Bildteil

📖 ISBN 978-3-95889-457-0

🌐 www.conbook-verlag.de/buecher/
ueber-dem-abgrund

Das Adrenalin bahnt sich seinen Weg bis in die Fingerspitzen. Der ganze Körper ist angespannt, die Sinne geschärft. Friedi Kühne hält den Atem an und macht den ersten Schritt. Ab sofort gilt: Perfektion ist die einzige Option. Denn unter seinen Füßen droht ein 400 Meter tiefer Abgrund. Vom Sturz trennt ihn nur ein zweieinhalb Zentimeter breites Band – eine Slackline.

Highline-Weltrekordhalter Friedi Kühne nimmt Sie mit auf eine Reise dorthin, wo für die meisten Menschen die Komfortzone endet. Seit 12 Jahren treibt es ihn auf der Slackline um die ganze Welt und über die höchsten Abgründe. Dabei sind ihm die Herausforderungen ebenso wichtig wie die Begegnungen mit den Menschen, die er auf seinen Abenteuerreisen trifft.

Begleiten Sie Friedi zu den besten Abenteuern aus 50 bereisten Ländern und über 700 bezwungenen Highlines und lassen Sie sich dabei authentisch und sympathisch erzählen, wie es sich anfühlt, in Hunderten Metern Höhe zu balancieren – manchmal sogar ohne Sicherung.

**CON
BOOK.**

Die wohl unterhaltsamste Pilgerreise der letzten Jahre

Johannes Thon
Der Rucksack war nie mein Zuhause
Wahrheiten und andere Irrtümer
meines Jakobsweges

ISBN 978-3-95889-461-7

www.conbook-verlag.de/buecher/
der-rucksack-war-nie-mein-zuhause

Mit viel Wortwitz und Selbstironie nimmt Sie Johannes Thon mit auf die wohl unterhaltsamste Pilgerreise der letzten Jahre.

Johannes hat es vermasselt: Der Job ist weg, seine Lebenspläne sind verworfen und auch die Beziehung ist soeben zu Ende gegangen. Irgendetwas muss sich ändern, denkt er und nimmt die Gardinenstange von der Wand. Mit seinem kläglichen Versuch eines Wanderstabs sitzt er kurz darauf im Zug in Richtung Spanien. Für ihn scheint es nur allzu logisch, jetzt erst einmal 1.400 Kilometer zwischen sich und alles andere zu bekommen und dann sicherheitshalber weitere 1.000 Kilometer zu laufen.

Doch auf dem Camino del Norte, einem dieser bedeutungsaufgeladenen Jakobswege, wartet statt des Selbstfindungs-Crashkurses das Pilger-Karussell auf ihn: essen, rennen, schlafen. War es im Alltag nicht genauso gewesen?

Als er dann einem besonderen Menschen begegnet, beginnt für ihn die wahre Reise und seine Suche nach dem »Wie«: Wie gehe ich einen Weg?

CON
BOOK.

Bildstarke Geschichten des Bestseller-Autors

Nick Martin
Die geilste Lücke im Lebenslauf – The Next Level
Meine Reiseabenteuer in bildgewaltiger Form

ⓘ Großes Bildbandformat mit über 700 Bildern und über 5 Stunden Audiokommentaren von Nick

📱 ISBN 978-3-95889-460-0

🌐 www.conbook-verlag.de/buecher/ die-geilste-luecke-im-lebenslauf-the-next-level

Nicht erst seit seinen erfolgreichen Erzählungen ist Nick Martin eine feste Größe im Reisekosmos. Seit über 10 Jahren bereist er die Welt und lässt seine Fans und Mitmenschen humorvoll und sympathisch an seinen Abenteuern teilhaben.

In *The Next Level* geht er nun noch einen Schritt weiter und dokumentiert in über 700 Fotos seine bekannten und neuen Reisegeschichten auf besonders beeindruckende Weise.

Entdecken Sie grandiose Landschaften, skurrile Momentaufnahmen und spannende Storys in diesem einmaligen Bildband des Profi-Abenteurers. Lassen Sie sich begeistern von exotischen Orten, herzlichen Menschen und den vielen kleinen und großen Wundern, die einem auf Reisen begegnen.

Machen Sie sich bereit für *The Next Level*.

★ Beeindruckender geht es nicht: über 700 Fotos des sympathischen Weltenbummlers

★ Viele neue Geschichten, viele neue Einblicke

★ Über 5 Stunden per QR-Code abrufbare Audiokommentare von Nick

CON BOOK.

Wie soll deine Welttournee aussehen?

☐ _____   ☐ _____

☐ _____   ☐ _____

Bei uns findest du die passenden Reisedeals!

www.urlaubspiraten.de